CSSCI 集刊
CNKI 来源集刊

学术支持单位｜南京大学外国语学院

U0891212

外国语文研究：

现实与再现

南京大学出版社

《外国语文研究》编辑委员会

主　任：高　方 何　宁
委　员（按姓氏笔画排列）：
孔德明 王加兴 王守仁 文秋芳 石　坚 申　丹
叶　琳 冉永平 朱　刚 许　钧 庄智象 刘云虹
束定芳 杨金才 何　宁 何成洲 陈新仁 金　莉
殷企平 徐　昉 高　方 黄国文 蒋洪新 魏向清

主　编：陈新仁

副主编：曹丹红 张　翼

编辑部主任：张　翼

秘　书：俞　希

通信地址：南京市栖霞区仙林大道163号（邮编210023）
南京大学仙林校区外国语学院

电　　话：025-89683243

电　　邮：wgywyj@126.com

目　录

现实主义研究

社会行为的会话分析研究

文学研究

语言学研究

翻译与跨文化交流研究

书评与资讯

现实主义研究

主持人语

主持人　王守仁　徐　蕾

文学作为生活和时代的审美表现，无论其最原始还是最现代的不竭源泉始终是现实。现实主义与现实有着紧密的亲缘关系，相关讨论由来已久。进入新世纪，经历了后现代主义思潮洗礼的现实主义文学呈现多元化、多样性发展态势，文学批评领域也出现了“新现实主义转向”。立足当下语境，如何把握现实主义文学的真实？从什么维度去揭示现实主义与现实之间曲折复杂的关联？作为现实主义文学表现对象的现实有何新的变化与特点？新时期现实主义文学理论建构需要我们对这些问题进行深入思考，做出新的阐释。

本专栏由五篇文章组成，其中三篇是现实主义的理论探索，两篇涉及具体作品研究。第一篇文章《现实主义与真实》以马克思的实践观为指导思想，历史性梳理现实主义文学自19世纪以来追求真实的不同路径，提出现实主义文学的真实是经验感知与理性认知的辩证统一，表现为作家对生活的深切感知以及在此基础上对其体悟到的生活本质的忠实再现。第二篇文章《论现实主义的审美维度——从卢卡奇的〈叙事抑或描写〉一文谈起》聚焦作为现实主义文艺审美对象的日常生活，挖掘和阐发被卢卡奇否定的日常生活与物的重要价值。第三篇文章《论现实主义的情动维度》基于情动在现实主义文学对真实世界的再现中天然就是不可或缺的核心维度这一认识，考察现实主义文学捕捉情感生存状态的内涵与方式变迁，指出后现代现实主义的情动表征无论是形式还是内容都愈加多元与丰富。第四篇文章《现实主义论争中布莱希特的历史小说创作》从20世纪30年代卢卡奇和布莱希特关于现实主义的论争出发，分析两人在历史小说上的分歧，进而以《凯撒大帝的事业》为例，研究布莱希特的历史小说创作，揭示马克思主义和辩证法对布莱希特现实主义思想的影响。第五篇文章《科幻小说的“另类现实”思想实验——论〈机器如我〉中的“1980年代英国”》将科幻小说视为一种通过思想实验来折射现实、创造另类现实的小说类型，分析英国小说家麦克尤恩的《机器如我》借由科幻小说的框架，展现一部与史实几乎相反的1980年代英国政治史，丰富和革新了传统的现实观，促使我们关注科幻小说中的“可能的现实”与现实主义文学的联系。

现实主义文学从人类历史的深处、现实生活的土壤中生发出来，在不断拓展边界，开辟新的天地，而现实主义文学研究也继续焕发出勃勃生机。本专栏刊载的文章与读者分享对现实主义的新知，希望能进一步推动现实主义研究。

现实主义与真实*

南京大学　王紫薇　王守仁**

摘　要:求真是人类自古以来的真切愿望,而真实地反映生活更是现实主义文学的根本所在。本文厘清真实概念在哲学上的含义,以马克思的实践观为指导思想,历史性梳理现实主义文学自19世纪以来追求真实的不同路径,并在此基础上重新审视后真相时代文学对真实的书写。本文认为现实主义文学的真实取决于作家对现实生活的真诚态度,表现为作家对生活的深切感知以及在此基础上对其体悟到的生活本质的忠实再现,是经验感知与理性认知的辩证统一。现实主义文学对真实的书写为后真相时代人们把捉真实具有指导意义。

关键词:现实主义;真实;实践观;真诚;后真相时代

Title: Realism and Truth

Abstract: The pursuit of truth has been mankind's earnest desire since antiquity, and it is also fundamental to realist literature for its aim is to give a truthful representation of life. This paper first examines the idea of truth from the perspective of philosophy, then explores realist literature's various approaches to truth since the 19th century under the guidance of Marxist conception of practice, and finally analyzes the writings about truth in the contemporary post-truth era. It argues that the truth in realist literature, depending on the author's sincerity towards life, is manifested by his faithful representation of the essences of life on the basis of his profound experiences. Literary truth is a combination of experiential perception and rational cognition. The writing of truth in realist literature is instructive to people's

* 本文系国家社科基金重大项目"外国文学原理研究"(22&ZD284)阶段性成果。

** 作者简介:王紫薇,博士研究生,主要研究方向为英美文学。电子邮箱:dg21090010@smail.nju.edu.cn。王守仁,教授,主要研究方向为英美文学、现实主义。电子邮箱:srwang@nju.edu.cn。

grasp of truth in post-truth era.

Key Words: realism; truth; conception of practice; sincerity; post-truth era

1 引言

在《现实的饥饿：一篇宣言》(*Reality Hunger*: *A Manifesto*)中，大卫·谢尔兹(David Shields)将真实性/真实(realness)与现实(reality)相对，强调真实并非现实，而是“现实强加于己身之物，而真实则表现为主体将之反加以现实”(Shields, 2010: 99)①。在此基础上，谢尔兹进一步将真实与人的欲望——人们渴望逃离当下的现实(in a flight from reality)并试图重建无序的生活(unruly life)的真实欲望——相连。然而，在描述主体对外部世界的重构时，谢尔兹用的依旧是 reality 这一单词，他称“当我们行动时，我们创造我们自己的现实(we create our own reality)”(Shields, 2010: 85)。这里，现实似乎又表现为受真实欲望驱动而构建的幻象，真实则成为推动现实幻象背后那只“无形的手”，只能在对现实幻象进行解构和重构的间隙中被瞥见。谢尔兹有关真实和现实的看法与齐泽克基于拉康的精神分析对现实的认知不谋而合。现实被齐泽克视为遮掩创伤性实在界的“幻象建构”(Žižek, 2007: 222)，使主体免于直面“实在界欲望的真实”(Žižek, 2007: 221)。通过谢尔兹和齐泽克关于真实和现实之间存在的建构性关系的认识可以看出，二者都与人们对外部世界的认知有关。现实成为主体对外部世界的建构，而非独立于主体的客观存在，它既表现为对真实的幻象式遮蔽又表现为主体真实欲望的感性表现。然而，这种对现实和真实的主观化认知不免令人感到矛盾，特别是谢尔兹在论述艺术与现实的关系时指出“文艺活动的本质是寻找能够将艺术家认为的现实(what the artist thinks is reality)更多展现出来的方式”(Shields, 2010: 3)。这里，reality 到底指的是先前的现实幻象还是艺术家重构的真实？*Reality Hunger* 这一书名中的 reality 是指现实还是真实？而且，谢尔兹关于文学与现实间存在同构性的认知使现实主义以“真实地描写现实”(王向峰，1988: 5)为旨归的诗学原则进一步复杂化。如果说任何文本叙述都是对事件的建构，那么现实主义的真实又表现为何？是对人们真实欲望的摹仿？还是对现实幻象的摹仿？抑或是对这一建构过程的摹仿？谢尔兹对现实和真实的认识正是当下“后真相”社会现实文本化，真实观虚无化、主观化的表

① 原文:“Realness is not reality ... reality is what imposed on you; realness is what you impose back.”[David Shields. *Reality Hunger*: *A Manifesto*. London: Penguin Group, 2010:72].

现。面对当下人们对真实的饥渴，重新探讨真实的含义，检视现实主义文学对真实书写的演变，对正确认识文学在当今社会具有的现实意义大有裨益。

2 真实概念辨析

“真实”一词最早见于汉代荀悦所著《申鉴·政体（一）》：“君子之所以动天地，应神明，正万物而成王治者，必本乎真实而已。”。这里，真实指与客观事实相符、即主体应忠客观事实，不受主观情感影响。基于此，真实可被理解为主体对外部客观事物的真切感知以及对把握事物客观本质的不懈追求。在《汉英大词典》中，真实一词对应的英文释义繁多。作为名词，真实对应的英文单词有 realness，truth，truthfulness 和 authenticity，而作为形容词则与 real，true 和 authentic 相对应。溯其根源，truth 和 true 都与希伯来语“Èmèt”、希腊语 “Aletheia”以及拉丁文 “Veritas”这三个词及其变形相关，意为“客观事物与思想的对应和相符（correspondence）”（Bargue & Cassin et al.，2014：1159）。希伯来语和拉丁语分别强调对恒定客观事物的信任以及主体内心真诚无伪、忠于外部客观现实的态度[①]，希腊语“Aletheia”则从主客体的哲学角度强调“客观事物与主体理性认知的相符或等同”（Bargue & Cassin et al.，2014：1164）。因此，truth 和 true 将主体同其对外部客观事物本质的认知相连，并强调二者的统一。值得注意的是，《牛津大词典》在对 true 和 truth 进行词意辨析时，real 和 reality 反复出现[②]。Real 源于拉丁语 realis，指事物本身，而 reality 更为强调客观事物本质，它一方面指主体基于感官和经验的切身经历，另一方面则指“自足的，独立于主观意志且不受经验传统和理性认知框架束缚的客观存在”[③]（Courtine，2014：884）。《剑桥哲学词典》则将 reality 总结为“双重独立于表象的存在（two-way independent of appearance）”

① 详见 *Dictionary of Untranslatable：A Philosophical Lexicon.* 的 truth 词条(P1159)。原文中希伯来语“Èmèt”指“solid，durable，based on the faith in alliance between human beings and God and confidence in its promise”而 拉丁文 Varitas 则更强调主体的真诚、忠实的态度，与 fidelity，conformity to the existing law 相关。

② 在 *Oxford Dictionary of English* 和 *Dictionary of Untranslatable：A Philosophical Lexicon* 中，true，truth 都与 real 和 reality 相关。*Oxford Dictionary of English* 更是将二者定义为“in accordance with fact or reality.”

③ Reality 最早在司各脱(Duns Scott) 那里指可被心智部分认知的、外在于人主观意识的客观事物特质，分为 realities 和 quidditative reality(本质现实/事物的本质)。这种对事物基于二分法的认识在康德那里达到顶峰，其中 reality 被分为事物特质（categories of quality）和客观现实（objective reality），后者与理念（idea）相连，成为独立于主体理性认识的存在，与“物自体”概念类似，后者最终由黑格尔的辩证法将其消解。详见 *Dictionary of Untranslatable：A Philosophical Lexicon.* 的 reality 词条“Ⅵ. Kantian Heritage：Reality/Objective Reality. Realitat/Wirklichkeit”部分。

(Audi,1999:775),强调其作为一种超越表象的客观实存(objective reality)。基于此,以忠实于客观事物为根本的真实可被理解为主体基于感官和经验获得的经验真实,以及主体在把握事物本质欲望的驱动下,不断超越当前认知框架,获得对外部事物更为深刻的理性认知。后者与哲学形而上的真实相关,指主体在对外部事物的实践认知中总会通过否定现存框架进而提出"'理想'以形成自身所追求的真实"(陆杰荣,2003:22)。

西方哲学视外部世界的客观本质为真实或真理的认识论由来已久,其中柏拉图的理式说与亚里士多德的可然律为人们把握形而上真实定下基于唯心和唯物的两个方向,并分别在黑格尔以绝对理念为真理之根本的客观唯心主义和马克思以实践为获得真理唯一方法的辩证唯物主义中发展到极致。在唯心主义中,真实表现为主导客观世界的超验真理。柏拉图的理式将世界一分为二,其中位于底层的是客观世界,具有较低的真实性,而位于客观世界之上则是真实的理式世界,只能由主体通过对个别感性事物的思辨来部分把握,具体表现为主体通过对事物的静观与整合,按照正确的顺序循序渐进地达到真实的理式世界①。柏拉图经由对外部事物进行归纳整合而达到的理式之真在黑格尔那里发展为绝对理念。在扬弃古典哲学主客二分的基础上,黑格尔批判式地继承柏拉图的理式说,其中真实一方面表现为主体对现象世界的实践性思辨,即在对具体事物的否定中认识到其背后的抽象本质,另一方面则指这种思辨带来的"抽象的理念或逻辑概念和自然由对立而统一的结果"(朱光潜,2002:464),后者被黑格尔视为"最高的真实",并认为这种真实只能通过哲学来把握②。可以发现,无论是柏拉图的"理式"还是黑格尔的"绝对精神",唯心主义都将真实固定为某种形而上学的、超验的真理。这种基于哲学思辨和逻辑推演的形而上学真实将世界一分为二,它抛弃了真实应有的超越性主观维度,转而强调其绝对性和永恒性。在唯心主义中,"形而上学的真实成为人所追求的、赖以提升的真正的世界,决定着人的现实生存的经验现象领域"(陆杰荣,2003:21)。因此,真实在唯心主义真实观中表现为对现实的虚假超越——它一方面通过哲学的抽象思辨超越现实表象,而另一方面却早已先验地存在于客观现实之外,成为已规定好的、与主体感性经验无关的超验真理。

那么,唯物主义的真实表现为何呢?如果唯心主义的真实是形而上学的真实的话,唯物主义的真实观则是从"人间升到天国"(马克思,1995"选集第1卷":73)。形而上真实,即超越性真实本身,表现为主体基于实践获得的对世界升华性的认识。亚里士多德将这种升华性认识理解为事物发展的可然律和必然律。马克思则进一步将主体实践与

---

① 在《会饮篇》中,柏拉图以美为例详细描述如何从一个美形体达到美的形式,并进而达到心灵的美,直至美的理式。[《柏拉图文艺对话集——会饮篇》. 朱光潜译,北京:人民文学出版社,1963年,第271页。]

② 原文"绝对精神显现于艺术、宗教和哲学三阶段。到了哲学,精神就发展到了它的顶峰,也就是真实世界发展到了它的终点"。[朱光潜:《西方美学史》,北京:人民文学出版社,2002年,第464页。]

外部社会相连，指出现实生活产生于人们的实践活动，是“人们通过自己的外化把自己现实的、对象性的本质力量设定为异己的对象”（马克思，1956“全集第 42 卷”：167）的活动，并受到“一定物质的、不受人们任意支配的界限、前提和条件”（马克思，1995“选集第 1 卷”：72）的限制。在这种唯物观基础下，形而上的真实就体现在人们通过感性活动对“现有的经验事实不断变革及其所展示的朝向未来的可能性”（何中华，2021：65）的辩证过程中。马克思指出，从现实的人的实践活动这个根本前提出发，历史将不再基于抽象先验的逻辑推演，而成为“处在现实中的、可以通过经验观察到的、在一定条件下进行的发展中过程”（马克思，1995“选集第 1 卷”：73），其中蕴含着强大的历史必然规律。值得强调的是，这种基于主体实践形成的真正知识的存在前提是将表现为绝对真理的意识形态恢复到其原有的地位，即暴露其源于统治阶级自身的特殊利益。在对意识形态祛蔽的基础上回到人们通过实践活动创造的现实生活中。

马克思基于实践的唯物真理观为人们理解真实打开了新的维度，它以主体能动性的实践打碎了主客分裂的形而上学真实，使真实不再是超验抽象的真理，而成为主体在实践活动中不断突破先前认知框架而获得的经验真实与理性真知的辩证统一。除此之外，马克思对回到现实当下的强调更是为人们把握世界的真实本质提供了唯物主义的认识方法。在以主体对外部世界展开实践活动为根本的前提下，人们不仅可以摆脱被抽象为绝对真理的意识形态的干扰，而且可以通过实践活动超越当前认知框架的不足，深化对外部世界的认识，从而把握可能的未来。总体而言，马克思基于主体实践得到的形而上真实表现为对意识形态的祛蔽以及通过实践活动获得的对外部事物不断深化的认识。

结合真实的词意以及其在马克思辩证唯物主义中表现出来的基于主体实践的超越性，我们可以从主体性、超越性、辩证性以及历史性四个层面对真实进行总结。真实是指主体对不因主观意志而转移的客观现实的忠实。在此基础上，真实可进一步分为主体基于感官和经验得到的对外部世界的真切感知，即经验真实，以及主体在把握事物本质的欲望推动下，不断通过实践来深化对客观事物的认识，即通过对先前认知框架的批判式超越获得的理性真知。在此基础上，真实表现为主体基于实践得到的理性真知与经验真实的辩证统一。由于受历史条件的限制，人们通过实践得到的真实离不开当下的现实。马克思指出“人类始终只能提出自己能够解决的任务……而任务本身只有在解决它的物质条件已经存在或至少是在形成过程的时候，才会产生”（马克思，1956“全集第 13 卷”：9），这意味着真实是人们在实践活动和当下的理论认识中感受到二者间的矛盾，进而通过实践来突破这一矛盾并获得对外部世界更为深刻的认识。换句话说，人们把握到的真实永远是对当下现实进行批判式超越后得到的相对真实。

3 现实主义文学追求真实的路径

作为“用感性形象将真实呈现于意识”(黑格尔,1996:129)的艺术形式,文学甫一诞生就伴随着关于真实与虚构的争论。什么是真实、如何表现真实成为作家念兹在兹的事物。如果柏拉图将艺术贬斥为对现实幻象的摹仿,与“真实隔着三层”(柏拉图,1963:73),那么亚里士多德的摹仿说(mimesis)则为文学正名。通过肯定虚构的文学比现象世界更为真实,亚里士多德强调艺术摹仿的绝不仅是现实世界的表象,而更多是对“现实世界具有的必然性和普遍性,即内在本质和规律”(亚里士多德,1996: 71)的摹仿。他指出“诗人的职责不在于描述已经发生的事,而是在于描述可能发生的事,即根据可然或必然的原则可能发生的事”(亚里士多德,1996: 81)。亚里士多德对艺术通过摹仿呈现事物的本质规律与现实主义文学对真实的追求遥相呼应。

作为文学的专门术语,现实主义最早见于席勒《论素朴的诗与感伤的诗》(1795)①,其中席勒将现实主义者与理想主义者相较,指“现实主义者受自然的必然性支配……他的知识和活动……会被外在原因和外在目的所规定”(席勒,2015:155－156),因此不能达到完全的意志自由,也无法获得绝对真理。席勒对现实主义者的定义将现实主义同外部世界联系在一起,而他有关现实主义者只能从“个别经验中形成规律……所能达到的顶峰是一种相对的普遍认识”(席勒,2015:155－156)的论断则与马克思对主体通过实践获得真实的论述相呼应。因此,现实主义从一开始就以实践为认识论方法试图在经验现实的基础上把握事物的本质。1855 年,法国画家库尔贝举办现实主义个人画展,产生广泛影响。受法国写实主义绘画影响,现实主义文学以“准确、完整、真实地复制人们所处的社会环境和时代”(Lemaitre, 1982: 646)为其根本旨归,这里“真实”更多指作家对外部现实生活的忠实描绘,即写实。那么,以写实为基准的现实主义文学与席勒的现实主义者之间是否有本质的联系?现实主义文学中的真实和现实间的关系又表现为何?对此,我们可以从现实主义(realism)中文译名的变化来探究一二。realism 最早翻译为写实和写实主义,是日本学者从西方的“real” 和 “realism”词中译出来的汉字词汇,指与“理想主义相对,以实际之事实及状态为基而据以立说行事者”(方毅,1914)。梁启超最早将“写实”引入中国,后经陈独秀等人将其与科学相连,并推崇左拉的自然主义为写实主义之最。瞿秋白则在高尔基作品的启发下注意到写实主义的局限。他指出

① 《论素朴的诗与感伤的诗》写于 1795 年,与韦勒克在“The Concept of Realism in Literary Scholarship”所考证的席勒在年论文“Vom Ich in der Philosophie”中对现实主义进行定义的时间一致,都为 1795 年。因此,《论素朴的诗与感伤的诗》可以被认为是现实主义作为文学专门术语最早出处,并与席勒对素朴诗的定义相连。

写实主义是“自欺欺人的客观主义或明知故犯的客观主义”(瞿秋白,1954:2),指出高尔基“绝不会把现实主义解释为‘纯粹的’客观主义……不会从现实主义的中国译名上望文生义地了解到这是描写现实的写实主义”(瞿秋白,1954:2)。他强调高尔基关于两种真实的论述,指出真实“不在于收集材料的方法,而在于认识材料的方法论”(瞿秋白,1987,133－134)。而以“客观”科学为指导原则的自然主义“不能观察社会生活的真实现象和一般发展趋势,只能偶然地抓到极小一部分现实的印象... 脱离了现实之中的变动性……违反真实”(瞿秋白,1987:135－136)。因此,瞿秋白主张将“realism”翻译为现实主义,强调其作为以马克思辩证唯物主义为指导思想的先进创作理念,能够帮助作家透过事物现象,发现深层的客观发展规律,书写“新生的、健全的,在旧的‘真实’中生长出来的,否定旧的真实”(瞿秋白,1954:2)的新真实。值得强调的是,瞿秋白关于现实主义文学对真实的书写并非指文本可以不顾现实逻辑,机械空洞地反映事物客观发展规律,而是作家应从作品本身表现这种倾向,即作家应“经过具体的形象……用‘描写’‘表现’的手法,而不是用‘推论’‘归纳’的方法去显露阶级对立和斗争”(瞿秋白,1987:13－14),并书写本质的真实。

通过瞿秋白对现实主义文学真实观的深刻剖析可以看出,现实主义文学书写真实的根本在于作家对外部社会现实的实践,这意味着作家应深入生活,在深切感悟现实生活的基础上将自己经由实践得到的深刻认知以具体的方式再现于文本,使作品成为理性真知与经验真实相统一的整体性真实的感性呈现。纵览 19 世纪以来现实主义文学的发展可以发现,现实主义文学在不同历史时期追求真实的路径并不相同。19 世纪现实主义文学通过细节再现逼真的社会现实,20 世纪以伍尔夫(Virginia Wolf)为代表的心理现实主义关注对人物心理现实和主观感受的刻画,而在拉丁美洲诞生的魔幻现实主义则通过对现实的扭曲和夸张来呈现不为人知的神奇现实,中国作家阎连科提出的神实主义更是强调抛弃固有生活的表面逻辑,去“探求一种‘不存在’的真实”(阎连科,2011:114),即人们灵魂上的真实。但无论表现手法如何,现实主义文学对真实的追求始终没有发生改变,而且与作家对现实生活的实践性认知紧密相连。

受自然科学蓬勃发展的影响,19 世纪现实主义作家试图以科学理性的方法剖析社会现实,进而揭示变动不居生活表象背后的真实本质。蒋承勇教授认为自然科学中类比方法和实证方法深刻影响了 19 世纪现实主义作家认识并书写生活的方式,其中类比方法使“现实主义作家的创作拥有了科学研究的特性和理性意识……具有了科学观察、分析、研究等特点”(蒋承勇,2022:174),作家将自己视为科学家,将文学比拟为对人类社会和历史的研究。实证主义则回应写实传统,作家追求“科学研究的精确性”(蒋承勇,2022:180),在“科学研究式的观察、实证的基础上努力达成对小说生活的准确体验与把握”(同上)。在科学方法论指引下,作家通过具体可感的细节以及循序渐进的情节发展向读者呈现自己对社会的深刻认知,其中逼真可感的细节成为 19 世纪现实主义文学表现真实的关键手法。巴尔扎克曾指出“小说如果细节上不真实，那它就没有任何价值”(巴尔扎克，1999：14)。他的《人间喜剧》正是通过对不同生活环境中人生存状态的逼真再现，以客观冷静的笔调，抽丝剥茧地向读者展现表象下蕴含的深刻本质。然而，罗兰·巴特(Roland Barthes)将这种通过逼真细节再现社会现实的写作手法批判为作家在文本中“营造指涉幻象(referential illusion)”(Barthes, 1982：14)。巴特指出文本中的部分细节并未起到任何结构性作用，而是以其无用、精确且具体的特征指涉现实。围绕巴特关于“无用”细节的看法，学界对现实主义文学中细节的真实性意义展开激烈讨论。①

然而，19 世纪现实主义小说基于对社会生活的忠实描摹而呈现的真实在 20 世纪现实主义作家笔下成为对客观细节的大量堆砌。在《论现代小说》中，伍尔夫(Virginia Woolf)将以贝内特(Arnold Bennett)为代表的爱德华时代现实主义作家②批评为物质主义者(materialists)，认为他们“浪费无比的技巧和无穷的精力，使琐屑的、暂时的东西变成貌似真实、持久的东西”(伍尔夫，2009：6)，而生活在他们的笔下却早已溜走。伍尔夫对同时代现实主义作家的批判源于当时动荡的社会现实使作家难以通过类比和实证等科学方法，在对现实生活大量观察的基础上归纳并呈现事物表象背后的本质真实。与此同时，弗洛伊德精神分析的出现为作家提供了新的书写真实的方式，作家得以深入人物内心，通过书写“不可名状、难以界说的内在精神”(伍尔夫，2009：6)，走向对内心真实的呈现。在《摹仿论》中，奥尔巴赫将伍尔夫深入个体灵魂真实的写作归类为现实主义，并指出这种意识流的表现方式“虽然涉及的完全是生活在此瞬间的人，但由此也涉及人类基本的和共性的东西”(奥尔巴赫，2018：650)。奥尔巴赫认为伍尔夫的作品不再描写通过人物内心活动为重要的外部事件进行铺垫和说明，而是通过外部事物，特别是一些无关紧要的细节来“引发内心活动并加以阐释”(奥尔巴赫，2018：634)。他指出这些看似随意的外部细节一方面营造出偶然随意的生活真实感，而另一方面则暗示这些细节包含“命运的全部内容”(奥尔巴赫，2018：649)，即它们所触发的由回忆勾连的“更纯正、更深层、更真实的现实”(同上，636)。而且，这些由多人物视角构成的星丛般的深

---

① 见哈蒙(Philippe Hamon)认为文本中细节的精确性体现出现实主义有别于其他文类的严肃性，维系着作品的“客观或中立性”(Hamon, 2015：118)，表现出作家对底层人民生活的严肃对待。托多洛夫(Tzvetan Todorov)则强调逼真的细节为读者营造真实完整的感官体验，在“读者与现实世界之间建立直接的联系”(Todorov，1982：7)。朗西埃(Jacques Ranciere)关于细节起到的“平等效应”(Ranciere, 2017：13-14)的论述强调细节具有的实践性功能，他认为通过描写日常琐碎细节，现实主义作家打破了有机古典美学有机统一的再现模式，转向书写大众普通平凡的日常生活中蕴含的“生活深刻的底层”(朗西埃，2020：68)，推动形成新的“自由的、自主的共同体”(朗西埃，2019：37)，展现现实主义文学区别于其他文学形式的强烈人文关怀。

② 在《论现代小说》中，伍尔夫主要批评的爱德华时代的现实主义作家为赫·乔·威尔斯(Herbert George Wells)，阿诺德·贝内特(Arnold Bennett)以及约翰·高尔斯华绥(John Galsworthy)。

层意识不断从各个角度超越现实的表象，逼近客观生活的真实本质。正是在这种"纵横交错、互为补充和互相矛盾中［读者］产生了……对世界的综合认识的东西"（奥尔巴赫，2018：646）。进入20世纪，以伍尔夫和乔伊斯为代表的意识流作家对真实的书写不再关注对外部社会的逼真再现，而更多通过描写人物的心理活动和感受向读者解释现实，展示在风平浪静的生活表象下人们内心的挣扎和绝望。阎连科指出20世纪的小说中"人或单个的人逐渐成为透视环境与现实世界最为重要的孔洞"（阎连科，2011：122）。

但是，这种通过描写人物意识和主观感受来书写真实的意识流写作很难像19世纪伟大的现实主义作家一样用宏大流畅的叙事对整个社会的历史发展进行描述。伍尔夫也承认她和乔伊斯无法像托尔斯泰那样描述人类一切经验同感受，他们的作品"仅仅是零星的札记而已"（孙梁，2000：6）。威廉斯（Raymond Williams）将伍尔夫等人的意识流写作定义为个人小说①，指出这种小说过度关注人的内心意识，忽视了人同社会基于实践的构成性互动，忽视了人实际上为"生活在社会之中的人"（威廉斯，1993：346）的本质。现代小说对个体主观真实的强调在超现实主义那里发展到极端，成为对个人潜意识、非理性的自动书写。布勒东指出超现实主义主张对"思想的照实记录，不得由理智进行任何监核，亦无任何美学或伦理学的考虑渗入"（布勒东，1987：259）。对超现实主义者来说，现实主义基于实证、逻辑的书写都是对真实生活的遮蔽，而只有非理性、梦境和潜意识才能发掘被平庸日常生活所遮蔽的真实本质。这种对个人主观感受、特别是对梦境、潜意识的狂热追求使超现实主义者作品脱离社会现实。在这些作品中，人们"很难嗅到产生这些作品的动荡气息，看到的只是一些脱离实际的小资产阶级知识分子对'精神解放'的狂热追求"（吴岳添，1987：197）。面对20世纪现实主义小说书写真实的困境，威廉斯呼唤"新的现实主义"（威廉斯，1993：354）的出现，认为它可以重新融合现已分裂为个人和社会的小说形式，创造一种"既可以看作个人又可以看作社会的关系"（同上，352）。实际上，威廉斯强调的新现实主义是指在符合20世纪社会现实基础上对人认识并创造现实的实践过程的感性再现②，即对整体性真实的再书写。然而，威廉斯并未意识到，当他在文中感叹文学陷入困境并呼唤新的现实主义出现时③，远在大

① 威廉斯认为20世纪之后，现实主义小说分化为社会小说和个人小说——"在社会的小说中可能有对一般生活，即集体的精确观察和描写，在个人的小说中可能有对人物，即构成集体的单位个体的精确的观察和描写"（威廉斯，1993：341），威廉斯认为伍尔夫的意识流写作属于个人小说，并认为由于作家"对自己生活中一般社会要素的性质缺乏认识"（威廉斯，1993：345）即不能意识到生活对个人直接经验的重要性，容易使作品中的人物与社会生活脱节，丧失真实感。

② 在原文中，威廉斯强调文学是对人通过实践创造现实的感性呈现，他指出"个人将已学到的东西去和外界交流，使之和已被认识的现实相对应，并通过个人的工作和语言形成新的现实。凭借着人们共同的努力，现实不断地被建立，艺术就是这个进程的最高形式之一"（威廉斯，1993：353）。

③ 《现代小说与现实主义》来源于《漫长的革命》（*The Long Revolution*）一书，是在1961年由Chatto & Windus出版社出版。

西洋对岸拉丁美洲的神奇大地上孕育出来的魔幻现实主义将会对他的展望进行有力的回应,并以《百年孤独》的横空出世标志着新的现实主义文学的崛起。

魔幻现实主义是将客观现实和主观意识相结合的书写方式,在其中读者可以通过文本展现的变形、魔幻的神奇现实了解拉美地区人们的民俗风貌以及认识被表象遮掩的社会本质。魔幻现实主义书写的神奇现实来源于拉美地区人们的宗教信仰和他们由于自身文明的独特传统导致的对日常事物的神奇感知。卡彭铁尔(Alejo Carpentier)强调“拉美多变的历史,地理、人种和政治让不可能的并置和神奇的混合同时发生”(Carperntier, 2017:84)。正是通过这种对日常生活的变形,作家向读者揭露了拉美地区不为外人所知的贫瘠和落后以及社会现实的阴暗面。在《百年孤独》中,马尔克斯聚焦于布恩迪亚家族的兴衰发展,以及在马孔多发生的神奇现实,向读者展现了真实的历史以及“马孔多人独特的现实观”(陈众议,1987:409),使读者不仅能够透了解整个拉丁美洲的民族特性以及其“文明与蒙昧、现代化城市与原始的印第安部落、西方文化与土著文化并存”(陈众议,1987:410)的复杂现实,并且能够在文本夸张变形的叙述中切身感受军人独裁统治下的恐怖暴政。受魔幻现实主义的影响,中国作家阎连科提出的“神实主义”则基于中国志怪文学传统,通过书写“不在现实生活必然发生或可能发生,但却在精神与灵魂上必然存在的内真实”(阎连科,2011:108),直逼人内心深处扭曲的欲望,呈现社会平静无波的现实表象下涌动的恶欲。可以看出,魔幻现实主义和神实主义都通过对现实生活进行变形来展现被社会表象掩盖的真实——作家将自己对社会现实的深刻认知以虚构夸张的手法呈现,而其中客观现实与主观神实的接壤使真实一方面表现为超越西方世界以理性科学为基准的现实观,让读者了解不同民族对现实生活的独特感受,而另一方面体现为作家运用变形和虚构的写作手法来揭露被掩盖的社会、历史真实和人性之真。

通过梳理19世纪以来现实主义文学追求真实的不同路径可以发现,现实主义文学追求真实的根本在于作家对现实生活的实践性认识,即作家以忠实再现现实生活为其根本原则,不断通过革新写作手法来书写生活表象下的真实本质。具体来说,作家是在对审美机制以及人们对真实生活的普遍认知“加以一定程度的批判和改造”(王守仁,2019: 56)的基础上向读者呈现超越生活表象的深层真实。虽然这种基于现实生活而展现的超越性真实因历史条件变化以及作家对社会实践性认知的深刻程度会有不同的表现方式,但现实主义文学对真实的追求永远取决于作家对社会现实的真诚态度,而且作家只有通过真实反映或再现具体的人同外部社会间的感性活动,才能吸引读者与文本描绘的现实发生认同,并通过反思式阅读获得对生活的深刻认识。

4 “文学真实”再审视

21世纪，社交媒体日新月异的变化使人们进入了一个信息爆炸的时代，人们每天接受大量真假难辨的网络信息的轰炸，例如网络拟像、虚拟现实技术、真人秀的“剧本”和“人设”以及大数据对人主观喜好的精准把握等。在当今社会，人们似乎陷入了求真但却往往落入假象的怪圈，而传统形而上的客观真实在大数据和网络拟像面前显得苍白无力。2016年，针对社交媒体对政治结果的操控①，《牛津辞典》将“后真相”(post-truth)一词评选为年度词汇，指当今社会“人们更倾向于相信主观情感和个人信仰而非客观事实”②。在被评选为年度热词后，“后真相概念溢出政治传播领域、被广泛使用于社会各个领域”(李玮 & 蒋晓丽，2018：50)并一举成为当今时代的表征，显现出人们对客观事实以及真理的消极态度。

事实上，在成为年度热词之前，后真相已在哲学(蓝江，2017：10－11)中被反复探讨，表现为对宏大叙事和理性话语的怀疑和解构，而真实则成为一种具有超越性和否定性的主观体验。尼采(Friedrich Nietzsche)将真实定义为人类求真的自由意志，认为其根本在于消除虚假和任何固化且表现为客观的真理。他指出“真理不是某个或许在此存在，可以找到和发现的东西，而是为一种本身没有尽头的征服意志给出名称的东西”(尼采，2018：280－281)。福柯(Michael Foucault)的权力话语概念以及阿尔都塞(Louis Althusser)有关意识形态结构化的认识——意识形态是“个体与实在生存状态间建立的想象性关系”(阿尔都塞，2019：353)——使真实不再是对现实生活通过实际实践活动得到的超越性理性真知，而是对社会文本(认知框架)的征兆式阅读和重构。詹姆逊(Fredric Jameson)更是指出“我们从未真正直面一个完满的作为物自体之鲜活性的文本……文本总是作为已经读过的东西摆在我们面前”(詹姆逊，1999：3)，人们只是不断在更新阐释方式，“根据某一特殊的阐释主符码重写特定文本”(詹姆逊，1999：3)。在社会符码化的当下，真实表现为在对社会文本(意识形态或者历史前文本)重写过程中感受到的否定性和超越性。由于认为文学与意识形态具有相似性——二者都是对真

---

① 在2016年，英国脱欧和特朗普当选美国总统的爆炸性新闻使得后真相一词使用率达到高峰。各大权威机构基于算法得出来的预测结果与事实完全相反。人们发现导致这一现象产生的原因在于网络媒体运用大数据算法操纵民意、谎报虚假夸大的信息来激起民众的主观感情进而操控事态发展。

② 原文：(relating to circumstances in which people respond more to feelings and beliefs than to facts) “Post-truth.” English Oxford Living Dictionary. http://en.oxforddictionary.com/definition/post-truth.

实生活的想象性建构，让人“感受特殊条件下的生活是什么样子”①(Eagleton, 1989：16)，伊格尔顿(Terry Eagleton)因而强调文学具有重构社会文本并书写真实的实践能动性。他指出“文学作品不只是单纯地反映或者再生产那些参与自我生成的过程，相反，它积极地加工它们，并在此过程中生产自己”(伊格尔顿，2015：159)。因此，文学成为对社会历史和潜在意识形态文本的重写，真实则表现为在这种双重书写下暴露的空白和断裂，只能通过对文本的回溯以否定和沉默的姿态被感知。在后真相的语境下，伊格尔顿赋予文学以哲学意义的事件性，这意味着文学在当下不仅仅是对现实生活的真实再现或反映，而更多是通过“破坏既有稳定架构”(齐泽克，2016：6)，同时在现实生活中打开一个“新的在世存在的可能”(刘欣，2018：84)。

同伊格尔顿将文学视为对社会文本的实践性书写的认识相呼应，后现代现实主义对真实的书写成为虚构性的展演(performance)，其中真实在与人求真意志紧密相连的基础上呈现出多元的表现方式。总体来说，后现代现实主义文学对真实的书写表现为对宏大叙事的症候式重构②，作家通过重构被埋没于主流的历史和社会文本(人们普遍认知方式)中的症候，展示一个与当下社会神似却又与现实生活完全相反或互为补充的虚构现实，让读者在感受逼真性同时，对当下现实展开反思。从某种程度来看，后现代现实主义小说只有“‘逼真的外表，而故事本身对这种逼真进行了颠覆，解构了‘梦境’”(王守仁 & 童庆生，2007：52)。在《大进军》(*The March*)一书中，多克特罗(E. L. Doctorow)通过聚焦于被宏大历史话语湮没的小人物的所见所闻来重写美国内战历史，向读者展现了宣扬进步和统一的内战叙事背后普通人在战争中的挣扎与痛苦，引发读者关于战争及其背后话语机制的深思。菲利普·罗斯(Philip Roth)的《反美阴谋》(*The Plot against America*)则重构美国历史，书写可能的另一种过去，让读者在阅读中感受到现实的偶然性，并在虚构的文本里对当下社会进行反思。尽管后现代现实主义小说通过虚实结合、戏仿、语言游戏等多元表现手法书写社会中被掩盖的可能，但这种虚构都有生活经历或历史资料作为其坚实的现实后盾——作家是通过大量研读历史资料或是在对社会主导意识形态进行征兆式分析的基础上重构现实，这使得文本对历史的重构性书写具有真实感和合理性，并引发读者对当下社会现实的深思。

---

① 在《马克思主义与文学批评》中，伊格尔顿强调文学与意识形态的同构性。他援引阿尔都塞关于意识形态的认识，指出“艺术与意识形态有一种特殊的关系。意识形态表示人们借以体验现实世界的想象方式，这当然也是文学提供给我们的那种经验，让人感到在特殊条件下的生活是什么样子，而不是对这些条件进行概念上的分析”(Eagleton, 1989：16)。

② 本文的“症候式重构”一词源于阿尔都塞在《读〈资本论〉》中提到的“症候式阅读”(symptomatic reading)概念，是对后者的阐发。在《读〈资本论〉》中，症候式阅读被阿尔都塞定义为对前文本的生产性阅读，即把“所读文章本身中被掩盖的东西揭示出来，并使之与另一篇文章发生联系”(阿尔都塞，2001：12)。由此可见，症候式阅读本身包含对前文本存在症候的发现及重构，但更侧重于阅读实践。本文“症候式重构”概念则是在症候式阅读基础上强调后现代现实主义文本对历史和社会文本重构结果的具象表现。

需要指出，后现代现实主义文学通过重构社会文本展现真实的书写容易落入对“哲学真理”的空洞呈现或成为作家个人对社会现实的想象性重构，而读者和作者无法就文本重构的现实达成一致且客观的认识——如果文学的真实只能表现为在征兆式重构中展现的超越性，我们如何保证作家和读者关于社会文本的认知是一致的？如何保证作品中的前社会文本就是意识形态的体现？而且，如果当下的文学是“提供快感的文本”，读者从中得到的是“恶意的反超我（anti-superego）的欢喜”（伊格尔顿，2015：196）的话，我们如何保证文本中超越性真实的客观性？鉴于此，本文认为应回归马克思唯物主义对现实生活的强调，视文学真实为对现实生活的忠实反映，是在对人性和现实生活忠实描摹基础上展现的超越性真知。需要指出的是，正如真实受历史条件的限制，具有相对性，作家经实践获得的关于生活本质的认识同样受到社会主导意识形态的一定限制。因此文学的真实主要表现为对先前审美认知框架的超越，以及作家通过对社会症结处的深刻剖析来呈现超越当前现实表象的相对真实，往往融经验真实与理性真知于一体。

文学真实需要作者和读者对现实生活建立起基于经验共识的契约，使读者能够与文本构建的虚构世界产生情感认同。赵毅衡教授指出“接受者必须有一个接受文本的动机，这个动机必然是文本具有某种真实性”（赵毅衡，2015：22）。他进一步将文本的真实性分为文本内融贯性（coherence）——文本内符号符合客观逻辑关系且细节描写充实可感，和全文本真实性——文本与“更大的范畴体系相融贯”（赵毅衡，2015：26），即文学的真实应符合人们对现实生活的普遍认知和感受，与社会的特定情感结构相连。情感结构（structures of feeling）是威廉斯（Raymond Williams）文化唯物主义的关键词①，主要指溶解流动的整体性社会经验，是“一种现时在场的，处于活跃的、相互关联的连续性中的实践意识”（Williams，1977：132）。在《马克思与主义与文学》中，威廉斯强调情感结构表现为主观实践与客观结构间的张力，它不仅包含着主导（dominant）文化，同时也体现着发展中的新兴（emergent）文化的可能，是一种基于当下，面向未来的动态社会经验。而且，情感结构中那些微妙、难以名状的地方——某种仍萌芽状态的新兴文化——只能通过文学艺术得到整体感性的展现，它源于作家对现实生活中“不予承认的事物的经验”（Williams，1977：130）——同主流文化呈对立经验——的忠实描摹而展现出来的文化的隐性发展趋势。值得强调的是，作家对新兴文化的描写或展现并非他的刻意选择，而是源于作家对生活的深切感知，即作家能够敏锐把捉到社会生活表象下

① 情感结构最早出现于威廉斯与奥朗·迈克尔（Michael Orrom）合著的《电影导论》（*Preface to Film*），指社会中存在的共同整体性经验，尤其指是无法被沉淀，在外部找不到对应的因素，只能通过艺术作品本身被认识。之后，在《文化与社会》以及《漫长的革命》中，情感结构更多侧重于强调被主导文化忽略和排除的文化，以及超出主导支配文化的新兴文化。最后，情感结构在《马克思主义与文学》（*Marxism and Literature*）中得到全面深刻的阐述，强调其作为一种现时在场的、处于流动进化的社会经验。

的矛盾和症结，并对其进行真实可感地再现。因此。文学的真实取决于作家对生活的真诚态度，表现为作家对现实生活的深切感知以及超越主观情感的忠实再现。莫言指出好的文学作品“来源于生活，真实地反映下层人民的生活面貌”①。无论是19世纪现实主义还是后现代现实主义文学，我们都可以发现作家无不强调自己的作品源于对现实生活的忠实。正是作家怀揣着一颗对生活赤诚而敏感的心灵，在敏锐感知到外部世界存在的矛盾症结的基础上，通过书写具体典型人物的真实遭遇，以符合事理逻辑的描述方式向读者呈现他对社会现实的深刻认识。读者则在与文本构建的经验真实产生认同的基础上，通过反思式阅读中获得对文本描写的社会现实的深刻认知。值得注意的是，虽然读者通过文本获得的整体性真实与作者想要呈现的理性真知——即他自己对于社会矛盾的解决——因对社会认识的深刻程度、时代的发展变化存在一定的偏差，但只要作者能够敏锐感知到社会中存在的矛盾，并将其以具体感性的方式忠实描摹出来，使读者能够与文本中呈现的真实可感人物以及情节合情理的推演中发生情感的认同，就已经达到了文学对真实书写的要求。而且，威廉斯的情感结构理论也向我们指出，忠实描摹生活的文学作品本身就蕴含着强大的历史必然规律，它展现出社会文化构型的动态发展。

5　结语：伟大现实主义文学的真实

巴尔扎克指出“无论什么时代，叙事人都是同时代的秘书……主题完全虚构，与任何现实远近不着边的书，大部分都是死胎；而以观察到的、铺陈开来的、取自生活事实为基础的书，会获得长寿的荣光”（巴尔扎克，1991：470）。巴尔扎克对文学的认识可以被认为是伟大现实主义文学对真实书写的基础。文学的真实取决于作家对现实生活的真诚态度，具体表现为作家对生活的深切感知以及在此基础上对自己体悟到的生活的忠实再现。鲁迅强调文学的真实源于作家至诚的灵魂和内心的真实无伪，即作家应敢于直面现实生活的复杂和矛盾，正视人性中的美好与丑恶以及不可克服的弱点，“真诚地、深入地、大胆地看取人生并且写出他的血和肉”（鲁迅，2005：255）。这里“写出人生的血和肉”则指文本对生活的忠实再现。文学作品应在文本中创造人与社会的整体图景，其中“读者可以通过个人来认识社会，通过社会关系来认识个人”（威廉斯，1993：351）。伟大的现实主义文学往往有真实可感的人物群像，而正是通过描写他们在生活中的挣扎浮沉，描摹他们在与社会交锋时展现的深沉厚重的灵魂以及在困境中闪耀的人性光芒，作家能够将一个时代的痛苦和美好浓缩于文本之上。这种具有灵魂厚重感的作品能够

---

① 选自莫言在2005年在接受香港公开大学荣誉博士学位时的演讲《我怎么成为作家》。

穿越历史的长河与当下读者发生情感上的认同，使他们在灵魂的震颤中超越文本，并获得关于人性和生活的深刻认识。

因此，伟大的现实主义文学的真实始于作家对社会生活发于真诚的书写。作家因其对现实生活深刻而敏锐的感知得以传递对社会和人性的深刻认知，还会使作品描摹的社会呈现出历史必然的发展规律。优秀的现实主义作品总是植根于社会生活的沃土，是鼓舞人们、开风气之先的理想蓓蕾。正是作家在忠实于生活的前提下敢于“冒天下之大不韪”的真诚态度以及对社会存在的苦难和黑暗的大悲悯精神使虚构的文学作品具有了超越时代局限的深远真实的意蕴，它能够走向人类共同的灵魂深处，展现人类自诞生于世就存有的对真善美的美好向往。伟大现实主义文学对真实的整体性呈现为后真相社会的文学对真实的书写提供了可参考的范式。文学的真实并非局限于描述社会和人性的阴暗面，更不是所谓“歌德派”①宣扬的文学应粉饰现实，弱化甚至忽视社会矛盾，展现一副其乐融融“大团圆”的虚假景象，而是取决于作家对现实生活的忠实态度。作家通过虚构的故事将自己对现实生活和社会当下存在的矛盾症结的深切感知以具体客观的方式呈现出来，揭示生活表象下更为本质的真实，从而赋予作品思想深度与批判精神，表现出现实主义文学应有的人文关怀以及其作为反映生活历程之明镜的历史责任。

参考文献

[1] Audi, Robert (Ed.). 1999. *The Cambridge Dictionary of Philosophy* (2nd edition). New York: Cambridge University Press.

[2] Bargue, Remi & Barbara Cassin, et al. 2014. Truth. In Barbara Cassin (Ed.), *Dictionary of Untranslatable: A Philosophical Lexicon* (Steven Rendall, Christian Hubertt, et al. trans.). Princeton: University of Princeton Press, 1159 - 1179.

[3] Barthes, Roland. 1982. The Reality Effect. *French Literary Theory Today: A Reader* (Tzvetan Todorov, ed., R. Cater, trans.). Cambridge: Cambridge University Press.

[4] Carperntier, Alejo. 2017. On the Marvelous Realism in America. *Magical Realism* (Lois Parkinson Zamora and Wendy B. Frais, eds.). Durham: Duke University Press, 75 - 88.

[5] Courtine, Jean-Francois. 2014. Reality. In Barbara Cassin (Ed.), *Dictionary of Untranslatable: A Philosophical Lexicon* (Steven Rendall, Christian Hubertt, et al. trans.). Princeton: University of Princeton Press, 978 - 887.

[6] Eagleton, Terry. 1989. *Marxism and Literary Criticism*. London: Routledge.

① 歌德派：出自1979年《河北文艺》刊登的李剑的文章《歌德还是“缺德”》。后被广泛用于对只会歌功颂德的一类人的谑称。

[7] Hamon, Philippe. 2015. *Puisque Realisme il y a*. Geneve: La Baconniere.
[8] Lemaitre, Henri (Ed.). 1982. *Dictionnaire Bords de Litterature Francaise*. Paris: Boards.
[9] Ranciere, Jacques. 2017. *The Lost Thread: The Democracy of the Modern Fiction* (Steven Corcoran, trans.). London: Bloomsbury.
[10] Shields, David. 2010. *Reality Hunger: A Manifesto*. London: Penguin Group.
[11] Stevenson, Angus (Ed.). 2010. *Oxford Dictionary of English* (3rd edition). Oxford: Oxford University Press.
[12] Todorov, Tzvetan. 1982. Presentation. In Gerarad Genette and Tzvetan Todorov (Eds.), *Litterature et realite*. Paris: Seuil, 7 - 10.
[13] Williams, Raymond. 1977. *Marxism and Literature*. Oxford: Oxford University.
[14] Žižek, Slavoj. 2007. Psychoanalysis and the Lacanian Real: "Strange shapes of the unwarped primal world". In Matthew Beaumont (Ed.), *Adventures in Realism*. Malden: Blackwell Publishing, 207 - 223.
[15] 阿尔都塞. 读《资本论》. 李其庆,冯文光,译. 北京:中央编译出版社,2001.
[16] 阿尔都塞. 论再生产. 吴子枫,译. 西安:西北大学出版社,2019.
[17] 奥尔巴赫. 摹仿论. 吴麟绶,等,译. 北京:商务印书馆,2018.
[18] 巴尔扎克.《人间喜剧》前言,巴尔扎克全集(第 1 卷). 艾珉,编校. 北京:人民文学出版社,1984:1 - 21.
[19] 巴尔扎克.《古物陈列室》《冈巴拉》出版序言. 巴尔扎克全集(第 24 卷). 艾珉,编校. 北京:人民文学出版社,1991:465 - 472.
[20] 柏拉图. 会饮篇,柏拉图文艺对话集. 朱光潜,编译. 北京:人民文学出版社,1963:211 - 293.
[21] 柏拉图. 理想国(卷十),柏拉图文艺对话集. 朱光潜,编译. 北京:人民文学出版社,1963:66 - 90.
[22] 布勒东. 超现实主义宣言,丁世忠,译. 未来主义 超现实主义 魔幻现实主义. 柳鸣九,编. 北京:中国社会科学出版社,1987:240 - 277.
[23] 陈众议. 论魔幻现实主义的民族渊源. 未来主义 超现实主义 魔幻现实主义. 柳鸣九,编. 北京:中国社会科学出版社,1987:386 - 418.
[24] 方毅,等.《辞源》下册(午集、未集). 北京:商务印书馆,1914.
[25] 黑格尔. 美学(第一卷). 朱光潜,译. 北京:商务印书馆, 1996.
[26] 何中华. 论马克思哲学的现象学一味——再读《德意志形态》"费尔巴哈"章. 天津社会科学,2021(5):50 - 58,130.
[27] 蒋承勇. 自然科学与"现代现实主义"——19 世纪现实主义再阐释. 社会科学战线,2022(2):169 - 181.
[28] 蓝江. 后真相时代意味着客观性的终结吗? 探索与争鸣,2017 (4),10 - 13.
[29] 朗西埃. 美学中的不满. 蓝江,李三达,译. 南京:南京大学出版社,2019.
[30] 朗西埃. 美感论:艺术审美体制的世纪场景. 赵子龙,译. 商务印书馆,2020.

[31] 李玮,蒋晓丽. 从“符合事实”到“社群真知”——后真相时代对新闻何以为“真”的符号哲学省思. 现代传播,2018(12):50－58.
[32] 刘欣. 西方文论关键词:事件. 外国文学,2016(2):80－89.
[33] 陆杰荣. 形而上学的真实和形而上的真实. 求是学刊,2003(1):20－22.
[34] 鲁迅. 论睁了眼看,鲁迅全集(第一册). 北京:人民文学出版社,2005:251－257.
[35] 马克思. 马克思恩格斯选集(第一卷). 中共中央马克思、恩格斯、列宁、斯大林著作编译局,译. 北京:人民出版社,1995:62－131.
[36] 马克思. 马克思恩格斯全集(第十三卷). 中共中央马克思、恩格斯、列宁、斯大林著作编译局,译. 北京:人民出版社,1956.
[37] 马克思. 马克思恩格斯选集(第四十二卷). 中共中央马克思、恩格斯、列宁、斯大林著作编译局,译. 北京:人民出版社,1956.
[38] 尼采. 权力意志. 孙周兴,译. 上海;上海人民出版社,2018.
[39] 齐泽克. 事件. 王师,译. 上海:上海文艺出版社,2016.
[40] 瞿秋白. 写在前面. 高尔基论文选集. 瞿秋白,编译. 北京:人民文学出版社,1954:1－4.
[41] 瞿秋白. 拉法格和他的文艺批评,瞿秋白文集·文学编(第四卷).《瞿秋白文集》编辑组,编. 北京:人民文学出版社,1987:126－141.
[42] 瞿秋白. 马克思、恩格斯和文学上的现实主义. 瞿秋白文集·文学编(第四卷).《瞿秋白文集》编辑组,编. 北京:人民文学出版社,1987:1－21.
[43] 孙梁. 序言. 达洛维夫人. 伍尔夫,著. 孙梁,译. 上海:上海译文出版社,2000.
[44] 王守仁,童庆生. 回忆 理解 想象 知识. 当代外国文学,2007(1):48－59.
[45] 王守仁,等. 战后世界进程与外国文学进程研究 第一卷 战后现实主义文学研究. 南京:译林出版社,2019.
[46] 王向峰. 现实主义的美学思考. 北京:文化艺术出版社,1988.
[47] 威廉斯. 现实主义与当代小说. 二十世纪文学评论(下),戴维·洛奇,编. 葛林,等,译. 上海:上海译文出版社,1993:331－354.
[48] 伍尔夫. 论现代小说. 论小说与小说家,伍尔夫,编. 翟世镜,译. 上海:上海译文出版社,2009:3－13.
[49] 吴光华. 汉英大词典(第三版). 上海:上海译文出版社,2010.
[50] 吴岳添. 超现实主义简论. 未来主义 超现实主义 魔幻现实主义. 柳鸣九,编. 北京:中国社会科学出版社,1987:180－198.
[51] 席勒. 论素朴的诗和感伤的诗. 席勒文集 VI 理论. 张玉书,选编. 张佳珏译. 北京:人民文学出版社,2005:78－165.
[52] 荀悦. 申鉴. 上海:上海商务印书馆,1919.
[53] 亚里士多德. 诗学. 陈中梅,译. 北京:商务印书馆,1996.
[54] 阎连科. 发现小说. 当代作家评论,2011(2):63－126.
[55] 伊格尔顿. 文学事件. 阴志科,译. 河南:河南大学出版社,2015.

[56] 詹姆逊. 政治无意识——作为社会象征行为的叙事. 王逢振,陈永国,译. 北京:中国社会科学出版社,1999.
[57] 赵毅衡. 文本内真实性:一个符号表意原则. 江海学刊,2015(6):22-28.
[58] 朱光潜. 西方美学史. 北京:人民文学出版社,2002.

论现实主义的审美维度*

——从卢卡奇的《叙事抑或描写》一文谈起

南京大学　刘洋　王守仁**

摘　要：本文以卢卡奇的《叙事抑或描写》一文作为讨论的出发点，梳理学界有关现实主义文学的审美维度的探讨和争鸣。卢卡奇在文中提出，现实主义文学应该着重叙述处于矛盾动态之中的世界以及能够集中表现出这些矛盾的中心人物，反对描写单调无聊的日常生活以及无生命力的物。此后的现实主义文学批评则不断修正和更新卢卡奇提出的审美原则，先后将其否定的日常生活与物纳入现实主义的审美范畴之中，扩展现实主义的审美视野，并发掘出其中蕴含的丰富阐释潜能。

关键词：现实主义文学；审美；日常生活；物

Title: On the Aesthetic Dimension of Realism: A Discussion Beginning with Lukács' "Narration or Description"

Abstract: Taking Lukács' "Narration or Description" as a point of departure, this essay presents a survey of critical discussions and debates on the aesthetic dimension of literary realism. Lukács contends in the article that realist literature should narrate the world in its contradictory dynamics and the central figures in whose lives the major opposing forces converge, in the meantime reject the descriptions of monotonous and tedious everyday life and inanimate objects. Criticisms of realist literature after Lukács' article continues to modify and amend his aesthetic principles by including everyday life and the objects into realism's aesthetic categories, thereby

---

* 本文系国家社科基金重大项目"外国文学原理研究"(22&ZD284)阶段性成果。

** **作者简介：**刘洋，博士，助理研究员，主要研究方向为早期现代英国文学、现实主义。电子邮箱：yang.liu@nju.edu.cn。王守仁，教授，主要研究方向为英美文学、现实主义。电子邮箱：srwang@nju.edu.cn。

expanding realism's aesthetic horizon, and bringing out the interpretative potentials that are embedded in everyday life and the objects.

Key Words: literary realism; aesthetic; everyday life; object

在论现实主义的著名文章《文学研究中的现实主义概念》的结尾处，勒内·韦勒克曾就现实主义美学作如下论断："现实主义的理论说到底是一种糟糕的美学，因为所有的艺术都在于'创构'，本身乃是由幻觉和符号形式构成的世界"(Wellek, 1961: 18)。在韦勒克看来，现实主义有高低之分：其中"相对较低"(lower)的现实主义"时常降格成为新闻报道、论文写作、科学描述，或简言之，成为非艺术"；而另一种"最高"(highest)的现实主义则以"巴尔扎克、狄更斯、陀思妥耶夫斯基、托尔斯泰、亨利·詹姆斯、易卜生甚至佐拉为代表"，其之所以为"高"者是因为上述作家的作品常常突破现实主义的理论界限，并"创造出想象的世界"(Wellek, 1961: 18)。在这篇文章之前，韦勒克已在为《摹仿论》的英文译本而写的书评中批判过奥尔巴赫的"独特的现实主义"理念过分强调历史主义，抹杀了人在面对历史时所应表现出的"主见"，并有悖其揭示人之存在本质的本意(Wellek, 1954: 306-307)。

然而，现实主义作为一种艺术形式、现实主义美学是否真的如此糟糕？对历史主义的关照又是否必定等同于对个人自主性的消解？本文以上述问题作为出发点，试图对现实主义的审美进行辨析。为达到此目的，本文重访为现实主义辩护的著名批评家乔治·卢卡奇的现实主义理论体系，重读他写于 1936 的文章《叙事抑或描写——试论自然主义与形式主义》，并以此为肇始，讨论现当代现实主义审美批评的几个关键问题。

1　卢卡奇的现实主义审美观念

在西方艺术史上，17 世纪荷兰画派将日常生活作为审美对象，"默默无闻的普通人的日常生活……成为绘画的中心题材和组织原则"(托罗多夫，2012:49)。与文艺复兴时期的绘画相比，荷兰现实主义画作的主题、构图、人物形象都发生了变化：画面上，历史上或传说中的英雄人物、宗教人物让位于普通生活中的小人物，绘画风格也随之转变，"陪衬物获得了核心地位，附属物赢得了独立性"(托罗多夫，2012:25)，荷兰画家"将细节提升至主角的地位"(托罗多夫，2012:155)。在随后的 18、19 世纪，日常生活成为现实主义文学艺术的首选题材，引发人们将其作为审美对象不断进行深入探究，而卢卡奇是提出有影响力见解的重要现实主义理论家之一。

审美作为一种与美和品味紧密相关的人类活动，自然而然地涉及对事物的评判和鉴别，而这也正是卢卡奇撰写《叙事抑或描写》的主要目的之一：评判出何为更胜一筹的“现实主义”，以及相对而言落入下风的“自然主义”。卢卡奇在文章开头处开宗明义，直入主题，对比了对同一活动(赛马)的两种文学再现。其一种出自左拉的《娜娜》，极尽描写之能事，赛马会上的每一个细节均得到了“准确”“富于色彩”且极具“感官活力”的描写；但同时，细节在本小说中只起到了“填充物”的作用，仅与故事情节存在微弱的联系(Lukács，1970：110)。另一种出自托尔斯泰的《安娜·卡列尼娜》，其中也不乏细节描写，但在卢卡奇看来，托尔斯泰的描写并未止步于“事物”本身，而是与故事情节保持了紧密的联系，并观照了作为整体的人类存在状况(Lukács，1970：111)。两者之间的区别，在于前者从旁观者的视角出发，进行“描写”，后者从参与者的视角出发，进行“叙事”(Lukács，1970：111)。为了进一步论证这一观点，卢卡奇随后又举一例，对比了左拉同一部小说和巴尔扎克的《幻灭》中对剧场的再现，其结论为：左拉延续了其惯用艺术手段，仅从观众的角度(或许意犹未尽，其后又从舞台的角度)对剧场的物体细节进行了详细的描写；而类似的细节却难见于巴尔扎克的小说之中，因其着重书写的是其人物内心戏剧性产生的外部场景(Lukács，1970：112－113)。固然，左拉的小说也展示了某些社会问题，但此类问题的出现便如“炼金后的余渣”(*caput mortuum*)；巴尔扎克则揭示了资本主义社会背景下的剧场生存状况(Lukács，1970：113)。类似死亡隐喻在该文中也多次出现，甚至成为细节描写的隐喻：如果说卢卡奇所推崇的巴尔扎克、司各特、托尔斯泰等人展现的是逐渐被读者熟知、受读者喜爱的个人被资本主义谋杀的过程，那么左拉和福楼拜等人则通过细节描写从一开始就为读者描绘了一个死人，毫无任何生机可言，并让读者在一幅幅静物写生中逐渐意识到这一点(Lukács，1970：146)。

图像之喻也是卢卡奇常常用来批判细节描写手法的话语武器。在《叙事抑或描写》之前，卢卡奇已表达过对文学作品中出现的图像式的视觉性描写的隐忧。他发现，自1848年始(约为摄影被发明的时期)，现实主义小说抛弃了昭示“人作为个体和人作为社会存在、共同体之一员之间的有机而牢固的联系”的使命。其原因正在于现实主义小说涌入了大量的“装饰性细节”“不可变动的背景”“图像主义”“图片般的氛围”和“摄影式的真实感”(引自Armstrong，1999：5)。图像、视觉等词也多次出现在该文中，用以批判左拉等人的描写手法。摄影的出现激发出了人们更广泛的对再现日常生活及其物品的热情，这是伴随着现实主义小说兴起的时代背景，而这也正是卢卡奇在该文中所要批判的关键现象之一。在一段对福楼拜的批评中，卢卡奇总结道：“福楼拜混淆了生活与庸常的布尔乔亚的日常存在之间的区别”(Lukács，1970：125)。在卢卡奇看来，只是客观地呈现出资本主义社会的日常生活没有任何意义。这一点在他的早期著作中亦能找到草蛇灰线的联系。1913年，卢卡奇在《审美文化》中提出，资本主义社会的审美文化“将挥霍心灵当成了生活准则，丧失了行动和创造的能力”(引自刘健，2021：134)。对日常生活进行无微不至的描写，其结果是使得文学作品变得单调和无聊。这一点福楼拜本人也曾承认过：在创作《包法利夫人》时，福楼拜抱怨自己的小说无法再为作者提供愉悦。对此卢卡奇的解释是，“单调与无聊出自作者的创作手法以及对世界的哲学看法”(Lukács, 1970: 125)。巴尔扎克等人亲自参与了资产阶级革命，承袭了文艺复兴与启蒙运动的知识分子传统，积极地投身于其所处时代的社会斗争之中；而左拉等人则相反，他们放弃了投身社会运动的追求，甘愿只做观察者和批评者，正因如此，他们的作品中充斥着日常生活的琐碎细节。由此，卢卡奇进一步将属于艺术范畴的“叙事”和“描写”两种手法归纳为对两种不同的资本主义发展时期的反映，并提出著名论断：“每一种新的风格都是由社会和历史决定的，并且是社会发展的产物”(Lukács, 1970: 119)。

仅仅对日常生活进行客观描写在卢卡奇看来是无法被称为“现实主义”的，并且会导致单调无聊的后果。卢卡奇对“单调”与“无聊”这两个词的使用似乎呼应了华兹华斯在《抒情歌谣集》序言中一段关于“野蛮麻木”(savage torpor)的断言：“前所未见的多种因素正共同发生作用，使得人们心灵的分辨力变得迟钝，使其无法发挥主观能动力，降格到野蛮麻木的状态”(Wordsworth and Coleridge, 2008: 177)。这些“前所未见的多种因素”中即包含了资本主义兴起造成的城市人口聚集、工作性质类似以及随后产生的语言使用趋同。虽然英国与法国的社会状况和历史进程有着诸多差异，华兹华斯与卢卡奇的写作背景也不同，但两人对资本主义社会下的文学发展状况有着同样的判断：如果屈从于资本主义的日常生活现状，将导致文学失去其应有的活力。卢卡奇有着与华兹华斯同样的实现变革的渴望。与单纯地如实描写日常生活细节相反，卢卡奇呼吁现实主义作品应该揭示出社会变革的重要阶段，而揭示出这一点的重要手段是叙述行动。在这里，卢卡奇继承了亚里士多德的古典悲剧理论，即，悲剧是对行动的摹仿。事实上，卢卡奇也多次提到“戏”一词，并将戏剧要素视作描写的对立面。同时，卢卡奇在该文中的另一个理论关键词——“生活的内在诗歌”——亦与戏剧行动紧密相关，因为它是“斗争中的人的诗歌，是人与人之间动荡而又活跃的互动的诗歌”(Lukács, 1970: 126)。

卢卡奇在《叙事抑或描写》中又一次提到诗歌一词时语带讽刺：这就是他所谓“物的诗歌”(Lukács, 1970: 136)——这也是他批判的另一个重要现象，即对日常生活中物品进行的细节描写。在卢卡奇看来，“物”是所有使用描写手法的作者的出发点。由于此类作者的意图在于成为客观的观察者和描述者，故而他们就必然会不加选择地进行索引式的列举，从而导致所描述之物失去了其在具体的人类活动中发挥的作用。卢卡奇将这种写作方式喻为徒劳的“西西弗之举”。甚至，在他看来，人也会被描写降格成无生命的物，而此类小说则会陷入“万花筒般的混乱”局面。现实主义小说应该突出人的重要价值并揭示出人的本质特征，这是卢卡奇此文的核心观点之一。其来源首先是马克思的人本主义思想——如该文题记所言：“人的根本就是人的本身”(Lukács, 1970: 110)。在这里，叙事与描写的对立成为人与物的对立。物是静态的、被动的、没有生机活力的；与之相对照，对人的再现则应充满生机活力。卢卡奇在此文中的另一个关键词——“中心人物”——凸显了这一点：“他[作者]必须在矛盾的动态发展中看待这个世界，以期选择出一个主人公，并在他身上将主要的对立力量集中起来”(Lukács, 1970: 142)。因此，以描写为主要艺术手法的自然主义“缺乏人文关怀”——它看似遵循了客观观察的科学之道，而实则只会产出“概要式的”、“微不足道”的结果，有悖现实主义塑造典型人物、表现社会历史发展进程的最终旨归。

2　奥尔巴赫：日常生活与现实主义审美

卢卡奇在《叙事抑或描述》中始终坚持着近似于古典主义的审美原则。因而，在他心目中，现实主义应仿效的对象是史诗——事实上，叙事也确实是史诗最重要的艺术手法之一。史诗一词在此文中曾多次出现：例如，在文章的第四部分开头，卢卡奇援引歌德对史诗与戏剧之不同的辨析，说明史诗作品要对其中包含的细节描写进行筛选，使之服务于中心目的；并且所选之细节需具备本质性的要素以展现生活的丰富性和广度(Lukács, 1970: 127－129)。艾伯拉姆斯的《文学术语词典》为“史诗”一词曾作过如下定义：“长篇叙事体诗歌，主题庄重，风格典雅，集中描写以自身行动决定整个部落、民族或人类命运的英雄或近似神明的人物”(艾布拉姆斯、哈珀姆，2014:107)。这不由使人联系起卢卡奇在此文之后提出的典型论。艾伯拉姆斯在追溯“史诗”的源流之时，特别提出是卢卡奇扩展了史诗的范畴，认为“他把反映资本主义时期社会现实的所有小说一律称为市民史诗”，并引用了卢卡奇的名言：“小说是这个世界中被上帝抛弃的史诗”(艾布拉姆斯、哈珀姆，2014:107)。20 世纪 80 年代，在评价卢卡奇的典型论时，克里斯托弗·普伦德加斯特亦将之追溯到亚里士多德和黑格尔等的古典审美理想，并提出：卢卡奇赞赏的小说形式是一种“捕捉到整个世界历史进程的总体的史诗艺术”(Prendergast, 1986:107)。

关于描写，卢卡奇特别指出，史诗对其并不排斥，“描写也是史诗艺术的多种形式之一”；但他紧随其后在括号中为这句话附上了解释说明：“无疑是居于次要地位的一种形式”(Lukács, 1970: 117)。这便与另一位现实主义理论家奥尔巴赫有诸多龃龉之处。在出版于 1946 年的《摹仿论》中，奥尔巴赫于第一章便提出西方文学再现现实的两种模式。其中一种出自《奥德赛》：在老女仆从奥德修斯腿上的伤疤认出他的紧要关头，史诗的叙事骤然中断，插入了一段由 70 多行诗句组成的对伤疤来历的详细描述；与之相对的另一种出自《创世记》中上帝命亚伯拉罕献祭其子以撒的片段——不同之处在于，《创世记》中说话之人身在何处、往来何方、心中何想均没有交代。奥尔巴赫在总结两种风格的不同之处时指出，前者是“完整的、面面俱到的说明”，后者“只突出对于行为目的有用的现象”(奥尔巴赫，2014:12－13)。从其指涉的现实世界层面来看，《奥德赛》“给出了一个已定的、地点和时间上限定了的事件的前因后果”；而《旧约》则“描绘的是世界历史……世界上发生的其他一切仅可以理解为与此相关的一个个环节”（奥尔巴赫，2014：18－19）。由此看来，卢卡奇与奥尔巴赫在关于史诗如何表现现实这一问题上存在重要分歧，尤其是奥尔巴赫评论荷马史诗的如下段落：

> 对于荷马诗篇来说，感官生活的愉悦就是一切，其最高追求就是让我们体验这种愉悦。在战斗与情欲之间，在冒险与险境之间，这些诗篇也给我们讲述了狩猎和庆宴、宫殿和牧羊人的小屋、赛事和洗浴场面，从而使我们能够真切地观察到主人公的生活，边观察边品味他们是如何享受自己醇美的、根植于风俗、景色和日常生活所需之中的现实生活（奥尔巴赫，2014：14－15）。

其中“日常生活”一词——虽然在此处剥离了资本主义的历史发展语境——正是卢卡奇激烈批判的单调无聊的根源。

奥尔巴赫也意识到，古典写实主义和“崇高文体”的框架容不下对日常生活的细致描写；但他同时提出，“荷马作品对崇高——悲剧之中表现日常和现实毫无顾忌”（奥尔巴赫，2014：27）。在《摹仿论》其后的第十八章，奥尔巴赫提出了一个与之紧密相关的一个重要论断，即，“严肃地处理日常生活地现实，一方面让生活在社会底层的广大民众凸显为表现生存问题的对象，另一方面将任意一个普通的人和事置于时代总进程这一历史发展的大背景下，这就是我们认为的当代现实主义的基础”（奥尔巴赫，2014：583）。这一基础的成立，是由于在现代现实主义出现之前的文学中，日常生活往往被以喜剧、不严肃的方式再现出来。被卢卡奇归为左拉之流的自然主义作家的福楼拜，在奥尔巴赫的现实主义体系中反而成为现实主义文学的典型代表，其原因正在于福楼拜“严肃地对待来自社会底层，来自外省小市民阶层的现实生活”，并同时将日常生活“精确而深入地嵌入当代特定的历史时期”（奥尔巴赫，2014：576）。与被卢卡奇推到现实主义文学台前的巴尔扎克相比，奥尔巴赫似乎更倾心于福楼拜，因为后者较少地以作者的身份介入到作品之中，亦未进行道德说教或时事批评，仅将生活的细节用语言的方式冷静客观地呈现在读者面前——这一点卢卡奇想必也会同意，但在他看来这是资本主义发展后期作家的被动屈从和不可知论；而在奥尔巴赫看来，这体现了充分运用语言的真实的现代现实主义理念。

奥尔巴赫用来引证的例子是《包法利夫人》中艾玛·包法利在丈夫吃饭时感到厌烦的片段，尤其是其中的环境描写：“楼下的餐厅这么小，火炉冒烟，门嘎吱响，墙壁渗水，地面潮湿”（奥尔巴赫，2014：573）。这种厌烦在卢卡奇看来并非生活本身——或换言之，无法被称作表现出人与人之间的复杂斗争的“生活的内在诗歌”——而是普通中产阶级的平庸日常生活而已；甚至福楼拜本人也不断地在抱怨自己描写的这些令他厌倦的中产阶级生活细节。但在奥尔巴赫看来，这一表现厌烦的片段揭示了现代现实主义小说独特的审美取向。[1] 在前一章(第十七章 乐师米勒)讨论到作家观察人类生活和人类社会的基本方法时，奥尔巴赫提出，对现实的把握不应该仅从上层社会、重要事件或者国家事件中寻找灵感和素材，而应该——

> 深入到日常生活和百姓中去寻找，因为只有在那里，他们才能够抓住独特的、由内在力量驱动的东西，抓住具体的并且具有普遍有效深刻意义的东西，因此，人们必然期望将这些认知运用于当代，那么，当代也就表现为一个无与伦比的、有内在力量推动的不断发展的时代，也就是说，成为历史长河的一段。这段历史的日常生活深层以及整个内部结构，无论是其形成过程还是发展方向，都会令人感兴趣(奥尔巴赫，2014:524)。

这里的“当代”一词尤使人想起卢卡奇对史诗的论断：史诗使用过去时态是由现实决定的，目的为实现艺术上的秩序和组织架构——看似杂乱无章的细节的意义会在小说的结尾显现，并为小说的中心目的服务。但在奥尔巴赫看来，日常生活本身已具有生活和历史的全部意义；就这个片段描写的场景而言，虽然它平淡无奇，前后文并无剧情上的波澜起伏，它在这对夫妻间可能已发生过无数次，但它“已经囊括了小说的全部内容”(579)。此前被作为“轶闻趣事、田园生活或讽刺作品”的一部分出现的生活片段，到了现实主义小说中成为观察生活、再现现实的重要艺术手段，这在奥尔巴赫看来具有重要的意义。奥尔巴赫与卢卡奇相同的论点，在于两者均认为巴尔扎克与福楼拜的艺术风格存在差异：前者描绘的生活跌宕起伏，喧闹亢奋；后者展现的生活“缓慢而迟钝地在流逝”(582)。卢卡奇认为作家应该展现出人与人之间矛盾斗争的各个阶段，而奥尔巴赫则指出，是福楼拜的沉静超脱——或“实事求是的认真态度”——最终传递出了事物的真相，达到了针砭时弊的目的，并深刻揭露出了 19 世纪市民文化和生活中存在的问题。

两者的差异也引起了朗西埃的注意。朗西埃曾撰文《奥尔巴赫与现实主义的矛盾之处》，点明了卢卡奇并未考虑到、却由奥尔巴赫提出的一种对立，即，上层与下层之间

---

① 其实，从平庸乏味的日常之中发现生活和历史的真实并不仅仅始于现实主义小说中，也并未终于此。以莎士比亚为例，《哈姆雷特》中有一片段，丹麦王子在见到罗森格兰兹与吉尔登斯吞时问：“好孩子们，你们两人都好？”罗森格兰兹出乎意料地并未仅仅客套而已，而是对自己之存在的乏味语带抱怨：“不过像一般庸庸碌碌之辈，在这世上虚度时光而已”。继而吉尔登斯吞把话头接了过来，把语气又引向了喜剧式的插科打诨：“无荣侮辱便是我们的幸福，我们不是命运女神帽上的纽扣”。但是到了现代，罗森格兰兹此语中表现出的文本的断裂还是被汤姆·斯托帕德敏锐地捕捉到，从而敷演出一部揭示生活历史的真相的小人物的悲剧《罗森格兰兹和吉尔登斯吞之死》，而“小人物的悲剧”这一古典戏剧理论框架下的矛盾修饰词也经由阿瑟·米勒成为现代主义戏剧的重要题材。

的对立，抑或是，由行动组成的高贵圈层的生活和普通人平淡无奇的日常生活之间的对立。朗西埃提出了一个与奥尔巴赫极其类似的论断："进入[生活的]深处则包括了那些生活在社会深处的人，那些一个接一个、日复一日地生活在被亚里士多德划定为发生着毫无诗意的事情的世界中的人"(Rancière, 2018: 231)。并且，总体历史进程的展现与底层人生活的揭露之间是紧密相连的关系——两者之间的交会正是发生在现实主义小说出现之时。①

3 物作为现实主义审美对象

前文提到，卢卡奇批判的与乏味的日常生活紧密相关的另一个对象是"物的诗歌"。这首先与其物化理论有着紧密的联系。在出版于1923年的《历史与阶级意识》一书中，卢卡奇曾从马克思的《资本论》中关于商品拜物教的阐发汲取灵感，发展出了自己的物化理论："商品形式在人们面前把人们本身劳动的社会性质反映成劳动产品本身的物的性质，反映成这些物的天然的社会属性，从而把生产者同总劳动的社会关系反映成存在于生产者之外的物与物之间的社会关系。由于这种转换，劳动力成了商品，成了可感觉而又超感觉的物或社会的物"。由于商品交换"及其关系在社会的物质代谢中处于绝对支配地位"，物常常与商品联系在一起(引自周立斌，2012:4)。例如，1925年，苏联批评家波瑞斯·阿瓦托夫在评价"中产阶级手中的物"时提出，"中产阶级对待物的首要方式就是视其为一个商品，一个供买卖的对象"(Arvatov, 1997: 122)。在阿瓦托夫看来，中产阶级日常物质生活的基础就建立在其与物的商品关系之上。根据这个逻辑，物成为纯粹的商品范畴，其价值体现在交换过程中产生的利益或给物的所有者带来的装饰作用中，从而物失去了其物质活力，被排斥在了其社会生产过程之外。阿瓦托夫用来描述中产阶级的物的形容词与卢卡奇的极其相似：物是被完成的、被固定住的、静止的，甚至是死亡的。卢卡奇在《叙事抑或描写》中推崇的充满行动与活力的史诗般的现实主义书写模式对这种物的描写持排斥、否定态度。

然而，"物的诗歌"是否一定毫无价值？对物的描写是否一定会遮蔽人的主观能动

---

① 绘画中的现实主义风格也具有类似的对日常生活的关注。茨维坦·托罗多夫在讨论17世纪荷兰绘画与文艺复兴意大利绘画之间的区别时，特别提到："'现实主义'一词第一次以现在的意义在法国被使用是在1835年，但并不是指19世纪的小说，而恰恰是指17世纪的荷兰绘画，后者的'人性真实'被认为对立于意大利绘画中的'诗性理想'。"(托罗多夫，2012:73)这里与表现日常生活的"人性真实"相对立的"诗性理想"一词，尤使人想起卢卡奇提出的"生活的内在诗歌"。托罗多夫也注意到了17世纪荷兰绘画与18世纪现实主义小说的相似之处："画家和诗人自己决定选择讲述哪些故事，他们再也无须受传统主题的拖累：小说是新的(novel)。与此同时，他们的注意力不再集中于骑士的美德或超凡的激情，而是转向了普通人的行为举止。"(托多罗夫，2012:39)

性，并且标志着作者对资本主义的消极投降？芮塔·菲尔斯基在思考文学带给读者的知识益处之时曾将物单独提出来作为重要论据。她批判的出发点正是卢卡奇对描述物的否定："卢卡奇曾总结道，描述总是阻碍或威胁着叙事的存在。具有政治思维的批评者常严酷地对待如诗如画的生活，指责它掩盖了历史，否认了偶然性，并使时间停驻。但我们停下来全心全意关注一件物品之时，我们也会有所收获。不同的观点之所以会聚集到'物理论'中，是因为人们感觉谈论物的最可靠的批评话语——马克思主义——对其谈论的对象太过严厉了。物化和恋物癖给了物体一个不好的名声"（菲尔斯基，2019：157）。菲尔斯基所谓的"物理论"是指近几十年来学界逐渐兴起的新物质主义批评。比尔·布朗曾于2001年在《批判研究》期刊组织专栏并撰写主题文章，题目即为《物理论》（Thing Theory）。将物从"物化""恋物癖"或"商品拜物教"中解放出来并使其重获生命力是当代批评界的重要使命之一。在梳理与物相关的批评理论时，布朗特别提到了阿尔君·阿帕杜莱（Arjun Appadurai）提出的"方法论拜物教"（methodological fetishism），将物视作有生命力的实体，并将商品化视作物之生命中的阶段之一，从而使物重获生机（Brown，2001：6－7）。布朗提出，随着文化物质主义批评范式的兴起，"历史主义"开始"想要接触真实"并呼唤"真实的回归"，而"外部世界的物"则是"真实"不可或缺的重要组成部分。

布朗的上述引文均出自凯瑟琳·加拉格尔和斯蒂芬·格林布拉特所著的《实践新历史主义》一书，因而其所谓的"历史主义"特指"新历史主义研究方法"。两年后他在《物感知：美国文学的物质对象》一书中表达了对新历史主义试图抵达真实的方法的不满足："当其他批评者对'话语'或'社会文本'充满信心，并将之用以重整我们对当下和过去的认识的分析网格的时候，我想要把注意力转向物"（Brown，2003：3）。继而，在2015年出版的著作《其他物》中，布朗把注意力转向了卢卡奇推崇的史诗体裁中的物——阿基里斯的盾牌。在开篇的第一句，布朗即开门见山地提出："西方文学中最华丽的物——阿基里斯的盾牌——是一出有活力的物质的戏剧"（Brown，2015：1）。在布朗看来，阿基里斯的盾牌具有"静止物体和活物"的双重属性，因而它处于一种"不确定的本体论"状态中——"物体世界的存在无法被从动物存在或人类存在中区分出来"。正由于此，荷马在再现这一盾牌时使用的艺格敷词手法（ekphrasis）也具有了描写和叙事的双重属性，这一点可见于布朗的一段引用之中："艺格敷词文学一次又一次地揭示出这种对静止图像的叙事反应，即由语言之本性激发出来的讲故事的冲动"（Brown，2015：3）。从这个意义上讲，卢卡奇所提出的静止的物与处于斗争中的人之间以及描写与叙事之间的区别被一段关于物的描写逐渐打破。布朗随后在《其他物》的第五章节受汉娜·阿伦特的"人类状况"概念启发，为其命名为《非人类状况》，重点讨论了布鲁诺·拉图尔对主体与客体、人与非人之间的二元对立的消解，以及将人与非人视为同等地位的行为体的理论观点（Brown，2015：155－174）。

近年来，现实主义文学研究领域也不断有批评者试图挖掘物的自身生命力以及其蕴含的社会、政治和历史价值。彼得·布鲁克斯在其对现实主义小说的重新评价之作《现实主义的视像》中称，现实主义绝离不开对物的关注——这些物包括了“物品、居所和饰品”，“人们居于其间，相信自己离了它们没有办法生活”。布鲁克斯写道：“现实主义作家相信，你必须对世界进行一番基本的现象论研究才能对生活在其中的人类进行言说，而这一现象论必然意味着描写，即细节描写……”(Brooks, 2005: 210)。这种被卢卡奇称为“西西弗之举”的清单列举式描写不再一无是处，而是发挥了重要的作用。使用新物质主义批评范式的文学研究者也确实表现出了将“物”作为文化记忆或印记以进行分析的趋势，其惯用的手法往往是对小说中出现的物进行后殖民或后结构主义的解读，以期挖掘出一段隐藏在物背后的人类压迫与斗争史。2020 年，弗雷德里克·内拉特在《文学与复数的物质主义》一书中则专辟一章《物质主义与主体：论反殖民主义、后殖民主义与女性主义》，提出要关注“居于下属地位的物质主义”——即，并非伟大光荣的“获胜主体”，而是“被鄙夷、否定、抛弃的”“无足轻重的”“就身份、性别和性向而言负面的东西”(negative matter)——的重要意义(Neyrat, 2020: 56)。

内拉特在此书中也提到了“物质主义和现实主义”的关系问题。首先，他辩证地提出，“现实有时是如此的不真实，以至于我们需要一种物质主义来匹配这种不可匹配性(incommensurability)，来匹配纷繁的现实(excessiveness of reality)”(Neyrat, 2020: 118)。与卢卡奇一样，内拉特也认为在面对错综复杂的现实世界之时，现实主义作家必然要对描写的细节对象进行选择。但是如果作家根据“预设的形式”或“任何模型”对细节进行挑选的话，那么这只会造成“对现实的截肢”。内拉特认为：“在文学中尝试着挑选应该是现实——可被既定形式把握的现实——的东西，这种尝试注定会失败的。事实上，现实永远会超出于现实之外，永远会超出人们的直接认知”。内拉特这一理论的来源是小说家亨利·詹姆斯的一个论断：“对我而言，现实之气(the air of reality)是小说最重要的品质”(Neyrat, 2020: 119)。继而，内拉特引用了菲利普·J·巴里谢的阐释来解释这一理论名词：“坚实具体之物，‘真实的细节’，帮助构成了小说的现实之气”(Neyrat, 2020: 119)。在内拉特看来，使小说被冠以“现实”之名的这种“气”超出了人的理性分析能力，作家若精挑细选反而会适得其反。以此来看现实主义文学中的物的描写，或以此来看巴特对福楼拜的批评——福楼拜小说《淳朴的心》中对起居室中的晴雨表的描写是否仅是为了实现“真实效应”的文学技法——或许可以得出结论，正是看似静止、固态、无活力的物赋予了现实主义文学不可或缺的“现实之气”。

近年来拥护现实主义文学的批评者指出，现实主义的最终目的应该是“对多样的生活保持忠实，同时不失掉其作为艺术作品的本质”(Pavel & Galin, 2021: 38)。回到本文的开头，韦勒克批判“现实主义的理论说到底是一种糟糕的美学”，是由于现实主义审美对“客观再现现实”的要求限制了对艺术而言无比珍贵的想象力以及对作家而言表现人之存在本质的内在要求。但从本文的上述讨论可以看出，面对错综复杂的现实，现实主义文学并未固守一途以应无方，也并不存在单一固定的审美标准，而是随着时间的推移日益表现出复杂多元的发展态势。卢卡奇在《叙事抑或描写》一文中表达了对叙述处于矛盾动态之中的世界以及能够集中表现出这些矛盾的中心人物的推崇以及对过分关注描写琐碎的日常生活与无生命力的物的反对，并以此来区分文学中的现实主义与自然主义；此后的现实主义文学批评则建立在不断修正和更新卢卡奇提出的审美原则的基础之上，先后将其否定的日常生活与物纳入现实主义的审美范畴之中，扩展现实主义的审美视野，并发掘出其中蕴含的丰富阐释潜能。

参考文献

[1] Armstrong, Nancy. 1999. *Fiction in the Age of Photography: The Legacy of British Realism*. Cambridge: Harvard University Press.

[2] Arvatov, Boris. 1997. Everyday Life and the Culture of the Thing (Toward the Formulation of the Question). (Christina Kiaer, trans.). *October*, Vol. 81: 119-128.

[3] Brooks, Peter. 2008. *Realist Vision*. New Haven: Yale University Press.

[4] Brown, Bill. 2001. Thing Theory. *Critical Inquiry* 28: 1-22.

[5] Brown, Bill. 2003. *A Sense of Things: The Object Matter of American Literature*. Chicago: The University of Chicago Press.

[6] Brown, Bill. 2016. *Other Things*. Chicago: The University of Chicago Press.

[7] Lukács, Georg. 1970. Narrate or Describe? A Preliminary Discussion of Naturalism and Formalism. In Arthur Kahn (Trans.), *Writer and Critic and Other Essays*. London: Merlin Press, 110-148.

[8] Neyrat, Frédéric. 2020. *Literature and Materialisms*. London and New York: Routledge.

[9] Pavel, Thomas and Galin Tihanov. 2021. What is Realism? Ideas and Debates. In Dirk Göttsche, Rosa Mucignat and Robert Weninger (Eds.), *Landscapes of Realism: Rethinking Literary Realism in Comparative Perspectives. Volume I: Mapping Realism*. Amsterdam and Philadelphia: John Benjamins Publishing Company.

[10] Prendergast, Christopher. 1986. *The Order of Mimesis: Balzac, Stendhal, Nerval, Flaubert*. Cambridge: Cambridge University Press.

[11] Rancière, Jacques. 2018. Auerbach and the Contradictions of Realism. *Critical Inquiry* 44: 227-241.

[12] Wellek, René. 1961. The Concept of Realism in Literary Scholarship. *Neophilologus*, Vol. 45, No. 1: 1-20.

[13] Wellek, René. 1954. Auerbach's Special Realism. *The Kenyon Review*, Vol. 16, No. 2: 299-307.

[14] Wordsworth, William and Coleridge, Samuel. 2008. Preface (*Lyrical Ballads*, 1800 Edition).

In Michael Gamer and Dahlia Porter (Eds.), *Lyrical Ballads 1798 and 1800*. Ontario: Broadview Editions, 171 - 187.

[15] 埃里希·奥尔巴赫,2014. 摹仿论. 吴麟绶,周建新,译. 北京:商务印书馆.

[16] 茨维坦·托多罗夫,2012. 日常生活颂歌:论十七世纪荷兰绘画. 曹丹红,译. 上海:华东师范大学出版社.

[17] 刘健,2021. 问题在于现实主义:从文学形式思想考察卢卡奇现实主义理论. 湘潭大学学报(哲学社会科学版),(6):134 - 140.

[18] M. H. 艾布拉姆斯,杰弗里·高尔特·哈珀姆,2014. 文学术语词典(第 10 版). 北京:北京大学出版社.

[19] 芮塔·菲尔斯基. 2019. 文学之用. 刘洋,译. 南京:南京大学出版社.

[20] 周立斌,2012. 卢卡奇的物化理论及其演变. 北京:中国社会科学出版社.

现实主义的情动维度*

南京航空航天大学　外国语学院　陈博**

摘　要：近年来，受人文领域情动转向影响，情动维度逐渐成为文学研究的热点议题。2013年，美国文论名家詹姆逊提出，情动当为19世纪中期现实主义文学的源头之一，吸引学界对现实主义的情动维度产生关注。本文在与詹姆逊现实主义情动论对话的基础上，拉长时间纵深审视现实主义情动表征的发展历程。本文认为，18世纪早期形式现实主义小说的丰富情感表征中孕育了逃脱语言命名效应的情动表征萌芽。至19世纪中叶现实主义发展至高峰时，现实主义文学捕捉情动具身流动特性的叙事手段趋于成熟。20世纪后至今，现实主义文学的叙事形式与内容创新促成了情动书写的丰富化与多元化发展。

关键词：现实主义文学；情动；情感；叙事

Title: The Affective Dimension of Realism

Abstract: In recent years, under the influence of the affective turn in the humanities, the affective dimension of literature has become a hot research topic. In 2013, the much renowned American literary critic Fredric Jameson proposed that affect should be a source of mid-nineteenth-century realism, attracting scholarly attentions on the affective dimension of realism. Departing from Jameson's study on affective realism, this current essay examines the affective representation of realism with a broader time framework so as to provide a more comprehensive understanding of development of affective dimensions in realism. It is believed that the early eighteenth-century formal realist novels fostered the surfacing of nameless affects by presenting a fortune of emotional representations. In the mid-nineteenth century, at

---

* 本文系国家社科基金重大项目"外国文学原理研究"(22&ZD284)阶段性成果。

** **作者简介：**陈博，副教授。研究方向为当代英国小说、情动研究。联系方式：chenbo@nuaa.edu.cn。

the height of realism, narrative means aimed at capturing the embodied flowing quality of affect burgeoned and matured. Since the twentieth century on, renovations in narrative form and content gave rise to more multiple and pluralized development of realist affective representations.

Key Words: literary realism; affect; emotion; *récit*

英国作家笛福1719年出版的《鲁滨逊漂流记》被学界视为英国第一部现实主义小说。此后，现实主义文学历经三百余年兴衰，发展成为西方文学中最重要的文学流派之一，现实主义文学研究时至今日仍"蕴藏着丰富的亟待开发与运用的'矿藏'资源"（蒋承勇 132）。2013年，受近年人文领域"情动转向"（*the affective turn*）启发，美国马克思主义文论名家詹姆逊在论著《现实主义的二律背反》（*The Antinomies of Realism*）中提出有别于传统日常情感概念的情动概念（affect），并以之为现实主义文学除叙事（*récit*）外的"第二动因"与"另一动力"（27），由此把情动与现实主义研究直接联系起来。本文认为，詹姆逊的现实主义情动论指出了文学现实主义研究的重要方向，然而其论述主要聚焦于19世纪中期的现实主义小说高光时刻，难免忽略现实主义从18世纪发展至今的整体全貌。因此，本文在与詹姆逊现实主义情动论保持对话的基础上，拉长时间纵深，结合情动理论展开文本细读，挖掘与梳理现实主义文学情动表征的发展脉络。

一、从情感表征到情动表征

詹姆逊之所以选择情动作为研究现实主义表征问题的新切入点，是受到了人文领域情动转向的启发。20世纪末，美国哲学家马苏米（Brain Massumi）与文化学者塞奇威克和弗兰克（Eve Sedgwick and Adam Frank）的两篇文献援引哲学与心理学的研究进展，重点推出了情动概念①。此后，情动逐渐发展为人文社会科学领域的跨学科热词，其影响迄今波及哲学、社会学、人类学、心理学、教育学女性主义研究及文学等多个研究领域（Gregg and Seigworth 5）。情动转向的情动概念以德勒兹从斯宾诺莎伦理学

① 参见 Massumi, Brian. *Parable for the Virtual: Movement, Affect, Sensation*. Durham: Duke UP, 2002; Sedgwick, Eve and Adam Frank. *Touching Feeling: Affect, Pedagogy, Performativity*. *Durham*: Duke UP, 2003.

中提取出的情动概念为主要理论资源①，即情动为“身体的感触，这些感触使身体活动的力量增进或减退，顺畅或阻碍，而这些情感或感触的观念同时亦随之增进或减退，顺畅或阻碍”(98)。斯宾诺莎这段有关情动的早期定义凸显了情动的具身流动特质，并将情动主体拉入与周遭人事物共同构成的互动环境中。20 世纪 70 年代后，德勒兹将斯宾诺莎的情动概念嫁接入他的欲望生成理论体系，将流变的情动进一步归纳为力量(6)，并由此引入“强度”(intensity)概念，界定了情动的“存在之意”(7)。于是，情动转向提取了由斯宾诺莎提出并经德勒兹发展的情动概念，赋予其以有别于传统日常性情感术语的全新特质，将之推上“崭新的、发展中的人之本体论”的形而上高地(Hardt x)。

借鉴情动转向的情动概念，詹姆逊提出现实主义文学书写的情感表征与情动表征之别。他认为在 19 世纪 40 年代，现实主义小说随着情动表征出现而最终成型，此前文学创作的情感书写只有情感表征，而无情动表征(11,32)。情感表征与情动表征的最大区别在于是否能够充分为语言掌握与编码。相较之下，情感表征中情感借语言系统显现，但是也受其规训固化，而情动“没有被命名，也没有进入语言，更不用说成为这种或那种语言编纂的对象了”(34)。它借逃离语言的方式还原情动感触的流动性存在本质，呈现出既依托语言又不受限于语言的张力。

总体而言，詹姆逊的这一观点指出了现实主义文学从情感表征到情动表征的大致发展趋势。首先，受启蒙运动后的社会氛围影响，18 世纪早期形式现实主义小说中出现丰富的情感表征。通常认为，18 世纪初笛福、理查逊与菲尔丁等早期形式现实主义小说家确立了现实主义小说的要旨，即力求以指涉真实的语言还原现实世界，折射真实生活经验(瓦特 6)。在当时历史进程所对应的现实世界与真实生活经验中，对情感体验的重视尤为明显。“所谓启蒙，始于对情感的正视”(金雯 653)。启蒙运动后的大规模的破旧立新运动撼动延绵千年的封建宗教核心秩序，同情逐渐取代宗教起到联通社会认同感的作用。休谟等哲学家呼吁，“人类是由他们共同公认的人性来定义的。这是由情感构成的，而不是由神所创立”(Hume 369)。在社会生活中，情感也逐渐构成人们公共生活的热议话题，同情力(sympathy)被视为个人成长的关键，成为社会道德评判的根基。人们将德性成长与情感教化视为一体，以顺应或者强化同情天性为美德。受此影响，18 世纪的早期形式现实主义小说不乏对复杂情感状态的丰富描摹。例如在理查逊早期现实主义名作《克拉丽莎》(*Clarissa* 1748)中，理查逊以代表性书信体体裁大量捕捉“由连续不断的思想、情感和感觉流组成”的个人日常经验(瓦特 192)。在男主

① 情动转向内研究分支众多，如格雷格与赛格沃茨(Gregg and Seigworth)的《情动理论读本》(*The Affective Theory Reader*)梳理出八个情动研究可能方向(6–8)，霍根(Patrick Colm Hogan)提出有科学情动研究与后结构主义情动研究两个主要研究分支(*Literature and Emotion*. Abingdon, Oxon; New York, NY: Routledge, 2018. p. 8)。尽管如此，目前的情动研究学者大多认同以斯宾诺莎情动概念为概念源头。

人公洛弗莱斯的一段典型情感独白中，他仔细剖析了自己的“苦中作乐”：“我的欢快要归因于这深深的忧虑：因为我挣扎再挣扎，试着在这些念头浮现的时候把它们压下去，而当我做不到的时候，就像我常说的，我迫使自己笑，这样以免哭出来”（Letter 453，1309）。借由此类细致情感状态描绘，18 世纪早期形式现实主义小说得以成功吸引读者走入文本的情感世界，引发共情从而实现情感教化。

其次，尽管 18 世纪形式现实主义小说的情感书写确实以情感表征居多，但是判定此时并未出现情动表征依然稍显武断。诚然，上文提及的洛弗莱斯情感独白无论如何细腻复杂仍属情感表征，归根结底还是编码后的语言，与爱、恨、生气、恐惧等在内的日常情感现象同为命名的产物。然而，早期现实主义小说的丰富情感书写实际孕育了情动表征的萌芽。仍以《克拉丽莎》为例，小说中记录了如下的情动瞬间。

> 已——已经——已——发生的——我，我、我——只能说——必须说——必须承认——嗯——嗯——不对——不是应该发生的——但，啊——但——但——我真——真——抱歉——凭灵魂发誓——而且——而且——愿意做一切——做所有的事——做任何——任何有责任做的——所有你——你——你要求的，来补偿你！——（Letter 263，901）

以上片段集中表现了洛弗莱斯对克拉丽莎犯下强暴罪行后的狼狈之情。洛弗莱斯通常词锋犀利，此时却一反常态地结巴反复，语言支离破碎。在这一特定情境中，克拉丽莎的贞洁情态触动了他的羞愧感受，在他身上引发了剧烈的情绪波动。这种情绪波动体现为语言逻辑的打破与语义的割裂，被文字如实记录。整段叙事以词不达意的方式捕捉了一段自然状态下发生的情动。它依托语言而又不受语言掌控，构成了逃离语言命名的情动表征。

最后，如詹姆逊所称，19 世纪中叶后情动表征开始大量出现于现实主义文学实践中。福楼拜与波德莱尔等现实主义作家们不断挑战叙事形式创新，以“捕捉稍纵即逝的情动并迫其现身”（Jameson 29）。此时的现实主义小说较好地展现了情动栖身语言却随时逃脱其限制的矛盾特质，成为它的流动场域。例如，在哈代的名作《无名的裘德》（*Jude the Obscure* 1895）中，裘德与淑的如下交流就构成了亲密关系情动表征的一个典型案例。

> “《尼可狄摩斯福音书》很不错”。她继续道，以免他有那些嫉妒的想法，这她清清楚楚地看出来了——她总能清清楚楚地看出来。的确，当他们在谈论着一个无关紧要的话题时，比如此刻，他们的感情之间还总是进行着另一番悄无声息的谈话，而且这种交流进行得非常完美。

……

她好奇地看着他，“你为什么这样看着我？”裘德说。“哦，你干吗要知道？我可以随便哪个下午坐半小时的火车来，是不是？”她安抚着。“不。别来！”

……

“这么说我犯什么事儿了吗？我敢保证，我原先还以为我们两个——”她的声音颤抖起来，使她说不下去了。“淑，我有时认为你是一个爱打情骂俏的女人。”他出其不意地说道。（228－29）

裘德与淑的上述对话表面看似讨论了圣经阅读及旅行计划，但是潜在的“另一番悄无声息的谈话”却表明了两人间情动之力的暗潮汹涌。对话伊始，淑以为已对裘德了解透彻，自信哄他放下嫉妒不在话下。因此她提出阅读《圣经》，一方面是转移两人陷入僵局的互动，另一方面也打算凭借学识占得心理优势。然而事情的发展出乎她意料。她惊讶地意识到裘德对她的想法早已了然于心，但却并未如她所愿地接招。她因而随即陷入恐慌，“声音颤抖起来”。而裘德得寸进尺，“出其不意”地以“你是一个爱打情骂俏的女人”的评价对她做出道德攻击，彻底打破了她的情感强势。通过这段描写，哈代以客观中立的笔触描摹了情侣亲密关系中情动力量此消彼长，未加言明却营造出猜忌渐生的情动氛围。

二、情动的具身流动与社会情感结构

情感表征服从于语言，情动表征对语言加以抵御，此为两者的基本分别。这一区别进一步延伸为意识状态与具身感触之别。“情动是身体的感触，而情感是意识状态。后者指向客体，前者仅为身体感触。两者之分就好像一见钟情与广泛忧郁的差别”（Jameson 32）。从斯宾诺莎的经典情动定义到德勒兹的情动现象学阐释，身体感触始终被视为情动发生的起点。在情动转向中，情动的具身性格外受到重视。情动转向重要推动者塞奇威克（Eve Sedgwick）著书《碰触情感：情动、说教与表演性》（*Touching Feeling: Affect, Pedagogy, Performativity*, 2003）倡导以触觉描绘情感；女性主义学者布伦南（Teresa Brennan）在《情感的传播》（*Transmission of Affect*, 2004）中指出，相较于视觉载体而言，气味与嗅觉是塑造人类情感并改变其他机体情感的更好载体，嗅觉的刺激可激发荷尔蒙激素相互作用并“将人们分置于不同的情感状态中（例如虐待者与受虐者）”（11）。

现实主义的情动书写往往调动多种感官描绘表现具身性的情动。如狄更斯小说《大卫·科波菲尔》（*David Copperfield*, 1849—1850）就呈现了如下这段情动感触丰富的记忆叙事。

> 当时我的心情非常愉快(由此我得出结论,人中毒后,在它发生作用的过程中,有一段时间并不总是让人不好受的),于是我决定去看一会戏。我选的是科文特加登剧院,我坐在中部包厢的后座,看了《裘力斯·凯撒》和一出新哑剧。那些高贵的罗马人都活在我的面前,进进出出地供我消遣娱乐,不再像以前在学校里那样,是严厉监督我们的监工了,这是让人觉得最新奇、有趣的事情。不过全剧中交织在一起的现实和神秘,那诗歌、灯光、音乐、演员,还有那频频迅速变换的壮丽华美的布景,所有这一切,都看得我眼花缭乱,也给我平添了无限宗教圣光。因此,半夜十二点钟,我从剧院出来,来到下雨的街道上,我觉得自己仿佛在九霄云外过了多年的逍遥生活,现在突然落到尘世,只觉得人声嘈杂,泥水四溅,火把乱照,雨伞互碰,出租马车横冲直撞,木套鞋咔哒乱响,一片泥泞,满是苦恼。(348)

大卫的这段记忆叙事包含了两个唤起大量具身感官冲击的情动场景。大卫身处的第一个场景的发生场域是剧院,其高雅的环境中充满了"交织在一起的现实和神秘"。"诗歌、灯光、音乐、布景"等听觉与视觉的感官冲击把大卫带入了"无限宗教圣光"。这种丰饶的感官盛宴难以言传,且难以为语言与意识彻底把握。在这段情动体验后,狄更斯让大卫迅速陷入另一情动场域,将他突然从"九霄云外的逍遥生活"抛入截然相反的俗世氛围。在第二个场景中,"人声嘈杂,泥水四溅,火把乱照,雨伞互碰,出租马车横冲直撞,木套鞋咔哒乱响,一片泥泞"的环境构造了一段视觉、触觉与听觉交织的全面感触,在大卫身上触发了反差强烈的苦恼情感。

上述记忆叙事中的情动表征除凸显情动的具身性外,还体现了情动在环境中的流动样态。如英文情动一词的动词涵义所示,情动的生发全程触动了情动主体与环境间的影响与被影响关系,是情动之力在环境中的具身性流动。这一具身流动机制广受情动转向关注。英国文化学者艾哈迈德(Sara Ahmed)在《情绪的文化政治学》(*The Cultural Politics of Emotion*, 2004)提出,文化研究的考察重点要包括"情绪如何在身体间或流动或停滞,以及主体如何随之而动"(4)。她认为情绪的生产过程始于社会接触导致情绪流通,由此进一步实现情绪从无到有的变化。布伦南借鉴神经科学领域的"同步"(entrainment)概念将情动具身流动过程解释为"一个人或一群人的神经与激素系统被调至与另一群人同步的状态"(9)。类似地,荷兰学者哈吉杜克(Stefan Hajduk)借用音乐术语调谐(attunement)表现个体在个人情感状态(mood)与情境情感氛围(atmosphere)间做出的调整与适应。在上述的大卫记忆叙事中,可以看到大卫的情动感触受环境触动,脱离他个体意识掌控自发流动,游弋于个人初始情感(欣喜),剧场情感氛围(崇高)以及街头现实世界(苦恼)之间的整个流动过程。

情动以具身流动的方式脱离个体掌控流动于社会环境中，汇聚为英国文化学者威廉姆斯(Raymond Williams)所称的社会情感结构(structure of feeling)。情感结构是威廉姆斯在长期社会研究中凝练出的社会体验阐释术语。他以溶解化学现象为喻，将情感结构定义为“呈溶液态的社会体验，不同于其他已被析出为沉淀物的现成社会形式”(133－34)。相对于被语言明确言说固化的“世界观”或“意识形态”，威廉姆斯概念中的情感结构是尚未析出成型的社会体验。它溶于总体性社会体验混沌体中，“不可被定义、分类或合理化，却留下明显可感的印记”(132－33)。在这段对情感结构的描绘中，威廉姆斯虽未明确采用情动一词，但是强调了情感的非命名性及流动性，因而此处的情感实际即为情动。威廉姆斯指出，同一时空往往同时存在多种情感结构。例如，斯图亚特王朝复辟时期的英国社会就同时容纳了分别由受挫的清教徒与复辟的王室主导的两种情感结构(134)。这些情感结构之间彼此碰撞相融，酝酿潜在变动，推动社会变迁。19世纪中叶，欧洲社会潜在情感结构的碰撞拉锯在现实主义文学中得到了呈现。一方面，尽管当时资产阶级地位逐渐提升并最终主导社会意识形态，传统的封建宗教情感观仍在人们的社会生活中保留影响。在此时的现实主义小说中，封建宗教情感结构往往表现为个体发展的环境阻碍。例如，霍桑的《红字》(*The Scarlet Letter*，1850)描摹了清教社区极端化宗教教义对通奸者的冷酷压迫。又如在《罪与罚》(*преступление и наказание*，1866)中，陀思妥耶夫斯基将东正教宗教观念融入个体的世俗情感体验，让爱情成为内疚与恐惧之情的宗教式救赎。此外，19世纪现实主义文学中的另一显著情感结构为反思资产阶级自由进步话语。人们逐渐意识到自由主义未必带来终极幸福，个人情感的放纵可能演变为极端利己主义，最终破坏社会平衡与道德秩序。在爱情、亲情与友情等亲密关系中，原本心同此心、情同此情的正向情感慰藉被肆意放任的自由情感腐化，导致出现朋友间的渐行渐远，爱人间的权谋猜忌，家人间的互不信任等局面。这种道德困境构成了《包法利夫人》(*Madame Bovary*，1857)与《安娜·卡列尼娜》(*Анна Каренина*，1877)等现实主义名作中主人公的命运悲剧之源。

三、20世纪后现实主义文学的情动书写

据詹姆逊观察，情动表征自19世纪中叶后弥漫于现实主义文学中，与叙事表征彼此分隔却又相互依存，一同构成现实主义文学的二律背反(35)。进入20世纪后，情动表征的发展最终消弭叙事并瓦解现实主义，造成现实主义最后只能“徒留一些零散的工具和技法”(11)，情动本身也随之消逝。然而，情动随现实主义消逝而消逝了吗？其实不然。

事实上，20世纪下半叶后现实主义小说蓬勃发展、历久弥新。实践表明，尽管传统

现实主义受到了现代主义与后结构主义等思潮的冲击，但是文学摹仿现实的冲动与表征世界的热情远未消减，现实主义也因而得以牢牢占据文学核心创作形式的地位，不断自我更新。至20世纪下半叶，重归现实主义的呼声不断。埃利奥特(Emory Elliott)提出，20世纪中叶起即出现了现实主义复兴。20世纪70年代，威廉姆斯积极倡导践行现实主义小说的新形态，呼吁个体重新在社会总体性构架中实现主体性。20世纪末，英国女作家默多克(Iris Murdoch)认为盛行一时实验小说过于晦涩而远离真实，因而提倡创作“新写实”小说打破人的孤立。时至21世纪，文评家艾斯蒂(Jet Esty)为《小说》期刊现实主义专刊撰文，定调新世纪的文学现实主义仍充满活力，毫未陈旧过时①。当前的现实主义文学不断“呼唤着更加深刻、多变的表现方式，以回应当代社会对真实的‘饥渴’”(王守仁，129)。

不仅现实主义文学的历久弥新，现实主义情动表征亦呈现丰富多元发展之势。一方面，就小说形式而言，受益于叙事技巧革新，后现代情动表征常打破线性时间桎梏充分展开于文本中，将读者带入情动的“永恒当下”(perpetual present)(Jameson 27)。例如，英国小说家马丁·艾米斯(Martin Amis)的《时间之箭》(*Time's Arrow*, 1991)对传统顺序线性叙事做出了翻转处理。小说开始于叙事者从死亡中坐起身来，此后他先后回顾了人生的老年、中年，与青年阶段，在此过程中逐渐揭开自身的集中营体验。小说借叙事时间倒置达成陌生化效果推进情动强度堆叠、调动读者情动体验，迫使读者祛除理性叙事语言的遮盖直面大屠杀创伤性事件的情动冲击。借由叙事时间实验表征情动的又一案例为英国小说朱利安·巴恩斯(Julian Barnes)的历史小说《10½章世界史》(*A History of the World in 10½ Chapters*, 1989)。这部作品以乱序方式随机呈现了十段零散的历史书写，并在小说第八章与第九章间插入了一段作者本人的情感哲思，令读者在阅读历史故事时猝不及防地骤然直面作者的情动感触。巴恩斯的情感哲思由妻子的肢体动作触发，转而转向对爱情的情动存在本质的剖析，即一个人在另一个人身上造成的原子反应，“提供活力”的“一种活力”(231)。这段深具当下临在感的情动独白在全书本就零散的时间结构独树一帜、极为突出，其本身亦构成了一段关于情动本质的情动表征。

另一方面，就小说内容而言，后现代现实主义小说的情动书写与生态、性别与后人类境况等议题产生共振，反映了西方社会进入新自由主义主导阶段后的现实变迁。以生态议题为例，近年来的环境小说大量呈现出极端气候变化等生态危机造成的新情动

---

① 参见 Elliott, Emory, ed. *Columbian Literary History of the United States*. New York: Columbia UP, 1988; 1126; Raymond Williams, “Realism and the Contemporary Novel,” in *20th Century Literary Criticism*, David Lodge ed. London: Longman Press, 1972, pp. 584 - 85; Iris Murdoch, *Existentialists and Mystics: Writings and Philosophy and Literature*, London: Chatto & Windus Ltd., 1995, pp. 291 - 92; Jed Esty, “Realism Wars”, in *Novel: Forum on Fiction*, 49.2 (2016), p. 335.

样态以及情动环境变迁，情动生态批评也成为环境人文研究的新晋范式①。再以后人类境况为例，从战后科幻小说《仿生人会梦见电子羊吗？》（*Do Androids Dream of Electric Sheep*，1968）到石黑一雄新作《克拉拉与太阳》（*Klara and the Sun*，2021），20世纪后的现实主义文本常常关切科技高速发展后的人类社会新样态，关切情动具身性流动如何从人际扩展至人机之间。例如，当代日裔美国作家山下凯伦（Karen Tei Yamashita）的小说《橘子回归线》（*Tropic of Orange*，1997）就捕捉了如下一段情动人机具身性流动。

> 驾车的人们是没法将汽车想象成演奏用的管弦乐器的。此时此刻，曼扎纳的专属奏鸣曲中机器部件与人体部件相互交融。汽车拥有智慧。他把车里的人想象成每辆车的肉脑，而当毫无防御能力的身体现身时，他常不明缘由地感到讶异与厌恶。那段记忆被勾起，他又变回那名正在切割软组织的戴口罩的外科医生。他清晰记得人体的体型构造，而每辆车中那脆弱复杂的东西令他恐惧。（207）

上述片段的叙事者为长期混迹于洛杉矶高架桥上的流浪汉曼扎纳。他曾是技术精湛、受人敬仰的外科医生，却突然抛去模范少数族裔身份标签主动选择流浪街头。在上述由高速公路与汽车等现代工业化产物构建的典型后现代城市空间图景中，曼扎纳调动听觉感触人车一体构成的生命体律动。这些赛博格式主体的“合奏”为曼达纳身体感官捕捉，触发了“惊讶”、“厌恶”与“恐惧”之情，唤醒了他有关人体“软组织”与“体型构造”的具身感触。于是在这一场景中，自然物与人造物、人与非人机器之间情动流动充盈其间。

本文对现实主义情动维度的考察追溯了18世纪以来现实主义文学的情动表征发展脉络，提出情动表征酝酿于18世纪形式现实主义小说的情感表征，成熟于19世纪现实主义鼎盛时期，并在当今现实主义文学中愈加丰富多元。摹仿现实的冲动是人类与生俱来之本能与把握世界之必需。一直以来现实主义的真实摹仿从未止步快照式白描，始终致力于呈现“更高的现实，本质的现实或梦幻与象征的真实”（Wellek，224）。情动作为构成人类身份的核心要素在现实主义表征中天然不可或缺，现实主义的情动书写也因此不断挑战着言说不可言说之感触，触及情动生存真实。

① 参见 *Alexa Weik von Mossner*：*Affective Ecologies*：*Empathy*，*Emotion and Environmental Narrative*. Columbus：The Ohio State University Press，2017；Kyle Bladow and Jennifer Ladino ed. *Affective Ecocriticism*：*Emotion*，*Embodiment*，*Environment*. Lincoln：University of Nebraska Press，2018.

参考文献

[1] Ahmed, Sara. 2004. *The Cultural Politics of Emotion* (2nd Edition). Edinburgh: Edinburgh UP.

[2] Barnes, Julian. 1989. *A History of the World in 10½ Chapters*. London: Vintage.

[3] Brennan, Teresa. 2004. *The Transmission of Affect*. Ithaca: Cornell UP.

[4] Gregg, Melissa and Gregory J. Seigworth (Eds). 2010. *The Affect Theory Reader*. Durham: Duke UP.

[5] Hajduk, Stefan. 2022. Attunement. Mood and memoryin Goethe, Flaubert and Dickens. In D. Göttsche (Ed.), *Landscapes of Realism: Rethinking literary realism in comparative persepctives* (Vol. Ⅱ). Hoboken: Wiley, 185 - 200.

[6] Hardt, Michael. 2007. Foreword: What Affects are Good For. In Patricia Ticineto Clough and Jean Halley (Ed.). *The Affective Turn: Theorizing the Social*. New York, USA: Duke UP, ix - xiv.

[7] Hume, David. 1978. *A Treatise of Human Nature* [1739—1740]. Oxford: Clarendon.

[8] Jameson, Fredric. 2013. *The Antinomies of Realism*. London and New York: Verso.

[9] Richardson, Samuel. 1985. *Clarissa, or The History of a Young Lady* (Angus Ross, Ed.). London: Penguin Books Ltd.

[10] Wellek, Rene. 1963. *Concepts of Criticism*. New Haven and London: Yale UP.

[11] Williams, Raymond. 1977. *Marxism and Literature*. Oxford, New York: Oxford UP.

[12] Yamashito, Karen Tei. 1997. *Tropic of Orange*. Minneapolis, MN: Coffee House Press.

[13] 吉尔·德勒兹，2016. 情动与观念//汪民安、郭晓彦，德勒兹与情动. 姜宇辉，译. 南京：江苏人民出版社.

[14] 查尔斯·狄更斯，2004. 大卫·科波菲尔. 宋兆霖，译. 南京：译林出版社.

[15] 托马斯·哈代，2021. 无名的裘德. 刘荣跃，译. 上海：上海译文出版社.

[16] 蒋承勇，2021. "说不尽"的"现实主义"——19 世纪现实主义研究的十大问题. 社会科学战线，(10)：120 - 132.

[17] 金雯，2021. 18 世纪西方启蒙思想中的道德情感与审美情感. 国际比较文学，(4)：636 - 654.

[18] 斯宾诺莎，1981. 伦理学. 贺麟，译. 北京：商务印书馆.

[19] 伊恩·瓦特，2020. 小说的兴起：笛福、理查逊和菲尔丁研究. 刘建刚，闫建华，译. 北京：北京大学出版社.

[20] 王守仁，2021. 现实主义文学研究的勃勃生机. 浙江社会科学，(10)：129 - 142+ 159 - 160.

现实主义论争中布莱希特的历史小说创作

南京大学 陈 民*

摘　要:本文从发生在20世纪30年代两位马克思主义者卢卡奇和布莱希特之间关于现实主义的论争出发,简述了这场论争涉及的关于流亡文学中历史小说题材的分歧,明确布莱希特积极的现实主义主张。布莱希特认为现实主义应该与其社会功能联系起来理解,特别强调现实主义的表现方式是广阔的、多样的。本文进而对布莱希特在流亡时期创作的历史小说《凯撒大帝的事业》进行分析,以证明布莱希特在历史小说创作中积极地理解和运用马克思主义特别是历史唯物主义,其现实主义思想具有深远的意义。

关键词:现实主义论争;历史小说;布莱希特;《凯撒大帝的事业》

Title: Brecht's Historical Fiction Writing in the Realist Debate

Abstract: The paper begins with the debate on realism between two Marxists, Lukács and Brecht, which took place in the 1930s. It briefly describes the differences involved in this debate regarding the subject matter of historical fiction in exile literature, and identifies Brecht's claim to realism, which he believed should be understood in relation to its social function, and in particular emphasises the broad and diverse ways in which realism can be expressed. The paper goes on to analyse Brecht's historical novel *The Cause of Julius Caesar* in order to demonstrate that Brecht was not dogmatic but active in his understanding of Marxism, especially historical materialism, and that his idea of realism is of profound significance.

Key Words: the Realist Debate; historical novels; Bertolt Brecht; *Die Geschäfte des Herrn Julius Caesar*

* **作者简介**:陈民,副教授。研究方向为德语文学和翻译研究。联系方式:chenmin@nju.edu.cn。

1 引言

对德国20世纪现实主义理论和文学实践的探讨，特别是社会主义现实主义，绕不开以布莱希特与卢卡奇为代表的关于现实主义的种种论争。卢卡奇是匈牙利美学家、哲学家、文学评论家，20世纪马克思主义文艺思想的代表人物之一，值得一提的是他对德国哲学、德语文学都颇有研究。布莱希特是20世纪戏剧家、诗人、戏剧理论家，一直致力于将自己的马克思主义思想观、陌生化效果理论等付诸创作实践，在世界文学，特别是戏剧舞台上成为打破传统、勇于创新、顺应时代发展的代表人物，对现实主义文学的发展影响深远。

2 现实主义的论争

20世纪马克思主义文艺战线的两位代表人物卢卡奇和布莱希特之间的论争轰轰烈烈。这场论争具有很强的时代性，21世纪德国的文学研究中依然关注布莱希特和卢卡奇思想的差异性，认为“在联邦共和国，除了对唯物主义艺术和文学理论的历史兴趣外，另一方面，重点是试图利用过去的反思为新的政治艺术实践提供理论基础。”(Schöttker，2009：556)。这种关注的侧重点显然在对表现主义的论争，或者说是表现主义及现实主义的论争。后者并不是孤立地按阶段性看待论争，认为关于表现主义的论争是现实主义总体辩论的一部分，并进而被视为关于形式主义和现实主义讨论的一部分。受到1930年代苏联关于形式主义和现实主义的讨论影响，卢卡奇1934年在莫斯科流亡杂志《国际文学》上发表文章《表现主义的伟大与衰败》，鲜明地提出了对表现主义的批判。在这篇文章中，卢卡奇首先抨击了资产阶级过度的主观悲情，批判知识分子对现实的逃避、对战争的渴望和对颓废派的迷恋等。卢卡奇将表现主义的前卫艺术方法斥责为颓废的、非理性主义的、不成熟的内在文学形式，并呼吁流亡作家将他们的文学实践与德国古典主义和19世纪伟大的市民现实主义联系起来。1933年至1956年是卢卡奇思想发展的第三个时期，也是成熟时期。在这个重要的发展时期，卢卡奇转向了文学的社会意义，也是他关于“伟大的现实主义”创作思想的形成期。卢卡奇推出了一系列文章(《关于表现主义》《巴尔扎克》《历史小说》《海涅》《德国文学的进步与反动》等)，明确指出文学只能在政治经济条件下被塑造和理解，其对文学技巧和形式的限制忽视了艺术在历史上具有的意义。

另一方面，在布莱希特的几篇论战文章(《表现主义论争》《表现主义论争的实践》

《大众普及和现实主义》)中，布莱希特对卢卡奇的现实主义概念毫不妥协地加以批驳。然而，由于《人民阵线》拒绝发表这些文章，在布莱希特生前，只有《现实主义写作方法的辽阔和多样性》得以在 1955 年面世。布莱希特认为，不应该简单地从现成的某些经典作品中，如歌德、巴尔扎克或托尔斯泰的小说中简单地复制“现实主义”，并将其视为固定的模式。现实主义的写作形式应是多样的，文学提供了许多彼此迥异的例子。对于现实主义，作家不可以一劳永逸地依附超历史的写作形式，而是思考出一种由如何、何时以及为哪个阶级使用而构成的写作形式。布莱希特试图超越卢卡奇设定的形式主义框架，强调现实主义意味着揭示社会因果的综合，揭露统治者的观点，从人类社会最先进的阶级的特定角度来写作，使抽象成为可能，这里布莱希特认定的最先进的阶级就是无产阶级。

在关于现实主义的论争中最激烈的显然来自卢卡奇和布莱希特之间，但参加论争的远不止这两位马克思主义者，其中就有德国著名哲学家布洛赫。布洛赫(Beutin, 2013:465)认为，在所谓正确的方法背后是如何理解人民群众阵线的“广度和多样性”。布洛赫反对卢卡奇为首的“新古典主义者”的“非黑即白”的论调，即“把几乎所有从一开始并不是共产主义对统治阶级的反对都归于统治阶级”，从而不负责任地缩小了人民群众阵线的范围。和其他人一样，布洛赫怀疑，在卢卡奇等人对表现主义问题进行不妥协的严厉对抗的背后，试图将当时的流亡作家受制于某些理论和写作方式，从而在这个重要问题上将文学表现与意识形态绑定在一起。

3 历史小说上的分歧

与关于现实主义的论争相比，对历史小说的讨论和分歧似乎并未引起很大的轰动。然而，事实上，这同样是一场与现实主义论争密切相关的讨论，并在其中将对现实主义理解的抽象讨论具体化为历史小说这种文学形式。

卢卡奇 1936/37 年就出版了《历史小说》的研究，但 1955 年德语版才在柏林的建设出版社出版。卢卡奇从历史小说的经典形式、历史小说和历史戏剧、历史小说和市民现实主义的危机、历史小说和民主的人文主义四个章节展开。在研究中卢卡奇倍加推崇海因里希·曼创作的历史小说《亨利四世》，将其视为这一类型的成功范例和学习榜样。卢卡奇努力研究流亡时期历史小说与魏玛共和国或“内心流亡”文学的对比，找出其中反法西斯的具体内容。卢卡奇似乎更关注这一类型的艺术特征，德国反法西斯主义的历史小说在他看来，是知识分子在面对法西斯主义者驱逐时进行的激进的意识形态转变的反映，只是外部特征具有与魏玛共和国历史小说或“内心流亡”的共同性。并没有看到历史小说这一媒介被用来通过平行和对比进而批判法西斯的意义。在卢卡奇看来，二战期间人民群众阵线作家在自由主义和民主主义世界观之间产生激烈的内心斗争，流亡者创作的历史小说就是一种媒介。对卢卡奇来说，《亨利四世》在政治上和艺术上是最先进的，是回归古典历史小说传统的开始。卢卡奇对历史小说的诉求是其现实主义概念的表达。卢卡奇在关于表现主义的辩论中已经发展了这一概念，并遭到了布莱希特的强烈反对。卢卡奇和布莱希特之间的争论也不得不在历史小说上爆发了(Beutin，2013:468)。

布莱希特对历史题材的实践应用较为广泛，《大胆妈妈和她的孩子们》是其流亡瑞典期间反法西斯斗争的重要剧作。在三十年战争的背景下号称“大胆妈妈”的主角，带着两个儿子和一个哑女，跟随部队做小买卖，把战争视为谋生的依靠和发财的来源。然而，这个把生活希望完全寄托于战争的女人最终家破人亡。布莱希特后期创作的著名史诗剧《伽利略》也是一部历史题材的戏剧，剧本以十七世纪意大利天文学家和物理学家伽利略的生平为题材。与当时几乎所有的流亡作家一样，布莱希特努力使自己的文学创作适应流亡的需要。这部历史剧创作的内容和形式引起了深远的现实和历史影响。《伽利略》一共有两个版本。在第一个版本中，和其他作品一样重点仍然是反映对黑暗恶势力的抵抗，以便给反对希特勒独裁的斗争提供一个历史的类比；而第二个版本的重点则是现代社会中的科学问题，对布莱希特来说，原子弹爆炸事件使科学与伦理问题、科学家的伦理问题成为焦点。科学问题不再被理解为形而上学的问题，而是社会批判性的问题。布莱希特(Beutin，2013:482)通过《伽利略》继续坚持对资本主义的批判立场，将他在其他流亡剧中主要为批判法西斯主义主题化的思想升华到一个新的层面上。张黎(张黎，2020:192)认为“与卢卡奇相比，他对艺术实验、形式革新持宽容态度，主张为艺术家的创新活动创造一个宽松环境，为艺术的进一步发展，为新的艺术规则的建设积累经验，积累材料”。

4 布莱希特的历史小说创作

布莱希特一生中创作的小说并不多，《三毛钱小说》(1933/34 年)是经常被提及和翻译的小说之一。虽然《三毛钱小说》不如布莱希特的戏剧有名，但很多研究者认为它是一部杰出的讽刺作品，在其整个创作中占有重要地位。特别是它对资本主义上升阶段的深刻批判以及辛辣、讽刺的语言表达能力，表达了现实与历史存在着一种特殊的关系。小说的出版引起了文学批评家和批评理论家的关注。布莱希特的朋友和知识分子本雅明对这部包含几条不同历史线索的小说大加赞赏。本雅明对这部小说的评论也体现了他自己的历史理论和对马克思主义美学理解的早期表述。本雅明认为：“布莱希特把各个时代拉在一起，把他的黑帮类型的人物安置在具有狄更斯时代节奏和外观的伦敦。私人生活受制于早期的条件;阶级斗争则受制于今天的条件。这些伦敦人没有电话,但他们的警察已经有了坦克”(Benjamin, 2006: 202)。这种多层面对历史进行折叠,使得该小说被追捧为布莱希特最著名和最重要的作品之一。同时这部小说是布莱希特作品中马克思主义思想特征最明显的作品之一。布莱希特在几个关键点上直接引用了马克思的《资本论》观点,特别是资本剥削的内核,直接忽视劳动人民的需求和愿望,并积极地将人类异化和个体工具化,使得马克思主义理论对资本主义经济具体的理解更加清晰。

布莱希特 1938 年决定开始创作《凯撒大帝的事业》,最初打算由六本书组成,可惜并未完成。布莱希特在丹麦流亡期间(1938 年到 1939 年)一直在创作这部小说,1949 年到 1957 年才陆续在东、西柏林的两家出版社(威斯兄弟出版社和建设出版社)面世。在创作该作品时,布莱希特已经非常清楚关于历史小说的辩论。和陌生化效果戏剧手法类似,布莱希特创造了一个陌生化的形象,既表明了与其他同时代历史小说的差异,更反驳了卢卡奇对该类型的经典化。布莱希特并不想在小说中描写所谓“旧式经典”的英雄事迹,而是想借用公元前的这段历史表明独裁政权是如何建立和上升,帝国又是如何建立的。特别是在“凯撒的崛起”部分,布莱希特冀望为读者描写独裁家希特勒上台前的最后几年。

在布莱希特整个一生的创作中,虽然戏剧的影响非常大,但这部小说的重要性也不应被低估。《凯撒大帝的事业》一方面鲜明地代表了二战时期历史小说这一体裁的表现,特别是流亡作家的相关创作;另一方面,这部作品也代表了布莱希特陌生化效果理论从史诗剧领域向叙事体转移,特别揭示了其对历史的理解是“从另一个角度”看问题。这部小说描述了从凯撒参与参议员卢奇乌斯·塞尔吉乌斯·喀提林的阴谋、担任西班牙总督以及随后竞选执政官(罗马历 694 年或公元前 60 年)的这段历史时期。小说是从一位年轻律师计划为二十年前被暗杀的凯撒写传记开始叙述,主要情节发生在德语小说的框架叙事中。

这部小说所叙述和经历的事件可以归纳为三个叙事层面。前两个位于框架故事中:第一个是年轻律师的层面,以第一人称视角呈现框架故事,与银行家和前法警斯派塞之间的对话中构建起第一层面的内容,后者回忆了与凯撒的交往。由第一人称叙述者(年轻的律师)反过来在框架叙事中再现这些记忆;第二个叙事层面也就是斯派塞的叙事层面,被嵌入在第一人称叙述者的层面中。第三个叙事层面则是由凯撒秘书、同时也是奴隶的拉鲁斯记录的日记构成,这是有关凯撒大帝的主要情节。因此,拉鲁斯的叙事层面与其他两个叙事层面是分开的。叙事层面的划分大抵符合历史时间的切割。前两个时间层面由第一叙述者的报告和框架故事中的其他人物如斯派塞等的叙述组成。第一叙述者回顾了自身的经历,这些经历发生在三天之内,背景是 730 年左右。框架故事内的人物与拉鲁斯描述的事件有相当大的距离,拉鲁斯本人是在事件发生后立即写下了他个人的经历。一方面，小说使得一个完整的神话变成可能；另一方面，与第一人称叙述者的对话者可以视为凯撒神话的证人，这使他们的叙述具有某种虚构的真实性。

第一叙述者的这位年轻律师为自己设定了任务，为伟大的政治家盖乌斯·尤利乌斯·凯撒写一本传记，他代表了事件和读者之间框架式叙事的桥梁。小说一开始就表明了第一人称叙述者在传记中所追求的意图，即掀开凯撒大帝事业的面纱，揭露政治家凯撒传奇的真正动机(Brecht，1989：167)："有一种神话遮蔽了一切。他甚至写书来欺骗我们。[……]在了解自己行为的真正动机之前伟人已经付出了代价。"第一人称叙述者开始意识到关于凯撒大帝神话的内容值得怀疑。尽管如此，他还是对这位偶像政治家的光辉历史深信不疑。因此，面对斯派塞对凯撒的冷漠和无耻的描写，第一人称叙述者尤为愤慨。然而随着调查的深入，这位年轻律师对凯撒的形象和他自己的传记写作动机越来越表现出怀疑的态度。通过第一人称叙述者的视角和所体现的主观性，读者对这位年轻律师不可避免地产生了认同。布莱希特渴望揭示"凯撒事业"的真相成功地被读者接收到。

特别值得一提的是真正的主角凯撒本人完全隐身在他者的叙事中，从未在小说中出现过：他总是间接地被描述出来，要么是第一人称叙述者在框架故事中的对话者，要么是拉鲁斯的日记展现对凯撒事业的描述、对话的再现、演讲等等。因此，凯撒成为几个叙述者描述的对象，他们各自给自己的叙事打上了不同的主观印记。而凯撒的整体形象便也得到了多层次的塑造。对凯撒的性格描述通过凯撒与城市和人民的关系展现显得尤为重要。人民对凯撒的态度也存在分歧，既有对凯撒的崇拜和歌颂，也存在对凯撒的反对和诋毁，与拉鲁斯笔下的凯撒"优越"形象形成对比。这也符合布莱希特避免创作中人物性格描写的单一性。而凯撒逐渐把城市和人民变成了攫取权力的工具。随着小说的进展，错综复杂的叙事层次逐渐明朗，凯撒人物的复杂性得以认识，政治家和政治鼓动背后的阴谋被看穿。布莱希特小说的讽刺效果终于显现。

经济在这部小说中如同《三毛钱小说》起着核心作用。凯撒的性格和他的形象主要是通过凯撒的 "生意"完成。小说标题中的"事业"也有"生意"的意思。同时，构成凯撒政治崛起的基础需要罗马稳步发展的经济。然而，农业经济的崛起建立在广泛的奴隶经济基础之上，同时奴隶经济也在与城市兴起中萌芽的手工业阶层竞争。所谓的"共和国"通过元老院和城市的阴谋对人民进行罪恶剥削，平民的真正地位普遍受到质疑。因此，罗马的民主在布莱希特看来是一个假民主，是用腐败的手段达到自己的目的。

布莱希特的整部小说包含着三个方面的主题，这些主题在整体上对作品的现实主义要求具有核心意义：一是布莱希特的社会主义立场；二是对资本主义劳动异化的揭露；第三方面是布莱希特创作中的陌生化效果。前两个方面主要体现在内容层面上，后者则体现在叙事结构层面。此外，小说的话语体系以现实的术语为特征，如 "城市""民主"等，这也充分说明了小说的现实主义意义。尽管布莱希特并没有明确表示要创作关于魏玛共和国发展的类比，但小说中含有自觉或不自觉的当代历史的影射。对凯撒丰功伟业背后的揭露，意味着对一般独裁者形象的揭露，意味着对法西斯罪行的揭露，与解释当代历史事件的主张有关。揭开凯撒形象的"陌生化效果"手法公认是布莱希特史诗剧中最著名的部分。通过这种方式，凯撒的形象被暴露在众人嘲笑之下，凯撒的伟绩被揭开了面具。这种揭开面具的做法与框架故事的第一人称叙述者的思想变化相对应。这位年轻的律师起初对斯派塞对待凯撒的态度感到不满和困惑。然而，在阅读拉鲁斯的日记后，他开始对凯撒的英雄形象产生了怀疑。在这里，叙述者的发展几乎可以等同于读者的发展。

布莱希特的现实主义"另一视角"在《凯撒大帝的事业》中发挥了核心作用并充分地得以表达。布莱希特基于马克思主义理论的"另一视角"描述了一个历史观察的原则，根据这一原则，历史并不被理解为"伟大"的、即"统治者"的历史，而是被理解为"被统治者"的历史。这在多大程度上构成了布莱希特小说的核心表现主题，可以从集中描述"被统治者的压迫"(包括平民和奴隶)中得以认识。此外在拉鲁斯作为框架故事的叙述者时，这一点表现得很明显。虽然拉鲁斯作为凯撒的秘书地位显赫，但他依旧是个奴隶，还是有很多的机会不断地与下层民众接触。这个视角使得从下层民众的角度揭露凯撒的所谓伟业成为可能，并使其脱离资产阶级虚假建构的历史形象。因此，"另一视角"和相应的历史观最终证明布莱希特陌生化效果的有效性至关重要。从"陌生化效果"和"另一视角"的互动中，可以推断出罗马史演绎在小说中的作用。小说中多处提到了罗马历史学家，这些历史学家对"凯撒大帝事业"的美化发挥了重大作用。因此对他们失实的记载必然成为布莱希特创作的兴趣，从而揭穿凯撒大帝的外衣，并使所有当代历史对凯撒"伟业"的吹嘘破灭。布莱希特的主张最终通过某些修改和补充对资产阶级的所谓积极、"伟大"的古代史学进行纠偏。

二战期间，德国流亡文学中历史小说的典型特征是借古讽今，解释当时的政治事件，如国家社会主义法西斯的崛起和魏玛共和国民主的失败。布莱希特更是将对凯撒独裁形象的"修正"与对德国大众狂热追捧独裁政权的研究相结合。第一人称叙述者在小说开始时就宣布凯撒是独裁者的典型代表，人民的苦难和共和国的经济毁灭最终与独裁政权的崛起相伴而行。从解释当代历史事件的尝试开始，小说《凯撒大帝的事业》以陌生化的表现模式为基础，描述一个国家的经济崩溃伴随着的独裁政权。根据马克思主义阶级斗争的理论，独裁是由垄断资本的统治和对工人阶级的压迫造成的。凯撒本人和以他为代表的独裁政权构成了压迫过程的要素。这部小说的主题针对的显然不是凯撒这个历史人物，而是当时的阶级状况和经济背景。

当然这部小说处理的毕竟是历史真实存在的人物，如同史诗剧《伽利略》一样，布莱希特意识到了这个问题，即他对马克思主义思想的传递必然需要一定的历史基础。此外，他在处理资料来源时显得非常谨慎。因此，可以排除布莱希特计划以历史文学的形式故意操纵历史，后者只会使他与他批评的“希特勒思想家”相提并论。布莱希特认为类比是一种合法的艺术手段，对此类题材的处理只要保留历史的特殊性，这种主张符合布莱希特一贯打破守旧观念的做法。布莱希特是否做到将凯撒大帝的形象以及历史事件降低到不可信的程度值得商榷，以及他是否成功地实现了揭露独裁、“从另一视角”揭露以及对当时历史的参考价值也是值得商榷的。遗憾的是布莱希特小说的完整性并未实现。

德国著名文学批评家和社会研究者汉斯·迈耶(Mayer，1998：256)写道：“凯撒小说的辩证法体现在这样一个事实中，即这位死去的历史学家在寻找资料的过程中，被凯撒的银行家的供词和秘书拉鲁斯的日记困扰得越来越不自在。凯撒的冒险反映在强大的银行家的计算中，也反映在将军、政治家、作家的国内苦难和交易中。”这里所说的历史学家就是第一叙述者，在凯撒大帝被暗杀二十年后，他主动计划为罗马这位伟大的人物——盖乌斯·尤利乌斯·恺撒写本传记。他开始以搜集文献的形式寻找这位英雄大帝的踪迹，并找到了凯撒同时代证人、凯撒生前法警的斯派塞，对斯派塞进行了采访，更有趣的是找到了凯撒的秘书、奴隶拉鲁斯的日记。这些日记是这部未完成小说的主要内容，伴随着辛辣的剖析以及大胆的判断，并从第一叙述者视角辅以传记作者的思考。

在小说中，罗马共和国晚期被塑造成罗马历史的一个资本主义范例。小说是以唯物史观解释某个历史时代的文学尝试，它将研究对象引向其物质基础，从其反面产生出思想，而不是从其思想和文化成就中英雄般地理解它，从而理想化地塑造经典。在这部小说中读者可以跟随凯撒等罗马人物的争吵，从商人的逻辑来解读罗马共和国后期对权力的贪婪，这对读者也是一种乐趣。然而，如果处理不当，焦点必然会引向大众化，引向对独裁的崇拜。为了避免误解，需要理性文学家的自觉创作，而不是一个自觉的历史解释问题。如同斯派塞从他的藏书室中取出拉鲁斯日记并交给第一叙述者时所说的那样：“不要指望在其中找到旧式的英雄主义，但如果你睁大眼睛阅读，你可能会发现一些关于独裁政权如何建立和帝国如何建立的线索”(Brecht，2003：192)。这里的读者就是小说的传记作者，他本来渴望了解凯撒的荣耀和神话中的不朽，挖掘凯撒精明的商业算计。然而遗憾的是，这个具有独特的框架叙事结构和精彩语言构造的小说没有完成。

布莱希特这部非同寻常的历史小说留下了未完成的悬念，正如书中的第一叙述者雄心勃勃为凯撒撰写理想化发迹的努力并未得到实现。这位传记作者最终放弃了他的创作计划，面对着一系列令人困惑的矛盾观点陷入无解。在小说中展现的关于凯撒在罗马政治和经济生活中发迹的不同版本，不免让读者产生困惑，凯撒到底是不是一个机会主义者？凯撒在经济上是个破产的国家商人吗？他是否像拉鲁斯日记中所说的那样，首先是出于经济利益才走上了权力之争？布莱希特巧妙地将对罗马帝国发展的叙述与获取自我利益和权力膨胀的现实进行了类比，矛头直指魏玛共和国。

5 结语

卢卡奇对历史小说的诉求就是其对现实主义概念的表达，而这正是布莱希特所反对的，也是两者关于现实主义的论争在历史小说上的延伸。在《凯撒大帝的事业》创作中，布莱希特是以应战的姿态，反对卢卡奇呼吁的“经典化”的旧式英雄事迹。布莱希特对这种类型化的表现进行解构，讽刺性地塑造了一个“新凯撒”形象，就是为了让读者冷静地面对帝国建立前的种种迹象，思考独裁统治和帝国如何建立的。

和其大多数戏剧所期待的教育作用一样，在历史小说中布莱希特提醒读者，需要对过去的伟大人物保持警惕和批判性怀疑。与他的戏剧理论相呼应，观众面临着自己主动解释而不是被动接受的任务，读者必须对凯撒大帝提出自己的看法。布莱希特建议作家们在反法西斯斗争中发挥想象力，打破文学惯例，对新的文学技巧持开放态度。在自己的文学实践中，布莱希特试图在剧院、舞台和戏剧中贯穿自己的这些观点和元素。同时他反对以戏剧幻觉为手段实施政治思想。布莱希特确定现实主义的标志为“现实主义不是真实的事情是怎样的，而是事情到底是怎样的”(Beutin, 2013: 619)，这里所展示的也是现实的真实情况。

在布莱希特看来，在这个充满纠葛和巨大变化的时代，所有作家都需要对材料深入地了解并对唯物主义、辩证法、经济学和历史进行学习。布莱希特本人在魏玛共和国时期就深入研究了马克思主义。他的《屠宰场的圣约翰娜》(1927年)和他在流亡期间创作的所有剧本都显示了他是如何以一个流亡者的姿态表明，他对马克思主义和辩证法的批判性挪用是如何富有成效(Beutin, 2013: 477)。马克思主义和辩证法对布莱希特的艺术工作产生了巨大的影响。“他的价值决不仅仅局限于他的美学思想(理论)和他的创作实践本身，布莱希特理论和创作的更大价值在于它们发挥出来的影响，他启发了各国的文学家、创作家、艺术家从狭隘的观念束缚中走了出来，从僵枯中挣脱出来，帮助他们走上更宽广的道路，从墨守成规中解放出来，走上了大胆的创新和改革之路”(余匡复，2002：1)。

参考文献

[1] Benjamin, Walter. 2006. *Brecht's Threepenny Novel*. In Howard Eiland and Michael W. Jennings(Eds.), *Walter Benjamin: Selected Writings: Vol. 3, 1935—1938*. Cambridge MA: Harvard University Press, 3-10. Reprinted in Benjamin, Walter. (1986). *Reflections: Essays, Aphorisms, Autobiographical Writings*. New York: Schocken Books.

[2] Brecht, Bertolt. 1998. *Die Geschäfte des Herrn Julius Caesar: Romanfragment*. Berlin: Suhrkamp Verlag AG.

[3] Beutin, Wolfgang & Matthias Beilein, Klaus Ehlert u. a. 2013. *Deutsche Literaturgeschichte—Von den Anfängen bis zur Gegenwart*. Stuttgart: J. B. Metzler.

[4] Hecht, Werner & Jan Knopf u. a. (Hrsg.). 2003. *Bertolt Brecht. Prosa 2. Romanfragmente und Romanentwürfe*. (=Bertolt Brecht. Werke. Große kommentierte Berliner und Frankfurter Ausgabe. Bd 17). Berlin: Suhrkamp.

[5] Lukács, Georg. 1955. *Der historische Roman*. Berlin: Aufbau-Verlag.

[6] Schöttker, Detlev. 2009. Expressionismus, Realismusund Avantgarde-literatur-undmedienästhetische Debatten im sowjetischen Exil. In Wilhelm Häfs(Hg.). *Nationalsozialismus und Exil 1933—1945*. München:dtv.

[7] 余匡复,2002. 布莱希特论. 上海:上海外语教育出版社.

[8] 张黎,2020. 布莱希特研究. 北京:中国社会科学出版社.

科幻小说的“另类现实”思想实验[*]

——论《机器如我》中的“1980 年代英国”

四川大学　王一平[**]

摘　要: 科幻小说是一种通过“思想实验”来折射现实、渲染“另类现实”的小说类型,其与现实主义文学有着独特的亲和性。在当代英国小说家伊恩·麦克尤恩的科幻小说《机器如我》中,作者改造了 1980 年代英国社会的部分现实事件,用“架空历史”的“思想实验”的方式,创造出另类现实,展现了一部与史实几乎相反的 1980 年代英国政治史,如英国在福克兰岛战争中失败、撒切尔夫人下台、工党首相被刺、英国脱欧等。《机器如我》以科幻小说的形式,将风云变幻的 1980 年代与当下英国相融合,折射了当代英国社会的重大难题和分裂立场。

关键词: 伊恩·麦克尤恩;《机器如我》;另类现实;思想实验;1980 年代

Title: Thought Experiment of Alternative Reality in Science Fiction: On the 1980s British Society in *Machines Like Me*

Abstract: Science fictionis a genre fiction which performs thought experiment to reflect reality and to create alternative reality. It is actually not so far from Realism because they are to some degree both the literary representation of reality. For example, Ian McEwan's science fiction novel *Machines Like Me* shows an alternative history of Britain in the 1980s. The counterfactual historic events in the novel include the defeat in the Falklands War, the loss of general election of Conservative Party under the leadership of Margaret Thatcher, the assassination of the Labour Prime

* 本研究为国家社科基金项目“21 世纪西方科幻小说研究”(18CWW022)的阶段性成果。

** **作者简介:** 王一平,四川大学文学与新闻学院教授、博导,主要研究方向当代英美文学、科幻文学等。联系方式:yipingwang@scu. edu. cn.

minister, and the withdrawal from European Union, etc. It is a speculative fiction that reimagine the social and political situation of both the 1980s and the contemporary British society, suggesting the fundamental political division and dilemma in the country.

Key Words: Ian McEwan; *Machines Like Me*; alternative reality; thought experiment; 1980s

1 科幻小说:表现"另类现实"的"思想实验"

随着当代社会中人工智能、生物技术等的迅速发展和普遍应用,人们面对着一个真正"后/人类"(posthuman)的、可能产生新生命体形态的时代。在此情境下,许多非传统科幻创作者借由科幻小说的框架,对"可能的现实"进行了演绎。2019 年,英国著名小说家麦克尤恩(Ian McEwan)出版了《机器如我》(*Machines Like Me*,2019)一书,该小说采用了幻想类作品中常见的改造现实、"架空历史"(alternative history)的设置——使用真实历史的基本框架,又改变部分重要历史进程并对其(后果)加以渲染的方式,探索了人工智能体这类新生命体类型,并着重展现了一个社会政治风云变幻的 1980 年代英国社会。

在《机器如我》中,32 岁的查理在伦敦从事股票交易,出于对机器人长期的浓厚兴趣,查理购买了刚刚小规模进入市场的机器人亚当。查理与其女友米兰达分享了亚当的服务。友善的亚当成为两人日常生活中的一员,亚当甚至表示爱上了米兰达。米兰达的生活被过去的阴影所笼罩:为了给因遭强奸而自杀的好友复仇,米兰达曾设计陷害强奸者戈林奇,使其入狱数年。亚当帮助米兰达解除了戈林奇出狱后发出的威胁,并通过股票交易赚到了大笔资金;查理和米兰达因此收入大增,并打算收养男孩马克,但亚当对于"公正"和"爱"等的理解促使他揭发了米兰达的罪行、赠送了赚取的财富,因此被激愤的查理所"杀死"。米兰达被判入狱一年,出狱后,米兰达和查理遵亚当的遗愿,将他的"遗体"送交给了"计算机之父"图灵。而在故事重要的背景线索方面,小说则大力改造了 20 世纪 80 年代诸多重大社会事件的结局:如 1982 年,英国在与阿根廷的福克兰岛(Falkland Islands)战争中失败(而非如现实中一样获胜);撒切尔夫人的保守党政府随后下台,工党领袖托尼·本恩(TonyBenn)成为首相;本恩主张离开欧盟,后被刺身亡等。

《机器如我》以作品中曾出现的句子"机器如我,人类如你"("Machines Like Me

and People Like You”)为标题。不难看出,小说体现出了麦克尤恩所宣称的观点:小说是探讨伦理困境的最佳方式,因此他并不想写传统的科幻小说,描写如“超光速旅行”之类的技术进展,而是意在通过头脑中对未来的思索,认真地检视人类的困境(Adams,2019)。因此,小说并未渲染难以企及的技术“奇迹”,而是借由推演而描绘了亚当从“生”到“死”的历程,并着重展现了1980年代至今的西方政治风潮。在此,麦克尤恩对该作的表述其实关涉了科幻小说的基本特点,即其代表着一种以文学形式展开“思想实验”(thought experiment)。本文认为,尽管所有虚构文学作品都在不同程度上探索着另一种可能的现实,但科幻小说有明显的构建时空框架和进行观念探索的特点,其一大本体性特点即在于其具有总体性地创造“另类现实”的“思想实验”特色。

学界对科幻小说已有不少公认的解读:如英国著名作家、学者托尔金(J. R. R. Tolkien)的“第二世界”(Secondary World)理论:幻想作品创造的设计师和观众可以“进入”其中的其他世界(other-worlds),是“原初/现实世界”(Primary World)之外,有着“现实的内在一致性”(the inner consistency of reality)而令人信服(credible)的可能世界(See Tolkien,2006:135,139,140,143)①;著名科幻研究者苏恩文(Darko Suvin)的“认知陌生化”(cognitive estrangement)理论:科幻小说立足于(结构主义意义上的)“陌生化”与“认知性”的同时存在和相互作用,其替换掉现实经验环境、对故事的时空背景加以虚构重置,建构一个拟换性世界,形成一种陌生化、新奇性的效果(参见苏恩文,2011:4,13,71)②,但这种新奇世界/事物的创造不能如同天降神物(如使用超自然因素),而必须以现实经验和逻辑为基础,并且可以通过理性被理解和认知③;以及如美国学者詹明信(Fredric Jameson)将科幻小说与“乌托邦”式的想象相勾连(See Jameson,2005:xiv),或是如英国学者罗伯茨(Adam Roberts)所认为的科幻小说主要是“技术小说”(罗伯茨,2010:29)④,等。而本文所强调的科幻小说的“思想实验”,则主要指一种非物质现实操作性的探索方式、一种通常与某种理念或难题有关的实验,其内容或形式

---

① 如英国作家赫胥黎(Aldous Huxley)的著名科幻小说《美丽新世界》(*Brave New World*,1932),读者从题目即可理解它设计了一个不同于当时现实的世界。

② 苏恩文接受和强调了布洛赫(Ernst Bloch)的“新事物”概念,即认为这类创新把人类的集体意识从静止状态中唤醒,使人们意识到未来是可以改变的,所以新事物激发了人们进行积极变革的希望,具有明显的未来取向。参见爱德华·詹姆斯,法拉·门德尔松,2018. 剑桥科幻文学史[M]. 穆从军,译. 天津:百花文艺出版社,231.

③ 如在小说《美丽新世界》的开篇,伦敦孵化中心正在用流水线造人,这对读者来说是新奇、超常的;同时,作者利用其时的生物学知识,细致地描写了孵化中心采用何种技术和原理、如何大批量地制造不同的人类,试图给予这种“新奇”世界一个合理自洽的解释,这就使其与纯粹的“幻想”作品相区分。

④ 如科幻小说的“技术标准论”认为,科幻是对超越于当下技术的世界的描绘。如在当代现实中,人工智能只能在围棋这类数据运算比赛中战胜人类,但如果小说描写人工智能体已经全面超越了人类,则其为科幻。当然,此种定义重在强调科幻小说在展现科学和技术发展方面的特点,并不完善。

在现实中难以(或无须)进行实践,而主要通过思辨达成,如著名的"电车难题"①就是典型的思想实验。虽然科幻小说可能创造出具有预言性的科技设想——这在诸多展示技术意象、由技术推动故事的所谓"硬科幻"(hard science fiction)小说中都有所体现;它也可能较少关注科学技术,却注重吸收时代思潮、先锋性的文学技巧——这也可能是诸多强调人文反思与形式创新的所谓"软科幻"(soft science fiction)小说的特点,然而不论具有何种风格,科幻小说多少都带有某种"思想实验"的色彩,展现一种或几种相对完整的思想理念实验,可以说是内嵌于科幻小说中的结构性要素。

同时,值得注意的是,科幻小说所展开的"思想实验"通常被认为与所谓的"现实主义"文学有巨大的差异。但有趣的是,科幻类型与现实主义文学的联系却一直受到科幻创作者、研究者的关注。如,美籍韩裔学者朱瑞瑛(Seo-young Chu,2010:6 - 7)在其《科幻再现论》中提出,就"认知陌生化"这种有一定普遍性的文学方式而言,以"模仿"(mimesis)的对象物(objects)为轴,如从鞋带、硬币一直到赛博空间、黑洞等,现实主义(realism)可表现的对象物是有限的,因此现实主义可以说是一种较弱或低密度的科幻小说变体(weak or low-intensity variety of science fiction),而科幻小说可以表现与硬币、苹果花、杏仁等易认知、易表现之物相对的难以表现之事物——如"遥远的过去、未来"等,是一种"高密度的现实主义"。又如,诸多科幻作家虽然有着创作幻想型作品的自觉,但却十分注重科幻与现实、与现实主义文学创作之间的联系。中国科幻界前后几代具有代表性的重要作家,郑文光、韩松、陈楸帆等,都旗帜鲜明地强调一种"科幻现实主义"。被称为"中国科幻小说之父"的郑文光(转引自姜振宇,2017:78 - 79)曾表示:"科幻小说也是小说,也是反映现实生活的小说,只不过它不是平面镜似的反映,而是一面折光镜……采取严肃的形式,我们把它叫作科幻现实主义。"他还提出:"我和一些志同道合的朋友,则想建立这样的流派——社会性的科幻小说,探讨社会问题,并把它视为现实主义文学的一部分"。郑文光提倡一种以"变形"的方式投射现实、更深刻反映现实的科幻小说。而与刘慈欣齐名的当代科幻小说名家韩松(韩松,丁杨,2019:2),则在强调科幻小说本身作为全球"现代化产物"的基础上,指出曾经遥远的技术问题已经成为一种现实话题、进入人们的生活中,而"发生在今天中国的科幻热预示着科幻小说已经成为今天的'现实主义'文学"。多次获得中国科幻小说银河奖、全球华语科幻星云奖的青年作家陈楸帆(陈楸帆,2020:46)也认为,"现实主义是一种传统的文学写作方式,主要表现在逻辑的可认知性和美学上的自然主义,科幻现实主义则响应这样一个问题:

① 《机器如我》在探讨无人驾驶汽车和机器人伦理时就曾提及这一著名的"电车难题"(the Trolley Problem)思想实验(See McEwan,2019:85):有五个人被绑在有轨电车的轨道上无法脱身,一辆电车向他们疾驰而来,而"你"面前的操纵杆可以改变电车的轨道,将其转到另一轨道上——该轨道上绑了一个人。此时"你"可以不进行任何操作,让电车压死原来轨道上的五个人,也可以操作拉杆,牺牲另一轨道上的一个人,"你"将如何选择?

科技已成为我们当今社会不可分割的一部分，你无法想象如何剥离了科技成分去讨论我们的日常生活经验。"确实，科幻小说展现了众多已经成为今日之现实，或是代表一种"可能的现实"的科学技术及相关的社会性内容。或许可以如此理解，在由思想实验所构设的幻想框架中，苏恩文提出的"认知陌生化"中的"认知性"使科幻区分于民间传说、传奇与奇幻文学等类型；而当其内容更靠近业已实现或很可能实现的科技景象和社会境况、其呈现方式更贴近人们已有的对现实生活的体验形式时，便更接近于"可认知性"的一端，甚至造成新奇性（陌生化的人、事、物）的乏善可陈。这种接近可以无限地靠近纯粹写实性的作品，却又因为一个思想实验性的基本框架，而保留了与一般现实主义文学的区别，使其不至于逸出幻想型文学的座架，并由此而呈现一种"另类现实"（如某种非人的社会，或与已有历史进程不同的社会等）。

而在科幻小说的诸多亚类型中，如《机器如我》采用的折射（反转）现实、重写（架空）历史的模式，则正可谓是投射现实、渲染另类现实的科幻思想实验的经典范例。科幻作家"可以从一个极端真实的语境出发，通过可理解的/逻辑自洽的条件外延及思想实验，将文本中的情节/人物推向一个极端超现实的境地，从而带来一种惊异感及陌生化效果。"（陈楸帆，2015）架空历史的科幻小说筛选了大量的历史现实，以一种富有批判性的态度来重造历史。如，美国科幻名家迪克（Philip K. Dick）的"雨果奖"获奖作品《高堡奇人》（*The Man in the High Castle*，1962），便对第二次世界大战的进程与结果进行了颠倒：德国、日本等轴心国战胜了美国、苏联及其他欧洲各国，并在 1960 年代成为超级大国，小说正是在德日两国的全球统治与争霸背景下假想美国社会的。与之相似，《机器如我》也对一些确实可能发生的"反事实"（counterfactual）进行了合理推演，并通过对政治和社会旧事的"改写"来投射当下英国时事，因此小说故事的主线——"重塑"1980 年代英国社会，具有十分浓厚的塑造"另类现实"的"思想实验"色彩。在此，作者在展示某些历史现实的基础上，对历史进程的要素与社会思潮的精神内核——一种"本真现实"加以实验性、有选择地"陌生化"投射，由此刺激读者对"现实"进行反思和批判，而这也造就了"架空历史"的科幻小说的基本机制与吸引读者的重要品质。

2 "另类现实"：1980 年代以来的英国社会政治史

作为始终关注 20 世纪以来的社会历史的作家，麦克尤恩在《机器如我》用极大的篇幅展开了一项重要的思想实验：如果当代政治路径并非如现实一般进展，又会如何？小说改变了 1980 年代西方世界右翼保守风潮的回归，使各国左翼政党在竞选中获胜，如美国民主党总统卡特（Jimmy Carter）战胜保守党候选人里根（Ronald Reagan）成功连任，法国的密特朗（François Mitterrand）败于法共候选人马歇（Georges Marchais）之手，英国保守党也丧失了执政党之位；而小说主要集中在对英国社会和政治史的"重写"，并投射出当下英国前途难料的未来。《机器如我》描述，1980年代前期的英国社会上演着"双城记"：一方面，失业、通胀、罢工、交通问题突出，社会中的高自杀率、少女怀孕、种族冲突，药物成瘾、流浪街头、强奸、抢劫、儿童抑郁等情况增加；另一方面，改善也在发生，拥有卫生间、中央供暖、电话和宽带的住所增加，青少年完成高中教育，工人阶级子女进入大学，人们参加古典音乐会，拥有汽车、自有住房，出国度假、参观博物馆和动物园等，等等(See McEwan，2019：112)。事实上，正如贝克特(Andy Beckett)的著作标题《1981—1982年何以塑造当代英国》(*Promised You A Miracle*：*Why 1980—82 Made Modern Britain*)所显示的，20世纪80年代对塑造当代英国社会、决定其走向有着至关重要的影响。可以说，《机器如我》吸收、融合了诸多重要的当代政治元素，演绎了错综复杂的1980年代政治史，其中几个最主要的方面如：政坛的左右之争，国内事务中的女性、儿童、移民等问题，以及大英帝国的"遗产"。

英国国力自第二次世界大战之后开始衰落，福利社会和国有化带来了诸多负面影响，加上能源危机等的冲击，英国工业实力下降，经济不振，甚至被称为"欧洲病夫"(sickman of Europe)(Stewart，2013：6)。在《机器如我》中，查理描述了他的一辆英国利兰集团(British Leyland)生产的旧车，这辆制造于1960年代中期、破旧过时的汽车，代表着英国汽车工业的衰落，也投射了战后国家的落后。在二战结束后初期，英国曾经是世界上最大的汽车制造国，拥有如捷豹、罗孚(Rover)、劳斯莱斯、名爵(MG)等知名品牌。1960年代执政的工党政府鼓励汽车产业合并，前文提及的时任工党议员本恩曾担任威尔逊(Harold Wilson)政府的技术部(Minister of Technology)部长，任工业重组委员会(Industrial Reorganisation Committee)主席。本恩支持行业巨头通过合并成立利兰集团(1968)，该巨无霸集团旗下拥有罗孚、名爵、戴勒姆(Daimler)、凯旋(Triumph)、捷豹、路虎(Land Rover)、迷你(Mini)等诸多主流汽车品牌和畅销产品，在1960年代末占据了英国汽车市场40%的份额(Wheeler，2005)。不幸的是，利兰集团在1970年代面临倒闭，英国政府对其实行了部分国有化。最终，经过多次重组、转让等，随着该集团的各大品牌逐渐被德国、美国、印度、中国等外国汽车公司收购，曾经辉煌的英国汽车产业也走向没落乃至终结，一如小说中查理对车辆的形容，"锈迹正在吞噬它，尤其是在车身上那些凹痕周围"(McEwan，2019：133)，这是所谓的"英国病"(Britishdisease)(Stewart，2013：6)。

1970年代末，在撒切尔夫人上台前，卡拉汉(James Callaghan)领导的工党政府经历了1978年到1979年之交的"不满之冬"(Winter of Discontent)。为了控制高通胀，基于诸种理由，卡拉汉政府规定1978—1979年度全国加薪幅度不能高于5%，势力坐大而左右政局的工会采取了激烈的反对态度，随后英国爆发了包括工厂、交通运输机构、学校等在内的全国大罢工，社会似乎陷入了崩溃，各个小团体不再认为自己是社会的一员，而只是竭尽所能争取对自己有益之事(See Stewart，2013:23)。如小说所描绘的，进入1980年代初期，英国社会经济衰退、消费下降、通胀高企、罢工频仍、骚乱不断。1976—1980年之间，伦敦地区的抢劫和暴力窃夺等增加了38%，个别区域如布里克斯顿(Brixton)甚至增加了138%(See Stewart，2013:89)。查理提到，荒谬又似喜剧的是，懒散地躺在安乐椅上读着报纸上近在咫尺的骚乱[①]、撒切尔夫人争取构建欧洲单一市场(The European Single Market)等消息时，又不由得朝门口一瞥，担心是不是会出现强奸犯，甚至遭到谋杀。小说中的失业率已经超过了18%，而且小说并未谈及这段时期英国大规模开发北海油田(North Sea oil)这样能改善经济状况的重大利好，因此作者可能在“实验”中排除了这一“天赐”的偶然因素。

面对如此的历史境况，《机器如我》借机展示了当代英国右翼与左翼的对立立场：右翼指责来自英联邦(Common Wealth)和欧洲大陆的移民造成了失业问题，英国工人的工资被压低，“黑皮肤、白皮肤的外来人口”加剧了住房危机，造成医疗和教育资源的压力，“据说本地学校操场上挤满了戴着头巾的(穆斯林)八岁小女孩”，而左翼则只听到这些抱怨中包含的仇外和种族主义意味，而他们责难的社会问题包括了如股市的贪婪、投资不足、短期主义(short-termism)、信奉股东价值(最大化)、未改革的公司法、自由放任市场带来的损害等。(See McEwan，2019:169)

除了1980年代的宏观经济情况、政治事件，《机器如我》还以小说中的米兰达强奸案影射了当代的“Me Too”运动。在小说中，米兰达童年和少女时期的好友玛丽亚姆是一名来自巴基斯坦的穆斯林移民。玛丽亚姆遭到同校的戈林奇强奸，她认为此事会让家族蒙羞，在痛苦中悄然自杀。作为极少数的知情者之一，米兰达在数年后设计引诱戈林奇，并控告其强奸。这一事件与“Me Too”运动一样，试图从历史旧事中(作)为曾经的“沉默者”发出声音，然而如何面对“旧罪的阴影”却引发了争议，而如何处理很可能出现的不实指控也同样是一个难题。在小说中，无法就旧事对戈林奇进行起诉、追究责任的米兰达采用了诬陷的复仇手段。在侦察过程中，警察乐于逮捕有其他前科的戈林奇；在庭审中，案件中的疑点被提出，但法官和陪审团都倾向于相信米兰达，因此违法的作恶之人终于被非法的手段所惩罚。查理在得知内情后并未将其作为一个法律问题加以考虑，而是同情米兰达自认为是“代玛丽亚姆发言”(McEwan，2019:162)的举动，而同样爱慕米兰达的机器人亚当虽然保护了她，却认为这一手段与其正义观相悖。小说通过这一颇为微妙的设定(人—机对立)，让两者对此事的不同态度和行动成为贯穿小说的基本情节和叙事动力，也似乎代表了当代社会思潮中对平权运动的两种态度：面对难以还原的过去或难以证实的事件，应该选择始终有利于扶助弱势者的“逆向歧视”，还是保持绝对的正义？总之，小说展现了1980年代英国的社会政治生活的多个方面，也借

① 此处应影射1981、1985年发生在伦敦南部布里克斯顿的两次大规模暴乱。

此投射出了当代英国社会的思潮与矛盾。

3 “另类现实”:1980 年代的福克兰岛战争

在《机器如我》的英国政治“思想实验”中,最浓墨重彩地渲染的,乃是在 1982 年 4 月英国和阿根廷之间爆发的福克兰岛战争(Falklands War)。福克兰岛战争是英国当代政治中不可回避的一幕。如果说 20 世纪 50 年代苏伊士运河危机(Suez Crisis)显示了大英帝国不再占据世界权力顶峰,而主权争端已久的福克兰岛战争则是其后的另一场关键性“战役”,不同的是,这场战争的大获全胜为英国在衰落之后注入了新的精神力量。(See Stewart,2013:130)福克兰群岛(西班牙语称为 Malvinas,即马尔维纳斯群岛)位于南美洲巴塔哥尼亚南部海岸水域(约南纬 52°),面积约 12000 平方公里,距离英国本土约 13000 公里。在 1980 年代初,岛上仅有约 2000 居民,作为英国的海外领地(overseas territory),岛上的居民 70%以上是英国人后裔,通行英语。在历史上,英国、法国、西班牙、阿根廷都曾在岛上设立定居点。在战后的非殖民化进程中,英国政府曾有意将福克兰岛移交给阿根廷,但两者未能通过谈判达成协议。到 1980 年代初期,英国国内经济状况不佳,国防经费紧缩;而此时阿根廷正发生严重的经济危机,通胀率超过了 130%,国家破产近在眼前,阿根廷军政府需要一场胜利以转移注意力,因此派出军舰夺取福克兰群岛,试图以此化解国内危机。(See Stewart,2013:136)对于这场局部战争,1982 年 4 月 19 日,美国《新闻周刊》(*Newsweek*)借用“星球大战”系列电影之名《帝国反击战》(*The Empire Strikes Back*,1980)加以喻指。1982 年 6 月,英国夺回福克兰群岛控制权,获得了战争的胜利。

阿根廷著名作家博尔赫斯曾将福克兰岛争端形容为“两个秃子争一把梳子”(“two bald men fighting over a comb”)(Stewart,2013:132)。在《机器如我》中,叙述者查理的视角主要集中在英国社会政局的变动上,展现了对战争期间及战后社会的观察:当战争爆发、英国海军派出特遣舰队(Task Force)参战时,全国都沉浸在帝国辉煌历史所营造的一往无前的集体幻梦中:从中世纪晚期,17 世纪,到 19 世纪早期的胜利等,英国人不断战胜如西班牙人、荷兰人、德国人、法国人等对手。尽管查理并不喜欢这样的情景,却也不由得被打动——值得注意的是,对许多英国人而言,与苏伊士危机导致的战争不同,这场战争是从臭名昭著的新法西斯主义军政府(military junta)手中解救福克兰岛的行动,其正义性高于前者。如小说中的米兰达就支持派出特遣舰队,她对查理引用博尔赫斯之言的回答是“秃子可以把梳子传给后代”,并认为阿根廷夺取福克兰岛首都斯坦利港口(Stanley Port),代表着不受欢迎的军政府挥动“爱国旗帜”进行的垂死挣扎——他们折磨、残杀成千上万的民众,还把阿根廷经济拖向谷底。(See McEwan,

2019:75)而且,也许正如时任英国海军第一海务大臣(First Sea Lord)利奇(Henry Leach)在说服撒奇尔夫人出动特遣舰队时所言:“如果我们不出动,或者在行动中犹豫不前,不能取得全面胜利,那么几个月后英国就会变成另外一个国家,一个毫无威信、无足轻重的国家。”(Stewart,2013:138)

当然,并非所有人都持此类立场。在现实中,一向反对战争的左翼政治家本恩就曾提出不派出特遣舰队的动议,该动议仅以微弱劣势未获通过(See Stewart,2013:143)——在小说中,他随后在大选中战胜撒切尔夫人而成为首相;而本恩长久的盟友、同样持反战立场的工党前任领袖科尔宾(Jeremy Corbyn,2015—2020 任工党领袖)也反对福克兰岛战争(Wheeler,2018)。在《机器如我》中,与阿根廷牢牢占领斯坦利港口的画面形成对比的是,由于舰船被击沉、英军人员伤亡与战斗失败,伦敦中心区域如圣保罗大教堂充满了哀悼之情,伦敦爆发了大规模的反战示威游行。与米兰达的态度相反,尽管查理认为游行会被视为“不爱国、为法西斯政权辩护以及反对国际法”(McEwan,2019:55),他却支持游行。而考察该游行的地点、规模、立场等,熟悉当代英国社会的读者,可能会很自然地联想到 21 世纪初英国公众对布莱尔(Tony Blair)政府参加伊拉克战争的态度:反战抗议者在伦敦等城市开展了多场大规模示威游行。据报道,仅在 2003 年 2 月 15 日,伦敦海德公园(Hyde Park)附近就聚集了超过 75 万人(Laville,Dutter,2003)。作为反战联盟(Stop the War Coalition)的主要成员,本恩就曾在该集会上发表演说(Staff and agencies,2003)。而在同年 3 月的游行中,科尔宾也在一个反战集会上警告首相布莱尔:英国公众在伊拉克问题上意见出现了严重分歧,英国遭受恐怖主义袭击的危险增大,后果堪忧(徐剑梅,2003)。

在现实中,福克兰岛的胜利激发了爱国情绪,保守党政府的地位由此稳固,在次年(1983)的大选中大胜。而小说对此进行了颠倒:阿根廷死亡 400 余人、英军阵亡近 3000 人;阿根廷的独裁军政府获胜,其权威强化,政权稳固(而非如现实中一样,军人总统加尔铁里战败后下台);撒切尔夫人提交辞呈,未被接受,但随后输掉了大选,工党获得了多达 162 席的议会多数(在现实中则是保守党获得 144 席的议会多数)(See Stewart,2013:176)。小说中,在米兰达的父亲梦想完成的“任务清单”上,包括了争取英国“脱欧”等不可能之事。但令人吃惊的是,本恩成为首相后,却宣布政府将着手退出欧盟,且不会重启 1975 年曾采用的公投(referendum)形式进行决策(See McEwan,2019:257)。而与现实中连任后的撒切尔夫人躲过了爱尔兰共和军(IRA)的暗杀相反(1984),小说中,首相本恩在布莱顿的宾馆被炸身亡(Brighton hotel bombing)。

现实中,撒切尔夫人在 1979 年上台,治理之初的改革并不受民众欢迎,直到 1982 年福克兰岛战胜后她才巩固了统治,获得连任机会以继续实施其政策,而长期执政方保证了其“撒切尔主义”(Thatcherism)有足够的时间观其成效:强调自由市场、财政节制、严控公共开支、减税、民族主义、私有化等(See Stewart,2013:49)。撒切尔夫人得以用

“新自由主义”(Neoliberalism)对英国社会进行重新改造，使这一时期成为左右之争的分水岭。撒切尔夫人在任期间，英国GDP增长了23.3%(1979—1990)(See Stewart, 2013:183)，若非如此，“英国病”或许将病入膏肓，无法疗治。而《机器如我》将撒切尔在执政末期(1989—1990)颇受诟病的“人头税”(poll tax)提前至福克兰岛战败之后不久、其第一个任期之内，以此更合理地解释其下台。与之相应地，小说描绘了本恩如同摇滚明星般受到战后“婴儿潮”出生的一代人的欢迎，包括中产阶级背景的学生、年轻的工人阶级等。持激进左翼政见的“本恩派”(Bennite)决心清除那些“犹豫不决的中间派”(dithering centrist)(McEwan, 2019:205)。显然，从《机器如我》中英国历史上首任女首相撒切尔夫人面对的困境——在重大国务上的失败、遭遇保守党内的反叛和掣肘等，可以看到其后第二位女首相特蕾莎·梅(Theresa May)所处困局的影子(2016—2019)。小说中，撒切尔夫人在战败后在唐宁街10号提出辞职时泪洒当场，也让人不由得想起梅与欧盟协商的“脱欧”(Brexit)协议三次遭到下议院高票否决、被迫辞职时落泪的情景。而在撒切尔夫人的对立一方，著名的激进左翼(hard left)政治家的本恩身上，则显然有着工党前任领袖科尔宾的影子。

由此，小说描绘了1980年代的英国政治，也探讨了近四十年后的当下社会，一种观念分野明显、舆论分裂、无法达成共识的政治“极化”现象(political mass polarization)。在当代英国政治光谱之中，各色鲜明，而面对决定国运的重大问题时，政府之内、政党之间，公众之中意见分裂乃至截然对立，势均力敌又莫衷一是，且无人愿意进行真正的妥协。小说结尾部分关于“脱欧”的描述，则几乎就是对当代社会中意识形态对立的双方质疑对方的基本理念、因此难以达成共识情景的复述：最大规模的游行正在进行；一半的工会运动是在反对罢工，一半政府成员和一半反对党都反对工党继任首相“留在欧盟”的决定；一半工党成员希望首相下台；有人希望进行大选，有人希望他们支持的人上位，“分歧无处不在”(McEwan, 2019:295)。事实上，《机器如我》中论及了查理与米兰达关于福克兰岛战争的对立态度，使深爱米兰达的查理产生了疑虑：如果我们对于这类根本性的问题无法达成共识，那么又如何可能共同生活？

总之，《机器如我》以人工智能题材为主题，但占据大量篇幅、贯穿全书始终的却是对1980年代以来英国社会现实与政治潮流的深刻把握。如果从科幻小说本体性的“思想实验”特征来看，该作品与“现实主义”有着内在共通之处。“现实主义文学试图展现真实世界的微模型，在有限的叙述中展现一个足以补充历史现实世界的平行现实。……现实主义文学是作者主观意识参与的创造性再现的结果，它所追求的并非与历史现实零距离的‘逼真感’，而是一种‘本质的现实’，是来源于现实却又高于现实的艺术现实。”(王守仁, 2021:131－132)而如《机器如我》一类的科幻小说，也十分注重投射出一个宏大、新异、严整的另类现实(社会)影像、一个具有可认知性的“第二世界”，并重视某类理念的演绎在该世界中的贯穿性——这在《机器如我》中主要体现为对英国社会思想分裂、极化具有洞察力的把握、对现实的一种不乏忧虑的讽刺性改造。具体而言，在对虚构的高级人工智能体加以检视的同时，《机器如我》构设了大量英国社会政治典故、时事细节及相应的“反事实”叙述，非常典型地体现了科幻小说探索“可能的现实世界”的实验方式：设计基本论题，将假想世界及相应理念转化为故事、人物、场景，展现其生动“真切”的面貌。可以说，一种相对完整的“思想实验”是内嵌于此类作品中的结构性要素。面对看似难以预测又不可逃避的现实与近未来，作者们以此种文学“思想实验”的方式介入到现实进程之中，丰富和革新了传统现实主义文学；而对科幻小说创作而言，非传统意义上的科幻作家的创作，则为其增加了丰富的多元性，提供了新的可能性。

参考文献

[1] Adams, T. 2019. “Ian McEwan: ‘Who's going to write the algorithm for the little white lie?’ ”, the 14th April, https://www.theguardian.com/books/2019/apr/14/ian-mcewan-interview-machines-like-me-artificial-intelligence [2022-02-10].

[2] Chu, S. 2010. *Do Metaphors Dream of Literal Sleep?: A Science-Fictional Theory of Representation*. Cambridge, Massachusetts: Harvard University Press.

[3] Jameson, F. 2005. *Archaeologies of the Future: The Desire Called Utopia and Other Science Fictions*. London: Verso.

[4] Laville, S. &B. Dutter. 2003. “Protest has rattled Number 10, say marchorganisers”, 17th February, https://www.telegraph.co.uk/news/uknews/1422289/Protest-has-rattled-Number-10-say-march-organisers.html [2022-02-18].

[5] McEwan, I. 2019. *Machines Like Me*. London: Jonathan Cape.

[6] Staff and agencies, 2003. “Anti-war march: what the speakers said”, 15th February, https://www.theguardian.com/uk/2003/feb/15/politics.antiwar [2022-02-18].

[7] Stewart, G. 2013. *Bang! A History of Britain in the 1980s*. London: Atlantic Books.

[8] Tolkien, J. R. R. 2006. On Fairy Stories. In C. Tolkien (Ed.). *The Monsters and the Critics and Other Essays*. London: HarperCollins, 109-161.

[9] Wheeler, B. 2005. “The politics of building cars”, 7th April, http://news.bbc.co.uk/1/hi/uk_politics/4294709.stm [2022-02-18].

[10] Wheeler, B. 2018. “Has Jeremy Corbyn ever supported a war? ”, 17th April, https://www.bbc.co.uk/news/uk-politics-43737547 [2022-02-18].

[11] 陈楸帆，2020.“超真实”时代的科幻文学创作.中国比较文学，(2)：36-49.

[12] 陈楸帆，胡勇，2015.专访陈楸帆：科幻是人类最大的现实主义. https://www.tmtpost.com/1430551.html [2022-02-18].

[13] 韩松，丁杨，2019.韩松：在今天，科幻小说其实是“现实主义”文学.中华读书报，1月30日第11版：1-3.

[14] 姜振宇,2017.贡献与误区:郑文光与“科幻现实主义”. 中国现代文学研究丛刊,(8):78-92.
[15] 亚当·罗伯茨,2010. 科幻小说史. 马小悟,译. 北京:北京大学出版社.
[16] 达科·苏恩文,2011. 科幻小说变形记. 丁素萍,等译. 合肥:安徽文艺出版社。
[17] 王守仁,2021.现实主义文学研究的勃勃生机. 浙江社会科学,(10):129-142.
[18] 徐剑梅,2003.英伦数十城市 29 日继续举行反战示威游行. 3 月 29 日,http://news.sohu.com/43/11/news207861143.shtml [2022-02-18].

社会行为的会话分析研究

主持人语

吴亚欣　于国栋

会话分析以自然发生的言谈应对为观察对象，但它的研究目标并不是语言，而是由语言以及其他交际资源执行的社会行为。会话由一系列话轮（turn）构成，话轮由话轮构建单位（turn constructional unit）组成。每一个话轮构建单位是社会行为、身份、立场、社会关系等的多重交际意义的载体。会话分析研究围绕社会行为展开。研究切入视角主要有三种：执行社会行为的会话常规、执行某社会行为的不同会话常规和语境或序列环境特征间的共现规律、由一系列社会行为构成的复杂社会活动的整体序列组织结构。Anita Pomerantz 关于"telling my side"（1980）、"assessment"（1984）、"extreme case formulation"（1986）、"offering a candidate answer"（1988）等会话常规的研究都属于第一类切入视角；Traci Curl & Paul Drew（2008）对英语中请求行为（requesting）的不同句法表达和请求人发起请求行为的权力大小以及请求事项被完成的难易度之间关系的研究、Traci Curl（2006）对英语中提供帮助行为（offers of assistance）的不同句法表达及其不同序列环境间共现规律的研究都属于第二类切入视角；而 Emanuel A. Schegloff（1968；1973）对电话谈话开始和结束序列组织的研究（telephone opening and closing）、Gail Jefferson（1988）对烦扰讲述（troubles talk）序列组织的研究等则属于第三类切入视角。

本期专栏共包括五篇文章，于国栋和李珍探讨了抱怨第三方序列中细节讲述的社会互动意义，在"抱怨"话轮中说话人通过细节讲述可以合理化抱怨行为；对抱怨的聆听者来讲，抱怨者的细节讲述则可以为其表明立场提供基础。杨永芳和吴亚欣研究了建议行为的不同句法表达和建议者对建议解决交际对方问题的把握度高低间的关系，把握度越高，则倾向于使用祈使句，把握度越低，则倾向于使用疑问句，而陈述句执行的建议在解决问题的把握度上介于前两者之间。袁园和冉永平关注了在日语机构性谈话中恭维回应语中感激标记语不同调型所传达的交际意义，研究发现，轻声压缩式调型的感激标记语实现了构建和赋权结盟身份的交际功能，而高扬假声式调型则完成了回应恭维、表达感谢和表达异议等多重交际功能。林尔嵘和蔡永盛研究了新加坡医疗语境下吸烟或有吸烟史患者对医生询问是否吸烟和吸烟史相关问题的回答在话轮设计上展现出的特征，即回答前有延时、回答附有辩解、侧面回答，以及医生对上述回答方式所采用的对策，即重复回应以再次求证信息和重新设计问题以确认可能选项。郝全喜研究了提议行为的不同句法表达与行为决定权间的关系，研究把提议行为的句法表达区分为决定性表达、中立性表达、试探性及撤销性表达，它们展示的提议者对所提议行为的决定权大小依次递减。本专栏收录的这五篇文章主要属于前文所述的第一类和第二类切入视角的研究，主要围绕话会话常规、话轮设计与语境特征间的关系展开。

从国内外研究现状来看，运用会话分析方法对汉语自然会话开展的会话组织结构和会话常规的研究还属凤毛麟角，会话分析研究在国内尚处于起步阶段。汉语有不同于英语的语法结构，汉语有其执行社会行为和组织社会活动特有的会话常规，所以，我们需要更多地以汉语自然会话为语料的会话分析研究，从中发现在中国文化社团中人们组织社会生活所诉诸的语言和非语言资源，探索社会有序运转的交际动因。

参考文献

[1] Curl, T. 2006. Offers of assistance: constrains on syntactic design. *Journal of Pragmatics*, 38: 1257 - 1280.

[2] Curl, T. and Drew, P. 2008. Contingency and action: a comparison of two forms of requesting. *Research on Language and Social Interaction*, 41(2):129 - 153.

[3] Jefferson, G. 1988. On the sequential organization of troubles-talk in ordinary conversation. *Social Problems*, *35*(4), 418 - 441.

[4] Pomerantz, A. 1980. Telling my side: "limited access" as a "fishing" device. *Sociological Inquiry* 50, nos. 3 - 4: 186 - 198.

[5] Pomerantz, A. 1984. Agreeing and disagreeing with assessments: some features of preferred/dispreferred turn shapes. In J. M. Atkinson and J. Heritage (Eds.), *Structures of Social Action*. Cambridge: Cambridge University Press, 57 - 101.

[6] Pomerantz, A. 1986. Extreme case formulations: a way of legitimizing claims. *Human Studies* 9, nos. 2 - 3: 219 - 229.

[7] Pomerantz, A. 1988. Offering a candidate answer: an information seeking strategy. *Communication Monographs*, 55: 360 - 373.

[8] Schegloff, E. A. 1968. Sequencing in conversational openings. *American Anthropologist*, 70(6), 1075 - 1095.

[9] Schegloff, E. A. & Sacks, H. 1973. Opening up closings. *Semiotica*, 8, 289 - 327.

建议行为不同句法选择的社会规范性研究*

山西大学/山西工程科技职业大学　杨永芳　中国海洋大学　吴亚欣**

摘　要:本文以由问题触发的建议为研究对象,以会话分析为研究方法,探讨了建议行为的不同句法选择背后的交际动因。语料分析发现,在此序列环境中的建议行为的句法选择与建议方对建议解决交际对方遇到的问题的把握度有关。祈使句展示了建议方对建议能够解决被建议方的问题具有最高的把握度,疑问句展示了建议方对建议被执行的前提是否存在不确定,而陈述句则展示了建议方对被建议方是否有能力或意愿执行建议的行为缺少把握。本研究为建议行为的不同句法选择的内在动因提供了新的解释,也为研究言语行为不同句法选择的制约条件提供了新的视角。

关键词:建议;会话分析;知识论;社会规范性

Title: The Social Normativity of the Syntactic Choices of Advice

Abstract: This study takes problem-triggered advice as the research object and conversation analysis as the research method to explore the interactional motivation behind different syntactic choices of advice. The data analyses find that the syntactic choice of the advice in this sequential environment is related to the certainty of the advice to solve the problems encountered by the other party. The advice-giver is more likely to use imperatives when s/he is certain that his/her advice can solve the problem; otherwise, interrogatives would be employed if the advice-giver lacks the information about the presupposition of the advice. Declaratives are chosen when the advice-giver is not certain about whether the advice-receiver has the ability or

---

* 本文系为教育部人文社会科学研究规划基金项目"汉语自然会话中话轮末尾语气词的会话分析研究"(项目编号:19JA740063)的成果之一。

** **作者简介**:杨永芳,副教授,研究方向为会话分析,联系方式:1834930997@qq.com。吴亚欣(通讯作者),教授,博士生导师,研究方向为会话分析、语用学,联系方式:wuyaxin@ouc.edu.cn.

willingness to do the advised action. This study provides not only a new interpretation of the endogenous motivation of different syntactic choices of advice, but also a new perspective for studying the constraints of the syntactic choices of speech acts.

Key Words: advice; conversation analysis; epistemics; social normativity

1 引言

建议是日常生活中常见的一种言语行为，它是能够维系良好人际关系的一种利他行为。对建议行为的研究主要集中在语用学和会话分析两个领域。建议的语用学研究主要在言语行为理论、礼貌理论和顺应理论框架下展开。按照约翰·塞尔(Searle, 1969, 1979)对言语行为的分类，建议属于指令类(directives)中的一种，可分为直接建议和间接建议，它们均可采用祈使句、陈述句和疑问句三种句式来表达(方志英，2005)。其中，间接建议言语行为又可分为规约性间接建议(conventional indirect suggestion)和非规约性间接建议(non-conventional indirect suggestion)，前者是对字面意思作一般性常规推断即可得出其言外之力的建议，后者是通过交际双方共知的语言信息和所处语境来推断出其言外之力的建议(彭亚云，2015)。根据布朗和列文森(Brown & Levinson, 1987)的"面子论(face theory)"，建议则属于一种面子威胁行为(FTAs:Face Threatening Acts)。作为一种指令类言语行为，建议听话人做某事，干预了听话人的行事自由，威胁到了听话人的消极面子；同时建议的提出也隐含了建议者认为听话人缺乏一定的能力、知识或动力等，所以建议也会威胁到听话人的积极面子(Wilson, Aleman & Leatham, 1998; Wilson, Kim & Meischke, 1991)，所以，人们通常会采用一些礼貌策略来缓解(方志英，2005)。以语言顺应论为框架的建议研究认为建议的不同句法表达或不同策略是顺应物理世界、心理世界、社交世界等因素的结果(马纯真，2017)。也有研究把建议行为与身份建构相结合，认为通过说话人通过不同的建议形式建构不同的机构身份，这些不同的机构身份同样也是顺应社交世界、物理世界等宏观语境中的不同因素的结果(任育新，2012)。此外，还有研究从变异语用学的视角研究了网络语境下建议行为的不同句法分布与情感表达以及与性别间的关系(毛延生、黄倩倩，2016)。

和语用学对建议行为的理论解释不同，会话分析研究关注的是建议行为的序列发展，如建议行为的发起与回应(Heritage & Sefi, 1992)、执行建议行为的不同策略及其动因，研究认为建议行为的执行与识别主要与交际双方在相关知识占有上的不对称或交际双方在机构层面的权力和义务有关(Silverman, 1997; Pudlinski, 1998;

Wajnryb，1998；Butler et al.，2010）。从语料来源来看，现有研究主要集中在对以医患为主的机构性谈话（Heritage & Sefi，1992；Heritage & Lindström，2012；Kinnell & Maynard，1996；Butler et al.，2009；Pilnick，1999，2001，2003；于国栋，2009）和教育机构性谈话（Vehviläinen，2001，2003，2009；Waring，2012），而对日常谈话中建议行为的研究较少（Shaw，2013；Shaw，Potter & Hepburn，2015；董博宇，2016，2018）。

现有研究把建议行为不同句法选择的动因或归于礼貌，或归于社会、心理因素，如尴尬程度、社会距离、相对权势、性别区别，以及文化、教育等方面的因素（方志英，2005；何荷，2012）。但从本研究收集的日常会话的语料看，不同性别、不同社会关系的交际者都会使用不同的句式执行建议行为，那么执行建议行为的不同句式选择与什么因素间有一种规范关系（normative relation）呢？对这个问题的回答对于解释同一言语行为的不同句法选择的制约因素将会提供理论思考，研究发现对于对外汉语教学中言语行为的语用教学也会提供指导。

2　日常言语交际中建议的分类

根据建议出现的序列位置，日常会话中的建议可以分为交际一方主动寻求的建议、由问题触发的建议和主动给出的建议。

(1) 交际一方主动寻求的建议

交际一方针对遇到的问题主动寻求交际对方给予建议。在这样的序列中，寻求建议是相邻对的前件，建议给予是相邻对的后件，或者说建议在此序列中处于回应位置，属于回应行为。

例 1：GXH 考研咨询（04:40－05:07）

95　学妹：哦：：好，就是学姐，你觉得这个词汇整体下来就是感觉比较基础的
96　　　　那种是吧，[不用－
97　学姐：　　　　[°嗯.°
98　学妹：你觉得[是不是不用记那种太$偏的$.＝
99　学姐：　　　[°(不用)°
100　学姐：＝嗯，是：：你就记一下那个(.)我记得我当时就特别容易弄混那个
101　　　　长音跟短音么，.hh 我觉得遇到那种长音短音的( )词就要记一下.

102　　　(0.3)

103　学妹:噢::,好,Mm:,行,

这段对话中,学姐已考上研究生,学妹正在备战考研。学妹打电话咨询学姐研究生入学考试的相关问题。学姐在考研方面占有更多知识和经验,第95—96行和98行学妹分别采用了附加疑问句和是非问句,通过询问间接执行了寻求建议的行为。学姐在第97和99行"嗯,不用"首先回答了95—96行的第一个询问,100行话轮起始位置的"嗯,是"回答了98行的第二个询问,紧接着学姐在100行的下一个话轮构建单位,回应了寻求建议的行为,给出了建议。建议首先以祈使句的形式给出("你就记一下那个"),然后学姐结合自己的经历,又以陈述句的形式给出了具体建议。学妹在103行先是接受信息("噢"),然后接受建议("好,行")。

(2) 由问题触发的建议

另有一些建议并不是由交际者一方主动寻求的,而是因为一方提及自己遇到的问题,另一方给出解决问题的建议,我们把这一类建议叫作由问题触发的建议。

例2: LL感冒喝水(01:08-01:39)

39　玲玲:.hhhh 后来今天中[午又睡了一会儿,觉得又头疼,

40　大伟:[嗯::.

41　玲玲:然后下午就一直, .hhhh 头晕晕的:.疼疼的:,然后:,觉得::.

42　　　唉::.不太舒服::.晚上:: .hhh 也没怎么吃饭.就喝了一点

43　　　点汤,也不饿感觉,可能::: 感冒[啦:.难道,

44　大伟:[嗯::::.

45　　　(1.5)

46　大伟:tch.有可能:,那你:吃点那个::药.

47　　　(1.0)

48　大伟:嗯?

49　　　(0.7)

50　玲玲:吃点::那个什么药.

51　　　(1.5)

52　大伟:$.hh 感冒药么 $ 喝点开水.

此例中,39—43行玲玲讲述了她身体出现的一些问题,并在43行最后自我诊断为

感冒,并寻求对方的确认。大伟在 46 行,首先认同了玲玲的自我诊断("有可能"),接着就玲玲的问题以祈使句的句法形式给出了自己的建议("那你吃点儿那个药")。由于玲玲对建议没有马上给出回应,大伟在 48 行进一步寻求玲玲的回应(嗯?),可能是出现了理解问题,玲玲在 0.7 秒(49 行)的停顿后,在 50 行发起修正,大伟在 52 行对 46 行的指称做出修正(把"那个药"修正为"感冒药"),并再次以祈使句的形式给出了另一条建议("喝点开水")。与第一类建议相比,这类建议也处于回应位置,但相邻对的前件是问题陈述,不是寻求建议,这类建议由相邻对前件的问题触发,建议是对问题的可能解决方案。

(3) 交际一方主动给出的建议

与前两类建议不同,这类建议既不是由一方主动寻求的建议,也不是由交际一方提及的问题触发的建议,而是由交际一方主动给出的建议。如下例:

例 3:LHL 游长江(04:37-05:06)
72 伟宇:嗯:,还好,十几站吧,反正挺远的.=
73 小梅:=还好吧:,现在这种大城市交通都很方便的.hh
74 (2.0)
75 伟宇:啊:是:.
76 小梅:只要你-yi-反正是大城市不管(.)各各-各种交通都很方便,公交,地铁,
77 (1.5)
78 伟宇:嗯:
79 小梅:嗯::,你可以-你可以让-明天(.)你完了可以让邱姐姐带你去游长江啊:.
80 (3.0)
81 伟宇:后天再说吧:,那星期六再说啦:.

在此例的前半部分,因伟宇到武汉出差,伟宇和小梅两人在讨论武汉至武昌的交通。72—76 行是对交通状况的一个评价序列。77 行小梅开启了一个建议序列。与前两类不同,这里的建议行为不是回应行为,而是发起行为,是相邻对的前件,接受或拒绝是其条件相关的后件行为,在这个例子中伟宇没有直接接受小梅的建议(81 行)。

从上面对建议的分类可以看出,建议可以出现在不同的序列环境中。由于话轮设计有很强的序列位置敏感性,本文仅研究第二种由问题触发的建议。

3 研究方法和语料

本文采用会话分析研究方法，通过分析建议行为的话轮设计和序列环境以及语境特征，旨在揭示会话中建议者不同句法选择背后的真正驱动力。会话分析方法认为会话结构展示了社会秩序(Sacks, 1984;吴亚欣、于国栋,2017)。会话中出现在某个具体序列位置的每个话轮或话轮构建单位都执行特定的社会行为(Drew, 2013a)，而执行同一社会行为的不同话轮设计则与序列环境(sequential environment)或语境特征(contextual properties)有关(Drew, 2013b)，换句话讲，在言谈互动中，人们选择不同的话轮设计来执行同一社会行为不是任意的、随机的，而是有社会规范性的(social normativity)。发掘言谈互动中人们执行社会行为所用会话常规(practices)及其规律(patterns)就是会话分析的研究目标(Drew,2005)，会话分析研究就是揭示执行社会行为的会话常规和序列环境或语境特征间的规范关系。本文以汉语自然会话为语料，采用的语料均来自日常生活中真实的电话录音，谈话双方的关系一般是同学或朋友。音频语料按照盖尔·杰弗逊的转写体系进行了转写(Atkinson & Heritage, 1984)。电话录音总时长约500分钟，其中共有116个建议，第一类7个，第二类77个，第三类32个，文中例子的人物姓名均进行了化名处理。语料分析发现，执行建议行为的句法结构通常有祈使句、疑问句和陈述句，本文的研究问题是：建议的不同句法选择与什么序列环境或语境特征有关？

4 建议行为不同句法选择的社会规范性

根据布朗和列文森(Brown & Levinson, 1987)的“面子论”，建议行为属于可能伤害被建议方消极面子的行为，因此建议方往往会采用一些语用策略来弱化对面子的伤害，比如通过间接言语行为。按照这种解释，人们应该很少用祈使句来直接执行建议行为，但事实并非如此，在我们的语料中，祈使句的使用达27次。尽管用陈述句和疑问句表达的建议在对被建议方的强加(imposition)程度上弱于祈使句，可以通过诸如模糊限制语等缓和手段(mitigator)来降低对被建议者的强加，但是人们并不是只使用强加度最低的疑问句，所以从礼貌或面子的角度解释执行建议行为的不同句法选择似乎并不可行。通过对大量语料的观察分析，本文认为由问题触发的建议的不同句法选择展示了建议给出者对所给建议解决该问题不同的把握度，而这种把握度与说话人在与问题相关的方面所占有的知识的多寡有关。祈使句展示的把握度最高，陈述句次之，疑问句最低。

4.1 祈使句执行的建议

祈使句是指使听话人做某事的句子，常常省略主语（Li & Thompson, 1981: 451）。在由问题触发的建议序列中，无论是被建议方主动提及自己遇到的问题，还是建议方从被建议方的言谈中注意到其遇到的问题，问题陈述作为相邻对的前件，听话人给出自己对解决问题的建议是条件相关（conditional relevant）的可能后件之一。作为后件的建议以什么样的话轮设计方式给出展现了建议给出者对该建议能否解决前件中出现的问题的把握度，在祈使句、陈述句、疑问句三种句式中，祈使句展示了建议给出者对自己的建议解决被建议方遇到的问题具有较高的把握度。

例 4：GXH 感冒喝水(02:30 - 02:42)

54 嘉玉：Mm Mm↑学姐，你是不是↑感:冒了，嗓子听见有点[哑.

55 岚岚： [ang, ang:

56 岚岚：我嗓子有点那个(.)最近有点那个。((笑))

57 嘉玉：$多喝点水$，吃-喝点那个(下)火的.=

58 岚岚：=嗯，°没事儿°.

例 4 中，在前面的对话中嘉玉就考研的事情咨询学姐岚岚。54—58 行是由交际一方的嗓音触发的一个旁序列（side sequence）（Jefferson, 1972），嘉玉从岚岚说话的声音注意到岚岚的嗓子有问题（“嗓子听见有点哑”），于是发起了一个询问序列（“你是不是感冒了”）。这个问题在 55—56 行得到了岚岚的确认，紧接着，嘉玉在 57 行以两个省略了主语的祈使句给出了两个建议：“多喝水”“喝点下火的”，直接告诉岚岚做什么，而且没有给岚岚留拒绝的余地。展示了嘉玉对于自己给出的建议解决或缓和岚岚现在遇到的问题很有把握，这可能源于这一建议符合中国文化中普通人给普通感冒患者的非专业生活和医疗建议，因为建议与社会成员的常识一致，所以被建议方一般也不会拒绝此类建议。在这个例子中，岚岚在 58 行首先接受了建议（“嗯”），然后又对建议同时执行的表达关心的行为进行了回应（“没事儿”）。

除来源于社会成员共有的常识的建议常用祈使句外，当建议是解决某类问题通用的方法时，往往也会以祈使句的形式给出，如下例：

例 5：YJW 淘宝买包(01:03 - 01:27)

27 佳文：我正在＜进那个:＞刚才才注册的一个东西，注册了一个，

28 然后正准备进去呢，

29 张亮：[哇哦，
30 佳文：[找不到：我：
31 张亮：好麻烦：[那你直接在淘-
32 佳文：　　　　[是啊，挺麻烦的.
33 张亮：你把那个书包名[字记下来在淘宝上搜一搜呗.
34 佳文：　　　　　　　[嗯？
35 　　(0.8)
36 佳文：就在京东啊：我搜-搜不出来：我＞把那个＜旗舰店搜了也搜不
37 　　出来：，

此例中的前序话轮中佳文在给张亮讲她打算网购一款书包，佳文在 27—28 行告知张亮她正在网上进行的操作，张亮在 29 行的语气词（“哇哦”）投射（Auer, 2005）出接下来的话轮构建单位将执行评价行为，此时佳文在 30 行提及了她遇到的问题（“找不到：我：”），这一话轮与前一话轮有部分重叠，接着在 31 行出现了 29 行投射的评价行为（“好麻烦：”），这一评价展现了张亮认为佳文目前有需要解决的问题，并且评价后对佳文遇到的问题直接给出建议（“那你直接在淘-”），尽管这个话轮并未完成，但是根据汉语语法结构，基本可以推断出这是一个未完成的祈使句。佳文在听到 31 行张亮的评价后在 32 行做出同意该评价的回应（Pomerantz, 1984），这一回应和张亮 31 行的建议出现了重叠，张亮放弃当前话轮，待佳文完成 32 行的话轮后，在 33 行又重新执行了在 31 行没有完成的建议行为。31 行放弃的话轮和 33 行的建议话轮都采用的是祈使句的句式。第一个未完成的祈使句的话轮构建中指示对方“直接”做某事，排他性的建议突出了张亮对于自己给出的方法可以解决当下问题的把握性很大。第二个祈使句的话轮构建中“把”字句增加了动作的施予对象（Li & Thompson, 1981: 463），仍旧是指示对方做某事，同时句子末尾的语气词“呗”也展示了张亮认为自己提出的建议是一种显而易见的、很容易解决当下问题的方法。可能是由于 31 行和 32 行出现的重叠，佳文在 34 行发起了修正，但张亮并没有做出修正，在经过 0.8 秒的停顿后，佳文对 33 行的建议做了回应，展示出自己已经尝试过对方建议的解决问题的方法，但没有成功，这不是对建议的拒绝，而是取消了接受该建议的前提，因为该建议已经被尝试过，这也证明了张亮的建议是解决该类问题常用的方法，所以建议给出者对自己的建议解决问题的把握也较大。

4.2 陈述句执行的建议

陈述句也是执行由问题触发的建议常用的一种句式。这里陈述句指的是叙述或说明观点、事实的句子(黄伯荣、廖旭东,1991)。本研究收集的语料中执行建议的陈述句式有"我觉得你(可以)X……""你可以 X……"等,X 指建议的内容。

陈述句执行的建议展示的是建议者给予被建议者一种可供选择的解决问题的方法,但较之祈使句执行的建议,当建议者使用陈述句执行建议时,展示出对于自己所提出的解决方法是否能够解决对方问题的把握性相对较小,从话轮设计上为被建议者拒绝建议留下余地。

例 6　YS 买电子书(04:44－05:03)

120　苏白:((sniff)) 哎呀,你们-我感觉文学特别有意思,语言学太枯燥啦.

121　文文:↑哪::了:,文学也得是一直读一直看,哎呀,简:直现在连书

122　　　也买不起了,都贵的.

123　苏白:(hahahah)你还要买原装的书,你可以在网上买电子版的书呀.

124　　　(0.5)

125　文文:((sniff)) 嗯,电子版的有时候看吧想做个笔记啥的不方便.

在这个例子中,120 行苏白分别对对方所学专业及自己的专业做出一个评价,文文在 121 行对这一评价首先表示不同意(↑哪::了:,文学也得是一直读一直看),接下来在这一话轮的第二个话轮构建单位做了一个抱怨行为(哎呀,简:直现在连书也买不起了,都贵的),苏白在 123 行的回应首先通过指出该抱怨行为的可抱怨性(complainability)(Drew & Walker, 2009)不成立表示不同意前一话轮的抱怨,并用陈述句"你可以 X"的句式给出了解决被抱怨事情的一种建议,这一建议能否解决文文抱怨的问题充满了诸多不确定性,如文文所说的书有没有电子版、电子版的价格是否文文可以接受、文文是否喜欢看电子版的书等等,这些不确定因素都会降低建议给出者对自己的建议解决问题的把握,而"你可以 X"这种句法表达相较于祈使句降低了听话人接受建议的强加度,给听话人拒绝建议留有更大余地。在本例中,文文就以电子书不方便做笔记为理由间接拒绝了该建议(125 行)。除了常用的"你可以 X"句式外,"我觉得你 X"是陈述句执行建议的另一常见句式,如下例:

例 7:LHL 演讲练习(1:09－1:32)

01　丽:(给 B 演练试讲内容) 行吗?

02　　　(0.2)

03　梅:嗯.不错.有样儿.

04　丽:有样儿吗,

05　梅:有＝

06　丽：=有样儿吗，
07　梅：有不错不错不错.
08　丽：那假吗，那为什么？
09　梅：我觉得吧，你再说说吧，就是更-你再把它练得更像自己说的，
10　　现在还有一点儿背的感觉.(.)还像是[背的东西.
11　丽：　　　　　　　　　　　　　　　[觉得像-
12　　(0.2)
13　丽：是吗，像背呀.=
14　梅：=嗯.

在这个例子中，丽给梅打电话让梅听一下自己试讲的内容。演练完成后，丽寻求梅的评价(第 1 行)，梅在第 3 行给出正面评价。丽在第 4 行和第 6 行对此评价进行了两次寻求对方再次确认，梅分别在第 5 行和第 7 行进行了确认，有趣的是在第 7 行中不仅仅进行了确认(“有”)，而且多次重复了之前的正面评价(“不错不错不错”)(Stivers, 2004)。但丽并没有接受这一评价，而是对自己的表现给出了自我评价，这一评价是负面评价(“那假吗”)(第 8 行)，展示了说话人对自己表现的担心和顾虑，由此触发，梅在第 9—10 行给出自己的建议，这一建议由“我觉得吧”来引发，展示出这一建议仅是说话人的个人观点，听话人是否同意或接受该观点，或者听话人有没有能力按照建议去做，抑或该建议能不能解决听话人的问题等都不确定，所以“我觉得”降低了建议对听话人的强加度，同时也展示了建议给出者对该建议解决听话人的问题较低的把握度。

从句式上来讲，祈使句是直接指使听话人做某事，而陈述句通过表达自己的观点间接让听话人做某事，所以强加度要低于祈使句，但疑问句是询问听话人是否可以做某事，在强加度上比陈述句更低。因此，以疑问句式执行的建议展示了说话人对建议解决问题的把握度最低。

4.3 疑问句执行的建议

疑问句指的是表达疑问语气的句子，在会话中通常执行询问行为(Li & Thompson, 1981: 520)，所以，当用疑问句执行建议时，相较于祈使句执行的建议，从语用效果上看更加间接和委婉。在由问题触发的建议序列中，如果建议以疑问句的形式给出，它展示了建议给出者对该建议解决对方遇到的问题的把握度最低。如下例：

例 8: YYF 买腰封(01:26 - 01:49)

01　王丽：tch. 我买的那个衣服有点显胖啦，白色的那个，(.)不是刚在网上买
02　　　　了个(.)腰封，
03　李燕：嗯。
04　王丽：然后我感觉还行，(.)弄上.
05　　　　(3.5)
06　李燕：那你要不要退了那衣服?
07　王丽：不退啦，就买个腰封就那个样，(.)继续穿吧，因为退了也麻烦不是?
08　李燕：嗯.
09　王丽：还得出邮费.
10　李燕：对.

王丽在 01 行先是讲述了自己遇到的问题（"我买的那个衣服有点显胖了"），然后对这一话轮构建单位中的指示语"那个衣服"做出自我发起的自我修正（"白色的那个"）（Schegloff, 2013），接下来又提出了自己对前面问题的解决办法（"不是刚在网上买了个腰封"），李燕在 03 行表示接受到信息（"嗯"）（information receipt），王丽在 04 行对自己的解决方案做出评价，表示自己的方案可以勉强解决自己遇到的问题。李燕在 05 行提出了自己的问题解决方案，即建议（"那你要不要退了?"）。与祈使句的指使对方做某事不同，这里建议是通过疑问句来询问对方要不要做某事，行为的决定权在对方，展示了建议方对自己的建议能否解决对方的问题没有把握，所以没有像祈使句那样强加给对方，而是交由对方来衡量取舍。在这个例子中，因为王丽在 04 行已经展示了自己前面提到的问题已基本解决，这也可能是李燕对自己的建议能否解决该问题以及是否被接受没有把握的原因，王丽在 07 行先是拒绝了李燕的建议（"不退了"），并在拒绝之后对自己的拒绝行为做出了解释（account），这也符合优先结构（preference organization）中非优先回应（如对建议的拒绝）往往需要解释的规律（Pomerantz & Heritage, 2013）。

例 9：ZXL 怀孕恶心(02:06－02:30)
21　熙惜：噢::那你以后这自己:生了孩子那怎么呀，那你自己就得带了
22　　　　是吧，(.) 就比较辛苦一点.
23　　　　(1.2)
24　婉姿：哎呀，走一步看一步，我现在根本想不到那么远，我就想着(.)哪
25　　　　天能让我不恶心，能吃饭了就-就好了.
26　熙惜：你每天吃点清淡的，菜呀什么蔬菜都不行?

27　　(1.3)
28　婉姿:呀,只要是沾了油的东西,我吃得就可费劲儿.

在上面的对话中熙惜在21—22行和婉姿确认婉姿将来生了孩子后是否由她自己来照看,婉姿在24—25行并没有对这一问题给予回应,而是告知对方自己当下的想法,在这一告知中,婉姿提及了她正在经历的孕吐反应,这一问题触发了熙惜26行的建议,有趣的是,这一建议话轮共有两个话轮构建单位构成,第一个话轮构建单位("你每天吃点清淡的,菜呀")用祈使句完成,第二个话轮构建单位("什么蔬菜都不行?")用疑问句完成,展现了说话人对自己的建议解决对方的问题的把握度的调整,从最高的把握度调到最低。在第一个话轮构建单位建议方根据常识默认清淡的饭菜一般可以解决孕吐问题,比如蔬菜,但建议方紧接着在第二个话轮构建单位又把前边默认的常识作为问题寻求对方确认,展示了建议方从有把握到没把握解决对方的问题的一种动态调整,原因可能是由于建议方熙惜突然考虑到婉姿可能已经尝试过这种常用的解决孕吐的方法,但没有奏效,所以调低了对建议解决问题的把握度。

下面的会话片段是疑问句式建议中一个非常典型的例子。其中的第15行和17行的疑问句执行的是隐含建议行为,但是第29行的疑问句被交际对方直接识别为建议行为,并进行了回应。

例10:HQX邮寄书(00:10-01:09)

09　灵玲:嗯.°那-°那个啥,你那个,早上能去我家,.h帮我(桌上)视听语言
10　　和那个-纪录片那个-那本书,.h用顺丰邮过来,
11　　(1.8)
12　张伟:哪个书?
13　　(1.0)
14　灵玲:嗯,就在我:桌子上呢.
15　　(1.8)
16　张伟:桌子上(.)°了°,邮过去多钱了.
17　灵玲:邮过来十-十几二十多哇.
18　张伟:你们学校有没有什么旧书摊呀啥°的°,
19　灵玲:.h旧书摊,>没有<.
20　　(4.0)((喝水声))
21　张伟:借都借不下一本?
22　灵玲:呀,借不下.(0.8)>我给她们打电话<都没带.

张伟:那是干啥了么. hhh.
灵玲:我-gei-改-又改论文°了吗°. 还得改.
张伟:噢::图书馆有没有? hh.
灵玲:〈图书馆呀,〉(1.8) 哎呀你这倒是个好-好-好方°法°. hehe. hh
°嗯°. (.)〉但是图书馆也不一定有.〈
张伟:he°hehehe°. hhh (0.4)你真没必要邮.

此例中,灵玲在 09—10 行执行了请求行为,这一请求隐含了灵玲当下需要那本书但书又不在手边这样一个问题。12—14 行、16—17 行是请求行为后出现的两个中扩展(insert expansion)(Schegloff, 2007),为请求根序列的后件做准备,但在 18 行张伟并没有接受或拒绝该请求,而是用疑问句的方式间接给出了一个可能解决问题的方法,即间接的建议,灵玲在 19 行通过否定该建议的前提,即因为没有旧书摊,所以不可能从旧书摊找到那本书,也就是该建议不可行。接下来张伟又分别在 21 行和 25 行同样用疑问句间接给出了两个建议,第一个建议已经被尝试过,但未能解决问题(22 行),第二个建议先是被接受(26 行),然后又改为对能否解决问题不确定。在这三个建议序列后,28 行张伟给出了请求相邻对的后件,即拒绝请求(28 行)。在这个语料中,18 行、21 行、25 行三个话轮都是用疑问句执行了建议,这三个疑问句询问、确认的其实都是建议的前提,即学校有无旧书摊、灵玲是否向同学借、图书馆有无那本书,但这三个前提相关的信息都由被建议方灵玲占有,从知识论角度讲(epistemics)(Heritage, 2012a, 2012b, 2013),被建议方在相关知识状态(epistemic status)上占有优势(K+),而建议方处于劣势(K-),所以建议方对建议的前提是否成立没有把握,如果建议的前提都不成立,则建议肯定不可行,依此逻辑,所以建议方对建议能否解决问题没有把握。

综上所述,当由问题触发的建议以疑问句式给出时,要么是在建议序列之前的序列中被建议方已经提及问题的可能解决方案(如例 8),要么是对建议的前提不确定(如例 9 和例 10)。前者降低了建议被接受的可能性,后者则是因为建议可以解决问题的前提是否成立属于被建议方的知识域,如果前提被否定,则建议就不可行。由于建议方对解决方法中某一要素的相关信息不是很了解,因此对自己所提的建议能否解决对方的问题不确定,只是以询问的方式提及一个相关的、可能的解决方法。对于所提及的可能的解决方式是否有可行性,是否可以解决问题,建议者是没有把握的,所以建议被取舍的决定权全交由被建议方。

5 讨论:知识论视角下的解读

以上语料分析显示,执行建议行为选择不同的句法结构似乎和文献中所说的礼貌、性别等外在社会因素关系不大,因为一方面语料中的交际参与者有不同的性别,不同性别的交际参与者都会使用不同的句法结构执行建议行为;另外,从语料的细节看,也没有证据显示当使用祈使句时被建议方会把该建议处理为不礼貌,而且当建议方使用祈使句时,一般都很直接,很少使用缓和语,所以建议的不同句法选择应该和其他序列环境或语境特征有关。本研究关注的是由问题触发的建议行为,通过对收集到的语料进行细致分析发现,当建议方占有解决该问题的知识或相关经验时,知识的权威性越高,经验越直接,越倾向于使用祈使句执行建议;相反,知识的权威性越低,经验越间接,则越倾向于使用疑问句执行建议,陈述句式的建议展示的知识状态则介于前两者之间。因此,建议行为的不同句法选择的内在动因与建议方与解决问题相关的知识占有状态相关,占有的知识权威性越大,则解决该问题的把握越大;相反,权威性越小,则解决该问题的把握也会越小。从知识论视角来看,建议者对于自己解决对方问题的把握程度才是不同句式选择的真正驱动力。

知识论(epistemics)是美国学者约翰·赫里蒂奇提出的一种解释会话序列结构组织原则的理论。他认为在一些会话中,交际者之间知识的不对等也是会话发生与展开的内在驱动力。交际双方之间的知识差会像水压一样,知识会从占有相对较多的一方传递到占有相对较少的一方,直到交际双方在某一知识领域的知识达到对等的状态(Heritage, 2012a, 2012b, 2013;吴亚欣、于国栋,2018)。知识论区分了两个重要的概念:知识状态(epistemic status)和知识表达(epistemic stance)。前者指的是人们对某类知识的客观占有和掌握程度,它的衡量标准包括知识的范畴、知识的来源(具体又包括知识获取的渠道、知识的确定性、时效性等)以及占有某类知识的权力、义务和责任等;而后者是指说话人用于展示自己知识状态的语言表达手段。交际者对某领域的知识占有情况是很容易被评估的,在交际中常被作为交际的前提,是一种已然的、真实的、持久的状态,比如我们会想当然的默认医生比普通人占有更多医学知识、养育过孩子的夫妻比未养育过孩子的夫妻更具有育儿方面的经验等等(Heritage, 2012a, 2012b, 2013: 377; 吴亚欣、于国栋,2018)。但知识状态也是一个相对概念,比如两人同为医生,一位是儿科医生,一位是精神科医生,他们则会在各自的专业领域占有更权威的知识。交际者的知识表达往往是和他的相关知识状态一致的,不然他的行为就可能遭到质疑(sanctioned)。在由问题引发的建议中,一般情况下建议者都是基于自己的知识状态给出解决问题的建议,所以建议的句法选择(即知识表达)展示了建议方在相关知识域的知识状态。

本研究关注的是由问题触发的建议，相邻对前件中说话人直接或间接提到或展示了当下遇到或存在的问题，在这样的序列环境下，听话人对该问题给出自己的建议则是条件相关的可能后件之一。如果听话人对于解决该问题的方案占有权威度非常高的知识或一手经验，则他对解决对方的问题会有十分的把握，在这种情况下，建议方一般会以祈使句的句式给出建议，通过这种句法选择展示给对方该建议对于解决或缓解对方遇到的问题有十分的把握，这也解释了为什么在医患交际中医生都是以祈使句给出治疗建议。在非机构性谈话中，谈及的问题一般都是日常生活中遇见的问题，所以当问题解决方案属于社会成员共享的常识或建议方的直接经验时，建议往往会以祈使句的句式给出。

当建议方对于解决该问题方案占有的知识权威度不太高，或者只是一己之见时，建议方对于自己给出的建议能否被执行，能否解决被建议方当下的问题，或者改善当下的状况，就会缺少把握，在这种情况下，建议方一般会以"我觉得你可以X"、"你可以X"等相似的陈述句结构来执行该建议行为，这种话轮设计中的"我觉得""可以"等词汇选择正是用来降低说话人对于该建议能否解决该问题把握度的语言手段。从知识占有上讲，这类建议的实施往往会与被建议方的喜好、能力等有关，这些都属于被建议方的知识域，不被建议方所占有，这也是建议方对自己的建议能否解决对方问题缺少把握的原因。采用这类陈述句式时，建议方仅给对方提供了一种可以去尝试的可能的方法，至于该建议是否被采纳，还要取决于被建议方是否有能力和意愿去做建议的行为。

有些建议的执行需要首先满足一定的前提条件，当建议方对这一前提条件是否具备不清楚时，也就是不占有相关知识时，他对该建议能否解决问题就完全没有把握，在这种情况下，建议方一般会采用疑问句的形式来询问该前提是否成立，如果前提成立，则该询问一般会直接被理解为建议，如果前提不成立，则该建议也就失去了被执行的可能性。通过询问前提是否成立来间接执行建议，建议能否被执行的决定权就完全掌握在被建议方手里，所以此时建议方对自己的建议能否解决对方的问题的把握度最低。

综上所述，在由问题触发的建议序列中，执行建议行为的句法选择不是以礼貌为标准，也不是和性别、受教育程度等社会因素有关，而是与建议方对自己的建议解决对方遇到的问题的把握度有关，把握度越高，越倾向于使用祈使句，相反，把握度越小，越倾向于使用疑问句，陈述句则介于二者之间。二者间的关系可用图1表示。(鉴于把握度的高低与相关知识的占有有关，在下图中用K+表示把握度高，用K-表示把握度低)。建议的不同句法选择与建议方对于该建议解决对方问题的把握度间的这种关系是社会成员普遍遵守的一种社会规范关系。

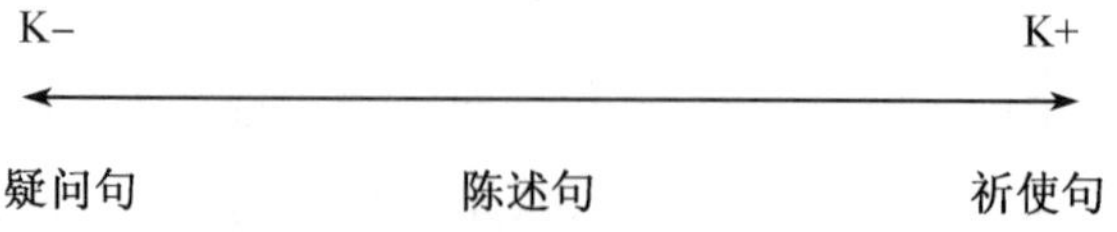

图 1　建议句式与建议方对于解决问题的把握度间的关系

6　结语

执行一种社会行为往往会有多种句法选择，不同句法选择背后一定有内在的动因，比如请求行为的句法选择与请求者执行该请求的权力大小以及请求被接受的可能性有关(Curl & Drew，2008)，给予行为(offer)的句法选择则与给予出现的序列位置有关(Curl，2006)。本文以会话分析为研究方法，通过对大量语料的细致分析发现，由问题触发的建议的句法选择与建议方对建议解决对方问题的把握度有关，把握度越高，越倾向于使用祈使句，把握度越低，越倾向于使用疑问句，二者之间是一种规范关系。违反了这一使用原则，建议就可能遭到质疑。这一研究为建议行为的不同句法选择的内在动因提供了新的解释，也为研究言语行为的不同句法选择的制约条件提供了新的视角。对言谈应对过程中社会成员普遍遵守的社会规范(social norms)的研究是会话分析研究的目标，基于汉语自然会话的会话分析研究将为揭示汉语言谈应对运作的机制做出贡献。

参考文献

[1] Atkinson, J. M. & Heritage, J. 1984. *Structures of Social Action: Studies in Conversation Analysis*. Cambridge: Cambridge University Press.

[2] Auer, P. 2005. Projection in interaction and projection in grammar. *Text: Interdisciplinary Journal for the Study of Discourse*, 25(1): 1-39.

[3] Brown, P. & Levinson, S. C. 1987. *Politeness: Some Universals in Language Usage*. Cambridge, England: Cambridge University Press.

[4] Butler, C. W., Danby, S., Emmison, M. & Thorpe, K. 2009. Managing medical advice seeking in calls to Child Health Line. *Sociology of Health and Illness*, 31(6): 817-34.

[5] Butler, C. W., Potter, J., Danby, S., Emmison, M. & Hepburn, A. 2010. Advice implicative interrogatives: Building "client-centered support" in a children's helpline. *Social Psychology Quarterly*, 73 (3): 265-287.

[6] Curl T. S. 2006. Offers of assistance: constrains on syntactic design. *Journal of Pragmatics*, 38: 1257-1280.

[7] Curl, T. S. & Drew, P. 2008. Contingency and action: A comparison of two forms of requesting. *Research on Language and Social Interaction* (2): 129 - 153.

[8] Drew P. 2005. Conversation Analysis. In K. L. Fitch & R. E. Sanders (Eds.), *Handbook of Language and Social Interaction*. Mahwah: Lawrence Erlbaum Associates, 71 - 102.

[9] Drew, P. 2013a. Conversation analysis and social action. *Journal of Foreign Languages*, 36 (3): 2 - 19.

[10] Drew, P. 2013b. Turn design. In J. Sidnell and T. Stivers (Eds.), *The Handbook of Conversation Analysis*. UK: Wiley-Blackwell, 131 - 149.

[11] Drew, P. and Walker, T. 2009. Going too far: Complaining, escalating and disaffiliation. *Journal of Pragmatics*, 41(12): 2400 - 2414.

[12] Heritage, J. 2012a. The epistemic engine: Sequence organization and territories of knowledge. *Research on Language and Social Interaction*, 45(1): 30 - 52.

[13] Heritage, J. 2012b. Epistemics in action: Action formation and territories of knowledge. *Research on Language and Social Interaction*, 45(1): 1 - 29.

[14] Heritage, J. 2013. Epistemics in conversation. In J. Sidnell & T. Stivers (Eds.), *Handbook of Conversation Analysis*. UK: Wiley-Blackwell, 370 - 394.

[15] Heritage, J. & Lindström, A. 2012. Advice giving-terminable and interminable: the case of British health visitors. In H. Limberg & M. A. Locher (Eds.), *Advice in Discourse*. Amsterdam: John Benjamins, 169 - 194.

[16] Heritage, J. & Sefi, S. 1992. Dilemmas of advice: Aspects of the delivery and reception of advice in interactions between health visitors and first time mothers. In P. Drew & J. Heritage (Eds.), *Talk at Work*. Cambridge: Cambridge University Press, 359 - 419.

[17] Jefferson, G. 1972. Side sequences. In D. N. Sudnow (Ed.), *Studies in Social Interaction*. New York, NY: The Free Press, 294 - 338.

[18] Kinnell, A. M. & Maynard, D. 1996. The delivery and receipt of safer sex advice in pre-test counseling sessions for HIV and AIDS. *Journal of Contemporary Ethnography*, 24 (4): 405 - 437.

[19] Li. C. & Thompson, S. 1981. Mandarin Chinese: A Functional Reference Grammar. Berkeley, CA: University of California Press.

[20] Pilnick, A. 1999. "Patient Counseling" by Pharmacists: Advice, Information, or Instruction?. *Sociological Quarterly*, 40(4): 613 - 622.

[21] Pilnick, A. 2001. The interactional organization of pharmacist consultations in a hospital setting: a putative structure. *Journal of Pragmatics*, 33(12): 1927 - 1945.

[22] Pilnick, A. 2003. "Patient counselling" by pharmacists: four approaches to the delivery of counselling sequences and their interactional reception. *Social Science & Medicine*, 56(4): 835 - 849.

[23] Pomerantz, A. 1984. Agreeing and disagreeing with assessments: Some features of preferred/

dispreferred turn shapes. In J. M. Atkinson & J. Heritage (Eds.), *Structures of Social Action*. Cambridge: Cambridge University Press, 57 - 101.

[24] Pomerantz, A. & Heritage, J. 2013. Preference. In J. Sidnell & T. Stivers (Eds.), *Handbook of Conversation Analysis*. Malden, Massachusetts: Wiley-Blackwell, 210 - 229.

[25] Pudlinski, C. 1998. Giving advice on a consumer-run warm line: implicit and dilemmatic practices. *Communication Studies*, 49: 322 - 341.

[26] Sacks, H. 1984. "Notes on methodology". In M. Atkinson & J. Heritage. (Eds.), *Structures of Social Action: Studies in Conversation Analysis*. Cambridge: Cambridge University Press, 21 - 27.

[27] Schegloff, E. A. 2007. *Sequence Organization in Interaction: A primer in Conversation Analysis*. Cambridge, UK: Cambridge University Press.

[28] Schegloff, E. A. 2013. Ten operations in self-initiated, same-turn repair. In M. Hayashi, G. Raymond, & J. Sidnell (Eds.), *Conversational Repair and Human Understanding*. Cambridge: Cambridge University Press, 41 - 70.

[29] Searle, J. R. 1969. *Speech Acts: An essay in the Philosophy of Language*. Cambridge: Cambridge University Press.

[30] Searle, J. R. 1979. *Expression and Meaning: Studies in the Theory of Speech Acts*. Cambridge: Cambridge University Press.

[31] Shaw, C. 2013. *Advice Giving in Telephone Interactions between Mothers and Their Young Adult Daughters* [D]. Doctoral dissertation, Loughborough University, UK.

[32] Shaw, C. Potter, J. & Hepburn, A. 2015. Advice-implicative actions: Using interrogatives and assessments to deliver advice in mundane conversation. *Discourse Studies*, 17 (3): 317 - 342.

[33] Silverman, D. 1997. *Discourses of Counseling: HIV Counseling as Social Interaction*. London: Sage.

[34] Stivers, T. 2004. "No no no" and other types of multiple sayings in social interaction. *Human Communication Research*, 30(2): 260 - 293.

[35] Vehviläinen, S. 2001. Evaluative advice in educational counselling: the use of disagreement in the 'stepwise entry' to advice. *Research on Language and Social Interaction*, 34 (3): 371 - 398.

[36] Vehviläinen, S. 2003. Avoiding providing solutions: orienting to the ideal of students' self-directedness in counseling interaction. *Discourse Studies*, 5: 389 - 414.

[37] Vehviläinen, S. 2009. Student-initiated advice in academic supervision. *Research on Language & Social Interaction*, 42(2): 163 - 190.

[38] Wajnryb, R. 1998. Telling it like it isn't-exploring an instance of pragmatic ambivalence in supervisory discourse. *Journal of Pragmatics*, 29: 531 - 544.

[39] Waring, H. Z. 2012. The advising sequence and its preference structures in graduate peer

tutoring at an American university. In H. Limberg & M. A. Locher (Eds.), *Advice in Discourse*. Amsterdam: Benjamins, 97 - 118.

[40] Wilson, S. R., Aleman, C. G. & Leatham, G. B. 1998. Identity implications of influence goals: A revised analysis of face-threatening acts and application to seeking compliance with same-sex friends. *Human Communication Research*, 25: 64 - 96.

[41] Wilson, S. R., Kim, M. S., & Meischke, H. 1991. Evaluating Brown and Levinson's politeness theory: A revised analysis of directives and face. *Research on Language and Social Interaction*, 25(1 - 4): 215 - 252.

[42] 董博宇,2016. 汉语家庭交流中建议会话分析. 长春:吉林大学.

[43] 董博宇,2018. 非主动寻求建议会话中"我知道"回应研究. 浙江外国语学院学报,(3):18 - 27.

[44] 方志英,2005. 试析汉语建议言语行为——谈中国大学生建议言语行为的实施. 合肥:安徽大学.

[45] 何荷,2012. 中国高水平英语学习者与专家学者在英语学术论文中建议言语行为的对比研究. 南京:南京大学.

[46] 黄伯荣,廖旭东,1991. 现代汉语. 北京:高等教育出版社.

[47] 马纯真,2017.《西游记》建议言语行为研究. 重庆:西南大学.

[48] 毛延生,黄倩倩,2016. 网络语境下建议行为的语用机制研究. 语言教学与研究,(3):102 - 112.

[49] 彭亚云,2015. 汉语"建议"言语行为研究. 语文学刊,(11):36 - 38.

[50] 任育新,2012. 顺应论视角下学术建议互动中的身份建构研究. 南京:南京大学.

[51] 吴亚欣,于国栋,2017. 为会话分析正名. 山西大学学报(哲社版),(1):85 - 90.

[52] 吴亚欣,于国栋,2018. 汉语中"询问"言语行为不同句法表达的知识论解读. 浙江外国语学院学报,(3):36 - 45.

[53] 于国栋,2009. 产前检查中建议序列的会话分析研究. 外国语,(1):59 - 62.

抱怨第三方序列中细节讲述的社会互动意义

中国海洋大学　于国栋　李　珍*

摘　要:本研究采用会话分析研究方法,以自然情境下发生的汉语日常言语交际为语料,通过分析交际者抱怨第三方的电话录音及转写,探究抱怨第三方序列中细节讲述的交际意义。分析表明,一方面,细节讲述是抱怨者用来合理化抱怨行为、以期获得交际对方立场一致型回应的重要资源;另一方面,细节讲述也为受话人对"抱怨性"做出推理和判断、表明立场提供前提和基础。抱怨第三方序列中的细节讲述揭示了优先组织在相邻对前件构建中的具体体现,彰显了交际者处理道德责任时的谨慎及抱怨行为建构的微妙性。

关键词:会话分析;抱怨第三方;微妙性;立场

Title: The Interactional Import of Detailing in Complaining a Third party

Abstract: Based on naturally occurring Mandarin conversations, this paper explores the interactional import of detailing in third-party complaints by analyzing the audio-recordings and transcripts from the perspective of conversation analysis. The data demonstrate that on the one hand, detailing is the important resources that complainants use to legitimize complaining to get affiliative responses; On the other hand, detailing provides the basis for the recipients to make inference and judgment on complainability based on which they express stances. The detailing in third-party complaint sequences reveals the concrete embodiment of the preference organization in constructing first pair part. Meanwhile, it manifests interactants' cautiously dealing with moral responsibility, in which the delicate nature of complaining is constructed.

Key Words: conversation analysis; third-party complaint; delicacy; stance

* **作者简介**:于国栋,教授。研究方向为:会话分析。联系方式:yuguodong@ouc. edu. cn。李珍,在读博士研究生。研究方向为:会话分析。联系方式:lizhen123@stu. ouc. edu. cn。

1 引 言

追求合作及和谐是人类社会永恒不变的主题(Clayman,2002)。交际参与者在互动过程中倾向于与他人保持结构上(alignment)及立场上(affiliation)的一致(Lee & Tanaka,2016)。但是在日常生活中,我们却会向他人进行抱怨或是聆听他人的抱怨;抱怨,尤其是抱怨交际对方是极其伤面子(Goffman,1967)的行为。抱怨本身就是在呈现不满、不快等负面情绪,所以在互动交际中如何展开抱怨以及如何回应抱怨都直接影响人际和谐,需要交际参与者谨慎对待。本研究从会话分析视角出发,探究抱怨第三方(即交际参与者之外的其他人)序列中的细节讲述对抱怨行为的执行及回应的社会互动意义。

2 相关研究

作为日常生活中一种普遍的社会行为,抱怨一直是市场营销及消费者行为学、语用学、会话分析等领域的研究热点。

对顾客抱怨的现有研究主要关注了顾客的抱怨方式(Best & Andreasen,1977;Singh,1988)及影响因素(Kolodinsky,1993;Moliner et al., 2010;Singh & Wilkes,1996;庄贵军 & 朱美艳,2009)。随着互联网时代的到来,消费方式和信息传递方式产生巨大变革,近年来有关顾客线上抱怨行为的研究也愈发丰富(Koekemoer,2014;杜学美等,2016;吕一林 & 郭文书,2008;王婧宇等,2018;张艳辉 & 李宗伟,2016),为市场营销实践提供了一定的参考。

语用学领域内的相关研究主要从言语行为角度对抱怨进行定义和分类,分析抱怨及其回应的实施模式、语用策略、语用迁移等问题(Heinemann,2009;Trosborg,1995)。此外,语用学研究也从面子管理策略(Brown & Levinson,1987)和礼貌原则(Leech,1983)等角度对抱怨的实现模式展开探讨(Olsmain & Weinbach,1987;徐志卿,2007)。跨文化角度下的抱怨研究则关注文化和社会环境对抱怨的影响(Arent,1996;De Capua,1989;Olsmain & Weinbach,1993;Tatsuki,2000;谭小翠,2005)。

抱怨行为的会话分析研究发现交际者对抱怨的立场一致型回应和立场不一致型回应具有不同的社会意义,前者认同抱怨的抱怨性,属优先回应;而后者却否认其抱怨性,为非优先回应(Dersley & Wootton,2000;Drew,1998;Pomerantz,1984;Schegloff,1988)。会话分析研究也揭示了抱怨的复杂本质。海涅曼和特拉韦尔索(Heinemann

& Traverso,2009)指出抱怨能否得以展开需要交际对方的配合,因为并不是所有可能的抱怨最终都能发展成为抱怨活动(Schegloff,2005)。

在具体交际中,无论是抱怨者自己还是受话人都将抱怨处理为复杂的问题。一方面,抱怨者需要选择向谁抱怨、抱怨什么(Drew,1998;Sacks,1992)、如何谨慎地展开抱怨(Traverso, 2009; Ruusuvuori et al., 2019)、避免将抱怨的责任归咎于自己(Edwards,2005)、给对方提供不参与抱怨的机会(Mandelbaum,1992)等这些都证明抱怨序列的展开不是随意进行的。另一方面,从回应的角度看,受话人给出立场不一致或不完全一致的回应可能会被抱怨者进一步追求完全一致的回应(Drew & Holt,1988;Pomerantz,1986);而站在抱怨者的角度替对方抱怨,有可能会超越抱怨者原本的抱怨程度,而得不到抱怨者立场一致的回应(Drew & Curl,2009),所以受话人在回应抱怨时需谨慎把握展示立场的分寸。

通过对包含抱怨第三方行为的语料进行无目的审视,我们发现抱怨第三方序列中的细节讲述是交际者建构抱怨行为微妙性的一种交际资源。目前,还没有学者对抱怨第三方序列中的细节讲述进行过系统研究。本研究将采用会话分析研究方法分析自然发生的会话语料,揭示细节讲述在抱怨序列中的作用和意义。

3 研究方法与语料收集

会话分析研究方法由萨克斯(Harvey Sacks)、施格洛夫(Emanuel Schegloff)与杰弗逊(Gail Jefferson)在 20 世纪 60 年代创立,是"一种以社会交际为研究对象的、定性的、经验性的、归纳式的研究方法。会话分析研究的主要目的是识别、描写、解释交际者用来完成社会行为的有序且重复出现的方式方法或会话常规"(Margutti et al.,2018:53)(引自于国栋、吴亚欣,2018:7),是一门自然观察学科(Guodong & Yaxin,2020)。会话分析研究采用自然发生的言谈应对为语料,通过录音或录像的方式对自然发生的言谈应对进行收集,确保研究对象的真实性。会话分析采用杰弗逊(Jefferson)创立的转写体系对收集到的录音或录像资料进行转写,真实再现交际细节(Atkinson & Heritage,1984),为研究发现的客观性提供保障。此外,会话分析站在交际者的视角观察自然会话中的微观细节,对语料进行客观分析,分析的证据来自语料本身,从而保证了研究结果的科学性。

本研究的语料为 17.8 小时自然发生的汉语日常电话言语交际的录音,包含 92 个抱怨第三方序列,电话谈话的参与者为亲人、朋友、同学等关系。为保护隐私,语料中涉及的身份信息均被妥善调整。

4 抱怨第三方序列中的细节讲述

抱怨第三方行为包含两个主要特征，一是指出抱怨对象的不合适行为，二是表达自己的负面情绪或对抱怨事件的负面立场（Drew，1998；Monzoni，2009；Ruusuvuori & Lindfors，2009；Traverso，2009）。德鲁和霍尔特（Drew & Holt，1988）指出抱怨者讲述不满的具体细节（reportsome details concerning the grievance/detailing）和明确表达抱怨本身（explicitly formulate a complaint）是可区分的，抱怨本身是对细节中的核心和本质进行明确表达。比如，尽管极致表达（Pomerantz，1986）和惯用语表达（Drew & Holt，1988）都是用来加强抱怨的力量，以增加获得立场一致型回应的可能，但是前者用于对不满的细节描述，而后者却被用于总结细节，即用于执行抱怨行为本身（Drew & Holt，1988）。在本研究所观察分析的语料中，二者同样可以被明确区分。本研究中与抱怨事件有关的“细节讲述”指抱怨话轮中与构建抱怨性相关的讲述，细节讲述可以非常简短，也可以是关于抱怨事件的故事讲述。通过观察语料，我们发现与抱怨事件有关的细节讲述或是由抱怨者主动提供，或是由交际对方的询问引发。

抱怨和对抱怨的回应可以构成简单的相邻对结构。相邻对由一个起始行为（前件）及回应行为（后件）构成，这两个部分通过条件相关进行规范性连接（Schegloff，2007；Schegloff & Sacks，1973）。相邻对体现了这样一种观念：“社会行为者通过特定的行为，对共同参与者施加规范性义务，以使其在第一个可能的机会给予类型适合的回应”（Stivers，2013：192）。抱怨行为作为前件，其条件相关的后件是表明对抱怨事件的立场，即立场一致型回应和立场不一致型回应。若受话人在回应话轮中表明了立场，则视为抱怨行为的后件；若没有，则视为相关缺失。按照社会规范来说，面对作为起始行为的抱怨，交际对方应该给出一个回应，无论支持与否。而交际对方回应出现的序列位置则在很大程度上由细节讲述决定。下面，我们将从抱怨行为的执行及回应两个方面来分析抱怨序列中的细节讲述。

4.1 细节讲述之于抱怨：合理化抱怨行为

一个行为并不是从本质上来讲就会被归结为一种应受谴责的行为，判断某个行为是否不合适、是否应受道德谴责是通过对该行为的推理而断定的。具体来说，某人的某种行为是否应受谴责并不由某一规则决定，而是由讲话人通过讲述，尤其是细节陈述来建构。抱怨序列中抱怨者讲述抱怨事件的过程实际上就是抱怨者在受话人面前重构这一事件，通过对行为的描述和解释来展示他人行为的过分之处，建构该行为的抱怨性，从而对抱怨对象进行道德谴责（Drew，1998）。

(1) [2015/YQ-2/03:06-03:40]

80 莎:我[爸今天给我打电话我还-我爸今天给我打电话=
81 倩:[>就是<说-
82 莎:=我还吓一跳=你知道我妈跟我说什么[吗,倩.=
83 倩: [hehe
84 莎:=我妈[说-
85 倩: [噢:=
86 莎:=我妈说(0.6)哎呀,就今年年底就把贷款还了吧
87 倩:噢[:
88 莎:[你把你那个攒的所有的钱都给我打过
89 [来我给你还了.[我(心想)妈,我哪有钱呢.=
90 倩:[啊 HEHEHE [hehehehehehehehehehe
91 莎:=我-倩倩我跟你说,我又没有这样说,但我
92 [心里觉得(.)你也太高估我.我-[(我)一个月挣=
93 倩:[嗯. [hehehe
94 莎:=两千块钱我容[易吗我在外边.而且[(就)两个月,=
95 倩: [.hhh he: [hehe
96 莎:=第二个月才开始发的工资.我容易吗?
97 我妈[那样问,我可尴尬呢.=倩倩我跟你说我-气得我.
98 倩:→ [就是.
99 倩:→ HEHEHE.hhh 我觉得你妈也是.哎呀.

语料(1)中,80—82 行"我爸今天给我打电话……我还吓一跳"是故事引语(story-preface),表明故事性质、预示故事何时到达可能的结束位置以及给对方提供一个拒绝进入故事讲述序列的机会(Maynard & Clayman,2003)。但是此后莎并未给对方回应的机会,而是紧接着(在转写中用"="表示)通过"你知道我妈跟我说什么吗"发起一个讲述前序列的前件,且同样没有给对方回应的时间,紧接着在 84 行开始讲述,和对方对讲述前序列前件的回应重叠。86 行"我妈说(0.6)哎呀就今年年底就把贷款还了吧"莎重新开始讲述,对此倩用"噢:"回应(87 行),表明自己接收到该信息,将莎的讲述视为客观给予信息而未对其表明任何立场。莎继续讲述(88—96 行),在此过程中受话人倩仅给出最小回应或用笑来回应,抱怨者莎提供了关于抱怨事件的更多信息:"一个月挣两千块钱"、"第二个月才开始发的工资"等。98 行倩通过"就是"表示对莎的强烈同意,给出立场一致型回应。97 行莎表达了妈妈的行为对自己造成的负面情绪"尴尬""气得我",99 行倩的回应是程度更强的立场一致型回应——和抱怨者进行共同抱怨。

以上在莎的整个讲述过程中抱怨的核心是妈妈让年底还贷款，且在讲述一开始就已提出，但是在提出之初这件事情本身并不能被理解为是不合适的行为，不能断定它是可抱怨的，因为莎已经工作且有收入了，且妈妈主动帮自己去还贷款这件事看起来似乎还是在帮助自己。但是，莎首先通过88行“所有钱”和89行“哪有钱”进行对比，接着讲述自己在外挣钱不易、工资低、第二个月才开始发工资等具体情况，指出妈妈未考虑到自己的实际情况(92行“高估”)给自己造成压力(我容易吗)和负面情绪(尴尬且生气)，将妈妈的行为构建为不合适行为。值得注意的是，对于年底还贷款的困难莎没有仅单纯表明“我没有钱”，而是详细讲述自己的收入情况，指出造成积蓄不足的客观原因，从而表明责任不在自己。总之，妈妈让自己年底还贷款这件事本质上看不出任何不合适，它之所以被构建为不合适行为是通过抱怨者莎的细节讲述和解释。

莎在故事讲述中提供了与该事件有关的解释，通过对比和事实陈述指出妈妈行为的不合适性，同时，表明责任不在自己，从而使该事件被倩识别为不合适行为。因此，莎在讲述中合理化自己的抱怨。

(2) [WR/00:00－00:59]
01　兰：就是：你找粱[心：
02　帅：　　　　　　[( )
03　　　(.)
04　兰：教了-嗯问了哇？
05　　　(1.2)
06　帅：嗯：她那个-哎呀，她那个知识学得(0.2).hhh 感觉-(.)
07　　　感觉考过就忘啦，跟我-跟我这水平差-差球不多.
08　兰：噢[：
09　帅：[感觉考完就-感觉考完就忘了，不像人家那谁
10　　　.hhh 不像人家们：考完(chi)就好几年了人家们还记得了，
11　　　她那.[她就给忘啦.
12　兰：　　[对对对.
13　　　(.)
14　帅：([)这-这个东西也是.hhh 当时人家可能掌握得好，=
15　兰：[嗯
16　帅：=但是一下考完到-感觉. hhh(.)那个水平确实就是(.)
17　　　感觉(.)一下-一下说不出啥东西，就是.hhh 就是>比
18　　　方说<划出这个题来，不是人家老师不是划-就是划
19　　　这题么.是哇？

20 兰：嗯：＝
21 帅：＝她不是重着这题(1.0)看着这题完了她跟我说哎呀
22 这个题＞可是＜(0.2).hhh 我们考来.她是这,就这感觉.
23 兰：嗯：对对[对.
24 帅：[但在这之前我没画出来她也-她也告我(.)她
25 也不知道有-(1.2)她也给我画不出点儿什么来,就这感觉.＝
26 兰：＝嗯：[(那-/闹-)
27 帅：[就对着题了她说啊这个题考来,她(＞说＜)考来,
28 我们去年考来,啊这个题我们去年考来,她就这."哎呀".
29 兰：＞对对对＜.

这个例子中的抱怨由对方的询问引发,01 和 04 行兰通过一般疑问句发起询问行为,使肯定或否定回答条件相关。但是帅在回应中首先给出肯定回答,然后展开讲述。在整个讲述中帅抱怨的核心是梁心(有考研经历的学姐)忘记考研内容。和语料(1)一样,尽管抱怨者在讲述之初便指出抱怨的核心,但这并不能保证该抱怨行为就一定合适。忘记考试内容很常见,不能因此断定他人应受谴责。然而,在随后的讲述中,帅将抱怨对象和其他经历过考研的人对比(09—11 行),指出别人尽管距离考研时间更久仍记得考试内容,对比之下就使抱怨对象考完试不久就忘记考试内容的行为呈现出不合适性。此外,14—28 行帅举例说明抱怨对象忘记考试内容的具体情况——只有看到划出来的题才能想起考过这个题,但不能凭借印象帮自己划题,明确指出自己向抱怨对象求助却无功而返。

综上所述,帅通过对比和具体阐释构建抱怨性,合理化抱怨,从而更可能获得交际对方的立场支持。

以上两个语料中,抱怨者在主动进行细节讲述时通过提供与抱怨事件有关的更多信息构建出被抱怨者行为的不合适性及抱怨事件的抱怨性,合理化自己的抱怨,从而增加获得对方支持的可能性。

4.2 细节讲述之于回应:为表明立场提供基础

前面我们探讨了细节讲述对构建抱怨行为的作用,接下来我们讨论细节讲述对交际对方做出回应的意义,从而揭示抱怨活动中受话人在面对执行抱怨行为的前件时,何时执行对对方的支持或是不支持的后件行为才符合社会规范。

通过对现有语料的梳理,本研究发现汉语日常言语交际中抱怨第三方序列的展开包括"正叙"和"倒叙"两种,正叙指先讲述细节,后呈现抱怨,通常是抱怨者先通过故事讲述的方式讲清抱怨事件的原委,再指出抱怨的核心;倒叙指先呈现抱怨,后讲述细节,

通常是抱怨者先讲出抱怨的核心，在对方的询问下开始叙述抱怨事件的细节，或者是抱怨者直接讲出抱怨核心，接着通过故事讲述呈现整个抱怨事件。

4.2.1 先呈现抱怨，后讲述细节

在这种类型的序列展开过程中，交际双方就抱怨事件展开询问及回答的过程就像后件铺垫型(pre-second)中扩展，目的是为后件的出现扫清障碍(Schegloff，2007)，即为提供表明立场的回应探路。

(3) [Li/HJ－5/00:51－00:46]
35 董:然后过年前一两天再回来? ＝
36 韩:＝嗯:. hhh 但是我想中间回家一趟(0.6)结果我爹和
37 我大伯都不让. 见鬼啦.
38 (1.4)
39 董:＞为啥不让你回来呀＜?
40 (1.0)
41 韩:. hhh 他们觉得我瞎耽误工夫，回家也没事儿干，应该
42 赶紧滚回去长治考科三.
43 (1.8)
44 董:. hhh 科三确实比较重要. 那你是想回来干吗呢，
45 (1.5)
46 韩:我想回去把东西放回去呀，然后顺便再拿点儿衣服去那边.
47 (2.0)
48 董:→ 嗯.. hhh 那你可以回来一趟呀，回来应该也用不了
49 多长时间. hhh 你要赶时间的话，一天- 最多用一天呗，
50 你回来拿点儿东西收拾收拾. hhh 下午就又能过去了呀.

例(3)是两个朋友之间的对话。36 行韩发起一个抱怨行为，抱怨对象是爸爸和大伯，抱怨事件是爸爸和大伯不让她回家。“结果”表明和自己的预期不同；“见鬼了”表达出对抱怨事件的不满，由此以上提到的抱怨二要素已经出现，但韩并未直接呈现抱怨事件的细节。因此，面对韩的抱怨，39 行在 1.4 秒的停顿之后董没有立即给出表明立场的回应，而是就此事展开询问，首先询问爸爸和大伯不让回家的原因。41—42 行韩给出回答，董在 44 行对此给予评价，事实上该评价倾向于取消抱怨性。但紧接着董在同一话轮提出第二个问题。第一个问题(39 行)“为啥不让你回来呀”询问不让回家的原

因，是询问被抱怨者对此事的考虑；而第二个问题（44 行）“那你是想回来干吗呢”询问想回家的原因，是询问抱怨者对此事的考虑，韩在 46 行对此给出回答。48 行董给出回应“那你可以回来一趟呀”，和韩期待回家的立场是一致的。

在这个语料中，董的立场发生了转变，从支持不回家（科三确实比较重要）到支持回家（那你可以回来一趟呀），尽管她的立场没有非常明确地表达出来。董的立场转变来源于她对抱怨事件的更多了解。因此，通过抱怨者的细节讲述来了解事实是受话人宣称立场的基础。此外，董在 44 行做出一个倾向于取消抱怨性的评价后并未给对方回应的机会，而是紧接着在同一话轮发起第二个话轮构建单位，询问抱怨者自己对于抱怨事件的考虑，这也表明受话人在给出表明立场的回应时是非常谨慎的，在了解清楚抱怨事件的具体细节之后才最终表明立场。

4.2.2　先讲述细节，后呈现抱怨

这种类型的序列展开中，抱怨者通过故事讲述抱怨事件的发展，步步引出抱怨事件的核心，所以在抱怨出现之后，引发抱怨的原因和抱怨事件的细节已经为交际双方共知，这为受话人表明立场提供了前提和基础。

(4) [WR/00:00 - 01:30]
01　娟：喂？
02　　(1.4)
03　刚：喂？
04　娟：啊：我跟你说我今天超级悲剧，（呃）我不是身[上-
05　刚：　　　　　　　　　　　　　　　　　　[咋啦，＝
06　娟：＝°e：：° 我不是身上起那种：疹子么，然后[就是前段时间＝
07　刚：　　　　　　　　　　　　　　　　　　　[°嗯°.
08　　（省略 8 行娟讲述去哪个校医院）
09　娟：完了校医院[就说，啊人家就(.)看一下，看＝
10　刚：　　　　　[啊：
11　娟：＝一下就说：ong：＞°嗯°＜ong：你这：：完了给你开点儿
12　　药就行，然后就开始给我开药，.hhh 然后就拿的我的医保
13　　本儿就开药.＝然后我就问她，我说是我这是咋回事儿
14　　了，是由(.)于啥引起的呀啥的，人家说.hhh 没事儿你以后
15　　别晒着就行..hhh 然后我就心想了我这(.)啥原因了，你：
16　　那你总得给我说一下.＞就是＜光告我不要晒着就行.
17　　完了我就去：开药.hh 然后一开药然后人家给我开了：：

18　　　sh一＜四十八块九＞的药，然后我说[这-你这-
19　刚：　　　　　　　　　　　　　　　[＜哇：塞＞＝
20　娟：＝↑嗯：是吧：. 抹°的°个＜药膏么＞，是吧？然后我看
21　　　[它是：
22　刚：[对啊
23　　　(.)
24　娟：不过它是两种药.
25　　　(1.0)
26　娟：然后：但是我感觉反正她主要是也没给我说下个啥，
27　　　我问她这是啥原因引起的，她也没告我＝然后我就
28　　　觉得挺°不°靠谱的. hhh(0.3)然后：我[就-
29　刚：->　　　　　　　　　　　　[是了.
30　娟：＝嗯，是哇：？我-我就跑去那个(.)呃：地下然后：我就：

例(4)中抱怨活动是打电话的原因，电话接通双方确认连接没问题后打电话者娟直接进入抱怨序列，以故事讲述的方式引出抱怨。04 行“我和你说我今天超级悲剧”是故事引语，但是此后娟没有给对方回应的机会，而是直接开始故事讲述，在此过程中交际对方刚仅给出鼓励型回应(go-ahead)及最小回应，这也符合故事讲述序列中的话轮分配原则(Maynard & Clayman，2003)。一直到 26—28 行，娟明确指出对方的不合适行为是未告知自己引起疹子的原因，以及自己对此的负面评价“挺不靠谱的”。28 行娟继续讲述，“然后：我就”无论从语法、韵律还是行为的角度看娟的讲述都还未结束(事实证明在后续会话中娟仍继续讲述该事件)。但是 29 行刚已经给出表明立场的回应“是了”。30 行娟寻求确认后继续故事讲述。

这个语料中，虽然刚给出表明立场的回应时抱怨者娟的故事讲述还未结束，但是抱怨的特征——不合适行为及负面评价已经出现，且在前面的故事讲述过程中娟已经将抱怨事件陈述得很清楚，并通过事实陈述中的词汇选择(如 09 行“就看一下”)、直接引述(direct reported speech)(如“我说”、“人家说”)的韵律(prosody)特点等方式构建抱怨性，所以尽管故事讲述未结束，但受话人已经可以据已有信息判断抱怨性，从而给出表明立场的回应。

除了上述分析的情况外，在一些语料中抱怨出现之前交际双方已经讨论过与抱怨事件有关的话题，也就是说抱怨事件的细节在之前会话中已有展示。

(5) [2020/CJT/01:09 - 01:28]

34　赵：噢.. hh 原来那个谁，我认识个女的她也弄过，没事儿. 哈.

35　曹：她：：不[严重，稍微有一点儿点儿，人都先蜇的 hhh
36　赵：[弄好了-
37　　（0.8）
38　赵：>　噢，那人家有了就（ ）-不你不严重了好治呀，
39　　　　你严重了你更难 hou 弄.＝

在语料截取片段之前交际双方讨论了曹带女儿去治疗甲沟炎的事情。35 行曹发起抱怨"……人都先蛰的"，抱怨对象是曹的女儿，抱怨核心是女儿先蛰（山西大同方言意为"娇气"）。这个语料中，抱怨之前没有故事讲述序列，曹在 35 行的抱怨并非由故事讲述引出，曹仅提供简单的细节"不严重，稍微有一点儿点儿"，但是赵在抱怨话轮的下一话轮就马上表明和曹持相反立场，否认了抱怨的抱怨性。这是因为在此之前交际双方已经讨论过和抱怨事件相关的话题，在抱怨出现时受话人已经了解抱怨事件的具体情况，因此，她能够在第一个回应话轮直接表明立场。

以上语料展示出受话人表明立场时的谨慎。抱怨出现时若引发抱怨的原因和抱怨事件的细节已经为双方共享，那么受话人可直接给出表明立场的回应，如例（4）和（5）所示；若抱怨出现时抱怨者并未通过细节讲述合理化抱怨行为，那么受话人一般会在对细节展开询问之后才表明立场，如例（3）所示。

5 讨论

我们探讨优先结构时通常从相邻对后件，也就是回应话轮入手，但优先结构也体现在序列管理（management）层面，即前件的讲话人通过构建行为及话轮最大限度地获得优先回应（Drew & Curl，2009）。本研究中指抱怨者采用各种语言资源建构自己的抱怨行为，为抱怨的出现做准备，从而合理化抱怨，获得对方的支持/立场一致型回应。首先，面对行为本身可能并没有明显不合适性的情形，该行为的抱怨性通常由抱怨者的细节讲述构建。因此，抱怨者的细节讲述便是合理化抱怨的具体过程，这种合理化增加了获得交际对方优先回应的可能。

抱怨涉及责任归因，抱怨者抱怨第三方意味着该交际者认为第三方的行为不合适，且对自己造成了负面影响。将负面影响的责任归咎于抱怨对象可能会面临受话人在回应中否认抱怨性的情况，此时抱怨者可能会得到非优先回应，即交际对方的不同意和不认可，从而伤及面子（Goffman，1967）。更重要的是，交际对方可能将抱怨的责任归咎于抱怨者本人（Edwards，2005），例如认为抱怨者是一个斤斤计较的人，在抱怨一件本不值得抱怨的事情。因此，在构建抱怨行为时，抱怨者要尽可能合理化自己的抱怨，从

而得到优先回应。

从回应来看，在回应中表明立场的基础是要判断抱怨性是否成立，如果受话人认为抱怨性成立就会给出立场一致型回应，反之则给出立场不一致型后件，而判断抱怨性是否成立的基础则是对抱怨事件的了解。判断抱怨是否合理极为复杂，在对事件细节不了解的情况下贸然表明立场更是不可取。这个规律显而易见，常识来讲某人要表达对于某事的立场，他首先必须足够了解事件本身，否则他的立场显得无据可依。在本研究所分析的语料中，当抱怨者通过表达不想要的一种结果或事态来发起一个对方也能识别为是抱怨行为的时候，交际对方不会贸然给出一个表明立场的回应，而是要弄清其中的原因，而弄清这个事情最终是要给一个表明立场的回应。反之，如果抱怨者先讲述细节后呈现抱怨，那么在抱怨出现时交际对方可以立即给出后件回应。综上，本研究认为抱怨第三方序列中的细节讲述为受话人对抱怨事件的抱怨性进行推理和判断、从而表明立场提供前提和基础。正如爱德华兹（Edwards，2005）所说，抱怨者在抱怨时可能会有被对方认为是一个爱抱怨的人的“危险”。所以在面对抱怨行为的时候，受话人会谨慎地表明立场，了解清楚抱怨事件再进行责任归因才是合适且安全的。

参考文献

[1] Arent, R. 1996. Sociopragmafic decision regarding complaints by Chinese learners and native speakers of American English. *Hong Kong Journal of Applied Language*, 127(2): 125 - 147.

[2] Atkinson, J. M. & Heritage, J. 1984. *Structures of Social Action: Studies in Conversation Analysis*. Cambridge, UK: Cambridge University Press.

[3] Best, A. & Andreasen, A. R. 1977. Consumer response to unsatisfactory purchases: A survey of perceiving defects, voicing complaints, and obtaining redress. *Law and Society Review*, 11(4): 701 - 742.

[4] Brown, P. & Levinson, S. 1987. *Politeness: Some Universals in Language Usage*. Cambridge: Cambridge University Press.

[5] Clayman, S. E. 2002. Sequence and solidarity. *Group Cohesion, Trust and Solidarity*, 19: 229 - 253.

[6] De Capua, A. 1989. *Complaints in German and English*. New York: Columbia University Press.

[7] Dersley, I. & Wootton, A. 2000. Complaint sequences within antagonistic argument. *Research on Language and Social Interaction*, 33: 375 - 406.

[8] Drew, P. 1998. Complaints about transgressions and misconduct. *Research on Language and Social Interaction*, 31: 295 - 325.

[9] Drew, P. & Holt, E. 1988. Complainable matters: The use of idiomatic expressions in making complaints. *Social Problems*, 35: 398 - 417.

[10] Drew, P. & Curl, T. 2009. Going too far: Complaining, escalating and disaffiliation. *Journal of Pragmatics*, 41(12): 2400 - 2414.

[11] Edwards, D. 2005. Moaning, whinging and laughing: The subjective side of complaints. *Discourse Studies*, 7 (1): 5 - 29.

[12] Emerson, R. M. & Messinger, S. L. 1977. The micro-politics of trouble. *Social Problems*, 25: 121 - 134.

[13] Goffman, E. 1976. *Interaction Ritual: Essays in Face to Face Behavior*. Garden City, New York: Doubleday.

[14] Guodong, Yu & Yaxin, Wu. 2020. Special issue: Social actions in Mandarin conversations. *East Asian Pragmatics*, 5(3): 289 - 294.

[15] Heinemann, T. 2009. Participation and exclusion in third party complaints. *Journal of Pragmatics*, 41: 2435 - 2451.

[16] Heinemann, T. & Traverso, V. 2009. Complaining in interaction. *Journal of Pragmatics*, 41 (12): 2381 - 2384.

[17] Jefferson, G. 1984. On stepwise transition from talk about a trouble to inappropriately next-positioned matters. In J. M. Atkinson & J. Heritage (Eds.), *Structures of Social Action*. Cambridge: Cambridge University Press, 191 - 221.

[18] Koekemoer, M. M. 2014. Consumer complaints and complaint forums employed in the South African Motor Vehicle Service Industry: A survey of the literature. *Journal of Applied Business Research*, 30(3): 659 - 670.

[19] Kolodinsky, J. 1993. Complaints, redress, and subsequent purchases of medical services by dissatisfied consumers. *Journal of Consumer Policy*, 16(2): 193 - 214.

[20] Lee, S. H. & Tanaka, H. 2016. Affiliation and alignment in responding actions. *Journal of Pragmatics*, 100: 1 - 7.

[21] Leech, G. 1983. *Pragmatics*. New York: Longman Inc.

[22] Mandelbaum, J. 1992. Conversational non-cooperation: An exploration of disattended complaints. *Research on Language and Social Interaction*, 25: 97 - 138.

[23] Margutti, P., Tainio, L., Drew, P., et al. 2018. Invitations and responses across different languages: Observations on the feasibility and relevance of a cross-linguistic comparative perspective on the study of actions. *Journal of Pragmatics*, 125: 52 - 61.

[24] Maynard, D. W. & Clayman, S. E. 2003. Ethnomethodology and conversation analysis. In L. Reynolds & N. Herman-Kinney (Eds.), *Handbook of Symbolic Interaction*. Altamira Press, 173 - 202.

[25] Moliner, V. B., Fuentes, B. M., Gil S. I., et al. 2010. Causes for complaining behaviour intentions: The moderator effect of previous customer experience of the restaurant. *Journal of Services Marketing*, 24(7): 532 - 545.

[26] Monzoni, C. 2009. Direct complaints in (Italian) calls to the ambulance: The use of negatively

framed questions. *Journal of Pragmatics*, 41: 2465 - 2478.

[27] Olshtain, E. & Weinbach, L. 1987. Complaints: A study of speech act behavior among native and non-native speakers of Hebrew. In J. Verschueren & M. Bertuccelli-Papi (Eds.), *The Pragmatic Perspective: Selected Papers from the* 1985 *Interactional Pragmatics Conference*. Amsterdam: Benjamins, 108 - 122.

[28] Olshtain, E. & Weinbach, L. 1993. Interlanguage features of the speech act of complaining. In G. Kasper & S. Blum-Kulka (Eds.), *Interlanguage Pragmatics*. Oxford: Oxford University Press, 108 - 122.

[29] Pomerantz, A. 1984. Agreeing and disagreeing with assessments: Some features of preferred/dispreferred turn shapes. In J. M. Atkinson & J. Heritage (Eds.), *Structures of Social Action: Studies in Conversation Analysis*. Cambridge: Cambridge University Press, 57 - 101.

[30] Pomerantz, A. 1986. Extreme case formulations: A way of legitimizing claims. *Human Studies*, 9: 219 - 229.

[31] Ruusuvuori, J., Asmuß, B., Henttonen, P., et al. 2019. Complaining about others at work. *Research on Language and Social Interaction*, 52(1): 41 - 62.

[32] Ruusuvuori, J. & Lindfors, P. 2009. Complaining about previous treatment in health care settings. *Journal of Pragmatics*, 41(12): 2415 - 2434.

[33] Sacks, H. 1992. *Lectures on Conversation, vols. I and II*. Blackwell, Oxford.

[34] Sacks, H., Schegloff, E. A. & Jefferson, G. 1974. A simplest systematics for the organisation of turn-taking for conversation. *Language*, 50: 696 - 735.

[35] Schegloff, E. A. 1988. On an actual virtual servo-mechanism for guessing bad news: A single case conjecture. *Social Problems*, 35 (4): 442 - 457.

[36] Schegloff, E. A. 2005. On complainability. *Social Problems*, 52 (4): 449 - 476.

[37] Schegloff, E. A. 2007. *Sequence Organization in Interaction: A Primer in Conversation Analysis*. Cambridge: Cambridge University Press.

[38] Schegloff, E. A. & Sacks, H. 1973. Opening up Closings. *Semiotica*, 7: 289 - 327.

[39] Singh, J. 1988. Consumer complaint intentions and behavior: Definitional and taxonomical issue. *Journal of Marketing*, 52(1): 93 - 107.

[40] Singh, J. & Wilkes, R. E. 1996. When consumers complain: A path analysis of the key antecedents of consumer complaint response estimates. *Journal of the Academy of Marketing Science*, 24(4): 350 - 365.

[41] Stivers, T. 2013. Sequence Organization. In J. Sidnell & T. Stivers (Eds.), *The Handbook of Conversation Analysis*. Chichester: Wiley-Blackwell, 191 - 209.

[42] Tatsuki, D. H. 2000. If my complaints could passions move: An interlanguage study of aggression. *Journal of Pragmatics*, 32: 1003 - 1017.

[43] Traverso, V. 2009. The dilemmas of third-party complaints in conversation between friends. *Journal of Pragmatics*, 41(12): 2385 - 2399.

[44] Trosborg, A. 1995. *Interlanguage Pragmatics: Requests, Complaints and Apologies*. Berlin: Monton De Gruyter.

[45] 杜学美,丁璟妤,谢志鸿,等,2016. 在线评论对消费者购买意愿的影响研究. 管理评论,28(3): 173-183.

[46] 吕一林,郭文书,2008. 网络抱怨的一般性实证研究. 经济管理,(3):64-69.

[47] 谭小翠,2005. 中美抱怨语对比研究. 山东师范大学学报,(7):15-16.

[48] 王婧宇,庄贵军,吴廉洁,2018. 在线购物中情境因素对顾客线上抱怨方式的影响. 管理评论,30(12):89-98.

[49] 徐志卿,2007. 汉语抱怨言语行为的礼貌策略. 北京:北京师范大学.

[50] 于国栋,吴亚欣,2018. 努力建设汉语会话分析研究的科学体系. 外国语,(4):7-9.

[51] 张艳辉,李宗伟,2016. 在线评论有用性的影响因素研究:基于产品类型的调节效应. 管理评论,28(10):123-132.

[52] 庄贵军,朱美艳,2009. 顾客抱怨行为与重购意愿的 logistic 回归分析. 商业经济与管理,211(5):90-96.

医患互动中患者的迂回答复与医生的对策*

新加坡南洋理工大学文学院　林尔嵘　蔡永盛**

摘　要:本文基于会话分析研究,针对医患在问诊时病史采集的互动。主要探讨新加坡医生与患者之间如何针对是否吸烟及其吸烟史进行询问,以及这个过程如何影响医生对于病情的诊断。虽然询问是否吸烟和烟史是病史采集中为了达到初步诊断的必然问题,然而对于新加坡的患者来说,这类问题所投射出来的不仅仅是简单的诊断问询,而可能是引发医生对其生活习惯的一种价值判断。因此,患者常常会选择委婉回应,甚至避开回复这些实际上会影响诊断准确性的门诊问题。然而,医生为了做出最精准的诊断,又必须从患者口中得出如实的回应。因此,我们也分析医生在面对迂回答复时常采用的对策。通过会话分析研究,我们勾画出一种医患沟通中常见的情况,即病史采集中的虚实判断,以及专业医生如何通过互动手段克服这个难题。

关键词:会话分析;吸烟;医患互动;迂回答复;病史采集

Title: On patients' evasive responses and doctors'counter-measures in doctor-patient interaction

Abstract: This paper focuses on the interactional activity of doctors enquiring patients if they are smokers, as well as subsequent questions on their smoking habits, during the history-taking phase of medical consultations within the context of Singapore hospitals. Although the question of patients' "smoking status" is ostensibly a legitimate diagnostic question, patients often orient to these questions as possible criticisms that undermine their rights to seek medical attention. Hence patients who

---

* 本研究得到了新加坡教育部研究基金(MOE AcRF Tier 2 - Project Ref: MOE 2017 - T2 - 2 - 182)的支持,在此鸣谢。

** **作者简介:**林尔嵘,助理教授,研究方向:会话分析、医患沟通。邮箱:nelim@ntu. edu. sg。蔡永生,本科生,研究方向:会话分析。

do smoke often counter with various forms of evasive responses that can potentially affect the validity of medical diagnosis. This poses a challenge to the interviewing doctors, who also have to use certain interactional strategies that encourage reliable answers. Through the perspective of conversation analysis, we outline a common practice within interactive medical consultations; namely the design of disingenuous responses during medical history-taking, and the discursive methods doctors use to overcome them.

Key Words: conversation analysis; smoking; doctor-patient interaction; evasive responses; medical history-taking

1 引言

在医患的病史采集过程中，医生会例常性地向患者询问一系列与健康相关的基本问题，以便更为准确地达到诊断的目的。然而，医生和患者对于什么问题才构成与诊断相关的信息可能有截然不同的理解。患者在进入问诊的时候，他们的目的在对他们当下的病情得到一种解释以及相应的治疗。而其他的，如一般的生活习惯，虽然可能间接影响健康，但患者不一定能够直观地看出它们之间的联系。因此，这类问题在医患沟通中可能产生一些过度解读，影响了整个会话进程。

其中最常见的一种情况就是患者吸烟的生活习惯问题。吸烟危害健康已是广为人知的常识。新加坡抵制吸烟的相关政策更加严格，不仅严格限制了吸烟者可吸烟的公共空间，大众媒体也常向国民灌输吸烟所导致的各种健康问题。在新加坡，吸烟不单纯是各人生活习惯的选择，而是被贴上了染上坏习惯的负面社会标签。因此，对大部分求医的新加坡患者来说，自己吸烟的习惯不只是一件“不光彩”的事，在求医时还可能导致医生把患病原因指向自己吸烟的习惯上。在这种社会压力下，我们发现新加坡患者被问及吸烟问题时，往往选择一些委婉的互动方式，给出种种迂回的答复。问题是，不属实的答复可能导致医生无法做出正确的判断，耽误了患者的治疗。除了是否吸烟，为了达到较准确的诊断，医生还必须从吸烟患者口中获知其他信息，如“抽了几年?”“一天抽几包?”“一天抽几根烟?”等。因此，医生在问诊的互动过程中也须针对患者的回应逐步细化问法、通过不同的方式挖掘患者真实的吸烟史。

病史采集时的问答行为是医生诊断患者病情的基础，因此也是医患互动研究中的重要课题。综上所述，本文通过会话分析(Conversation Analysis，简称 CA)的研究视角，重点探讨基层门诊中一种常见的互动过程：即医生向患者询问“你有抽烟吗?”一类是否吸烟以及其他相关吸烟史问题时，患者是如何给予迂回地答复，以及医生相应的对策。这种机构性的会话研究有助于我们了解医患沟通中的基层问题，揭示其互动上的结构运作和解决该具体问题的有效途径，在应用语言研究上有一定的价值。

2 文献综述：会话分析的问答序列架构以及“转变性”答复

本文关注医患问诊中的吸烟问题，其基本核心就是研究在特定语境下（即医患沟通）问与答的互动会话行为及其话语序列。问答类互动行为在会话分析研究中非常普遍（Schegloff，1990/2007；Heritage，2010；Stivers，2010；Hayano，2013；Thompson，et al.，2015），是最为典型的相邻对（adjacency pair），主要探讨先发行为和后续行为之间的结构关系（Raymond，2003；Heinemann，2008；Stivers & Hayashi，2010）。从会话分析研究的角度，问与答被视为一组相邻对是因为先发行为（提问）本身就在某程度上“制约”了后续行为（答复）。

其一，提问的先发行为强行要求被问者必须做出答复的后续行为，而且按话轮转换机制（turn-taking organization）的常规（Sacks，et al.，1974），这个后续行为应该是在先发行为完结后立即出现的。所谓的强行要求不是指答复行为一定出现，而是说若没有答复就会被交际者视为一种“缺失”后续行为的做法，是被问者应该实施却没有实施的行为，从而论证了强制后续行为出现的制约性。因此被问者在先发行为之后若没有立即答复（即出现了短暂的停顿），这种沉默是被交际者赋予意义的。也就是说，相邻对的制约规律致使提问后的沉默可能被解读为被问者难以回应或不愿回应的表现。

其二，就体现在先发行为和后续行为必须是配对类型的行为，如问与答、邀请与接受或拒绝、指责与辩解等。与之前的制约同理，这个制约不是说一定会出现相匹配的典型后续行为，而是说交际者会将先发行为之后的任何话语尽可能诠释为相匹配的后续行为。比如说，不管被问者如何回应，这个话轮的内容都会被视为前一个提问行为的一种答复行为，而其话轮的设计也会被当作是为了答复而服务的。这两种制约关系就是相邻对里先发行为与后续行为之间所谓的“有条件关联性”（conditional relevance）。在“有条件关联性”的框架下，门诊中“你有抽烟吗?”及类似的提问行为都是强行要求患者回应的问题。

其三，当发问者向被问者提出具体问题时，他不仅对被问者接下来的话语行为施以制约，其问题的话轮设计也对接下来回复的话轮设计施以制约（Schegloff，1968）。就是说，每一个问题的话轮设计都有相应符合其设计的回应方式，即一种“类型相合的回应”（type-conforming response）。比如，是非题如“你是不是吃饱了?”就对相合回应的要求限于"是"或"不是"(Raymond, 2003)。替代题如"你要的是咖啡还是茶?"就将相合回应限制在所提供的替代方法之一("咖啡"或"茶")。疑问词问句(谁、什么、哪一个等)如"你几岁?"就将相合回应限制在"几岁"的具体数字上。必须说明的是,这里所谓的"制约"或"限制"并不是说被问者完全不会脱离问题话轮设计所设定的局限来回应,而是说当被问者脱离应有的制约时,这种脱离是一种"有标记"的做法。脱离制约的做法是会被参与会话者关注到的,并会基于这种脱离而做出相应的解读。因此回复的各种方式并不是对等的。斯蒂弗斯和林希(Stivers & Hayashi, 2010)将一类"有标记"的回应称为"转变性答复"(transformative answers),体现了被问者不满足于先发问题的话轮设计所设定的制约范围,而以一种符合自己需求的话轮设计来回答问题,并将转变性答复划分为抵制先发问题的发问方式(term-transforming answers)和抵制整个先发问题背后的目的或动机(agenda-transforming answers)。

患者如何回应医生在问诊时的吸烟问题就构成了一组非常值得深入探讨的相邻对,因为我们发现吸烟者与非吸烟者的回应方式大相径庭,形成相当有规律的差别。菲尼克和科尔曼(Pilnick & Coleman,2003)指出,虽然多数的医患沟通研究都主张把规劝戒烟的医疗建议与患者当前的身体状况联系起来,以图成效;但是从实际的医患会话来看,将患者病症归咎于其吸烟习惯的做法反而会遭到患者明确的阻抗行为(resistance)。菲尼克和科尔曼认为将病症牵连到患者自己的吸烟习惯上,可能会被患者视为一种正在削弱他们求医正当性的做法。门诊中问及是否吸烟虽然与规劝戒烟行为不一样,但是提问这类问题同样会被解读为在追究病症与患者自身吸烟习惯的关系,而遭受到吸烟患者的阻抗。这是因为当医生为了诊断病情而问道"你有抽烟吗?"的时候,若患者只遵循先发问题的设计制约,简单地回应"有",那么就马上陷入一种被动位置,提供了空间让医生继续针对他们自身的吸烟习惯进行可能的谴责。因此,大多数吸烟患者都不会简单的给予"有抽烟"这样符合先发问题制约要求的相合回应,而是以多种有标记的迂回方式回答问题。本文将系统地阐明一些常见的迂回答复方式,以及医生如何做出相应的对策。

3 语料介绍

我们的研究语料来自新加坡某所医院的泌尿科初诊或复诊的真实医患互动,共有152个会话录像。所有医患互动录像都按会话分析的标准,经过细致的转写,以辅助深入的话轮质性分析。经过统计,152个门诊录像中包括77个以中文为主的医疗咨询,和75个以英文为主的医疗咨询。这些片段短至3分钟,长至30分钟。其中67个门诊中问及患者是否有吸烟,其中有44名患者(66%)是不吸烟的,18名(27%)是吸烟者,而5名(7%)是曾经吸烟但已戒烟的患者。

三分之二(66%)被问及吸烟问题的患者表示自己不抽烟,这个数据本身在某程度上就说明了在新加坡的社会文化环境,吸烟实属一种较不被认可的生活习惯。我们集中关注的是其余三分之一(23名)吸烟或曾经吸烟的患者与医生的问诊过程,截取他们围绕吸烟问题和患者烟史的互动会话,对其进行会话分析式的话轮序列剖析。

本文所力图彰显的医患互动现象是不分语言的,在中文和英文的会话语料中都出现。因此在我们筛选出的几个最凸显医患沟通问题的片段,既有中文语料片段,也有英文语料片段。这些双语的医患互动片段为我们探讨患者在烟史问询过程中如何进行迂回答复及其医生又是如何处理这种回应提供了素材。

4 患者针对吸烟问题的回应

如前所述,我们发现吸烟患者与非吸烟患者的回应方式形成鲜明的对比。相较于非吸烟的患者,吸烟患者面对医生问及自己是否吸烟时,几乎都不会遵循各种会话机制的制约直接回应这个问题,而是选择迂回答复。为了更好地进行比较,我们先描述非吸烟患者回应吸烟问题时的会话结构特征,再剖析吸烟患者的各种迂回答复。

4.1 非吸烟者的直接答复

我们发现当被问及"你有抽烟吗"这样附带社会标签的问题时,非吸烟的患者几乎都会遵守问题对他们的制约,按问题话轮设计的要求,直接给予无标记的相合回应,如例(1):

例(1)
01 DOC: uncle 你有抽烟吗:?
02 PAT: →没有.
03 DOC: 从来不抽烟:,
04 PAT: 不抽啦:.

由于医生向患者发出一道是非题("你有抽烟吗?"),基于问题的制约,患者也无间隙地在第02行提供了一个直接符合问题要求的回复("没有"),遵守了问题的制约。此外,第02行的回应是在第01行话轮完结之后立即出现的,符合话轮转换的常态。有些非吸烟的患者不只直接提供一种相合的回应,还会用"有色眼光"看待医生这种看似简单的医学问诊问题。在以下例(2)里,当被问及是否吸烟时(do you smoke?),非吸烟患者在第02行仍然马上按第01行话轮设计的要求提供相合回应(no,Idon't.)。有意思的是,患者还在第02—04行进一步对自己的生活习惯做出补充。

例(2)
01 DOC: do you smoke?
02 PAT: → no. I don't. no smoke, no drink la.
03 (0.8)
04 PAT: → no drugs, besides my olanzapine and ( )

虽然医生只是问病人是否吸烟,患者除了回答没有吸烟之外,还随之说明自己也没有饮酒"no drink la"或吸毒嗑药"no drugs, besides my olanzapine①"等习惯。这样的答复说明了患者已然将是否吸烟的问题视为医生在挖掘他的病情是否与不良生活习惯相关的行为。换言之,患者是把吸烟归类为与饮酒、吸毒等拥有相同属性的不良习惯,体现了患者对吸烟的一种社会认知。从患者的回答,我们能够看出患者对"你有抽烟吗?"这一问题有着一定的负面认定。一旦医生向患者询问是否有其中一种习惯时,患者就会联想到其他被贴上负面社会标签的不良习惯,将医生的吸烟问题诠释为在探试患者病情与生活不良习惯之间的关系。

4.2 吸烟者的迂回答复

反之,当我们考察吸烟患者如何回应是否吸烟的问题时,发现多半会抵制先发问题对他们在答复上的制约,选择利用一系列的迂回手段回应医生,包括之前论及的转变性答复。虽然斯蒂弗斯和林希(Stivers & Hayashi, 2010)将转变性答复划分为抵制先发问题的发问方式和抵制整个先发问题背后的目的或动机两类,但是我们认为这两者之间的区别在某些序列中是相当模糊的。比如,我们之前指出患者是将门诊时的吸烟问题视为一种带有后续批判性的行为,因此才做出各种迂回的答复以抵制这种可能性。从这一角度来看,吸烟患者的转变性答复应该都属于抵制动机型的。然而从答复的形式来看,多数答复只是在细化或替换先发问题里的用语,更像是抵制方式型的(Stivers & Hayashi, 2010: 8 - 13)。简言之,我们发现吸烟患者的转变性答复很难按斯蒂弗斯和林希里的范畴做出明确的归类。当然,本章的目的也不在对转变性答复进行分类,而是在于指出相较于非吸烟患者,吸烟患者有着明确迂回答复的表现。我们大致将这些迂回答复分为三类,即不及时的回应,以及两种转变性答复:附加辩解的回应和侧面的回应,以下分别举例说明。

① Olanzapine 中文称奥氮平,是一种抗精神分裂症药物。

4.2.1 不及时的回应

迂回答复最简单的表现就是被问者在先发问题话轮结束后，没有马上给予回应，在序列上产生了间隙。如前阐述，按一般话轮转换机制的要求，无间隙的话轮转换才是大多互动行为的常态，因此问答双方的话轮之间出现间隙是一种有标记的现象，如以下例(3)。

例(3)

01 DOC： okay (0.2) 以前有抽烟吗？

02 →(0.4)

03 PAT： [没有].

医生在第 01 行发问是非题后（“以前有抽烟吗?”），病人没有马上回应，导致了第 02 行的 0.4 秒停顿。虽然在第 03 行，患者遵守先发问题的制约，给出“没有”的相合回应；但从话轮转换机制的角度看，没有立即回应可能表示被问者对如何回应产生某种困难，仍然是一种迂回答复的表现。

重点是，不按话轮转换原则及时回答问题足以在互动上引起发问者对答复的诚信度的质疑。因此，即使吸烟患者否认吸烟，如果其回应略有迟缓，这短暂的停顿都可能让医生对回应的真实性产生怀疑，如以下例(4)。

例(4)

33 DOC： It's fine, it's fine, doesn't matter. =

34 → =Are you a smoker?

35 → (0.2)

36 PAT：→ No:.

37 DOC：→ Never smoke before la, huh?

38 PAT： I have smoked [before but I stopped long ago.

当医生在第 34 行问患者是否是个吸烟者时(Are you a smoker?)，患者是在一个非常细微的停顿之后(第 35 行的 0.2 秒)才给予否定的回应(第 36 行的‘No:’)的。然而，从医生在第 37 行的后续行为可以看出两点：(1)医生将患者的答复诠释为患者从来都未曾吸过烟，所以才以“Never smoke before la, huh”寻求确认；以及(2)寻求再次确认的行为本身就可能说明医生并没有全然接受患者第 36 行的否定，因而才在第 37 行用寻求确认行为再次向患者发出吸烟问题。正如医生所怀疑的，患者被要求再次确认后，就在第 38 行坦诚了自己曾经是个吸烟者。这种在不及时回应后被医生要求再次确认的情况颇为普遍，不仅证实了吸烟患者对门诊时被问是否吸烟问题存有芥蒂，也说明不及时回应吸烟问题在互动上是有后果的。

4.2.2 附加辩解的回应

吸烟患者常用的另一种迂回答复方式是在肯定自己吸烟之后，马上附加一些辩解性话语(qualifiers)，比如自己已经做了什么戒烟努力、自己如何“不怎么”抽烟，甚至捍卫吸烟习惯的正当性等。虽然患者针对吸烟问题的直接肯定符合了先发问题的制约要求，但是患者随后自己主动附加的辩解性话语却又针对先发问题中的预设条件或所预示的目的提出挑战，即不满门诊问题将患者简单地二分定位为“吸烟”和“不吸烟”两类。因此，回应中虽有肯定吸烟的相合答复，但亦可视为转变性答复的一类，如以下例(5)。

例(5)

01 DOC: [Do you] smoke?
02 (0.5)
03 PAT: → Uh:yes I [do. >But<lately:::: no::t reall:y=
04 DOC: [okay.
05 PAT: → =s::moke, lah.
06 DOC: okay.=
07 PAT: → =cause I: try to stop an:d [wen:t]
08 DOC: [sure]
09 PAT: → to: (0.7) GET the::: like chewing gum?
10 (.)
11 PAT: >they give it to [me,<
12 DOC: [<nicotine>.
13 (0.3)
14 PAT: Uh: the [nicotine] ye::s::.

当医生问及有没有吸烟后，患者先是如多数吸烟患者一样没有及时回应，因而产生了第02行的0.5秒停顿。在第03行，患者虽然肯定了自己吸烟的事实，提供了相合的回应形式(Uh: yes I do)，然而又立即附加了某种辩解，以“but lately not really s::moke, lah”(可是最近不怎么抽烟了)说明自己最近没有“真的”吸烟。先发问题(Do you smoke?)的形式是个两极是非题，其制约要求就是要患者简单地回应“yes”或“no”罢了。然而，患者并没有完全按制约要求简单地回应，而是在肯定的回应上附加一些条件，即在“确实吸烟”的表述附上一种‘过去式’的时间框架，把吸烟定性为“之前的行为”

而不是"现下的行为"[①]。随之,患者再跟医生说明自己为了戒烟所做出的具体努力(cause I try to stop and went to GET the like chewing gum?),提供了自己现下不是"真的"吸烟的实证。

虽然问题只是简单的是非题,但显然患者在给出确实吸烟的答复后,认为必须对自己吸烟的习惯加以辩解。从一般互动的序列来看,'理所当然'的事情是没有必要多加解释的,唯有那些不被认可或会被诟病的社会行为才需要进行额外辩解。因此,患者在例(5)中主动为自己吸烟的行为辩解就正好说明了(1)虽然自己是吸烟者,但她对于吸烟这种行为也带有负面价值判断,至少认为在医患问诊的场景下承认自己吸烟是一种反期待的回应,所以才会进行额外的辩解;以及(2)这种主动进行辩解在互动上的一种可能作用就是预防医生在后续的会话序列中对吸烟行为进行过多的批判和指责[②]。

4.2.3 侧面的回应

第三种迂回答复的方式是,吸烟患者的回应不直接肯定自己吸烟的事实,而是突出自己意欲表达的重点来侧面回应问题。与之前的附加辩解回应最大的差别在于,侧面回应不遵循"你有抽烟吗?"这类是非题在结构制约上所要求的二分法回应(即"有"或"没有"),而是给出一种与先发问题不相合的迂回答复,也是转变性答复的一类。以下例(6)便是患者侧面回应问题的一例。

例(6)

```
01  DOC:    ok er:: Mr Chua:再问你一下(.)
02          er:以前有没有抽烟呢?
03  PAT:→  er::我::在:我- 戒了十年了. 我抽[三十年
04  DOC:                                    [okay.
05  DOC:    orh[h:: okay.]
06  PAT:→     [我戒了    ]
07          (.)
08  PAT:→  我戒了十年了.
09          (2.2)((DOC typing))
10  DOC:    抽烟三十年[啊?
11  PAT:              [uhh=
12  DOC:    =okay:=
```

---

① 这种做法相似斯蒂弗斯和林希(Stivers & Hayashi, 2010: 8)所说的细化发问范围,是抵制发问方式型的一类转换性答复。

② 因此这种转换性答复亦可被视为在抵制先发问题的目的或动机的一类。

13 PAT：→ ＝我- 我- 我在二零：[二零：二零]二零零八，
14 DOC：　　　　　　　　　　[hmm：：　]
15 DOC：　好[的.
16 PAT：→　[已经戒了-戒了.＝

在第02行中，医生询问是否吸烟的话轮设计（“以前有没有抽烟”）是一种是非题，其制约是要求被问者以“有”或“没有”回应。在第03行话轮一起始便能从患者话语中诸多的不流畅（“er：：我：：在：我-”）看出他在回应这个问题上所面对的困难，而患者最终答复的“戒了十年了”，还是一种类型不相合的转变性答复。虽然“戒了烟”自然也间接承认了以前确实吸过烟，这样的回应却已脱离了先发问题在话轮设计上的结构性制约，而选择了一种符合患者自己需求的回应。显然，患者所欲向医生强调的是自己“戒了烟”而非自己“抽过烟”，并且已经是戒了很久了。

我们也可以观察到患者在第03行还自行给予了两个附加讯息：一是自己戒烟的时长（“十年”）；二是戒烟状态是在“抽了三十年”之后发生的。虽然透露了自己曾是长达“三十年”的吸烟者，但是回应的话语设计显然表明其重点在于自己是“十年”的非吸烟者。换言之，患者是在强调自己在已有根深蒂固烟瘾的情况下成功地长期戒烟的，并在第07和09行再次重复了这一讯息（“我戒了十年了”）。

然而，在医生将患者的相关讯息输入系统后（第09行），医生在第10行却再次向患者确认是否“抽烟三十年啊？”。医生的行为说明即便患者之前强调自己“戒了十年”，医生所关注并想确认的讯息（也很可能是在第09行输入系统的讯息）仍然是患者抽了三十年烟的事实。与第02行相同，再次确认行为的话轮设计又是一个是非题（抽烟三十年啊？），其制约要求是要患者答“对”或“不对”，但吸烟患者仍是以侧面回应答复。第13和16行中患者的“我在二零零八已经戒了”并没有直接肯定或否定第10行的确认行为，而是又以自己戒烟多年的情况作为回应。从以上的分析可以看出，与前两例一样，吸过烟或正在吸烟的患者都认为直接承认自己吸烟是一种带有负面取向的反期待行为，并将是否吸烟视为一种带有后续批判性或指责性的门诊问题。因此，侧面回应的方式便可在互动上预先抵制这种可能性。

从例（6）的会话序列可以看出，不只是否吸烟的问题会引起吸烟患者的种种抵制，实际上凡与吸烟状况有关的询问，如“抽了几年了”“一天抽几根”等问题，都可能遭受患者在回应上的某种阻抗。如例（6）中的第10行，医生在确认患者是否有三十年的烟龄后就迎来了患者的侧面回应。以下例（7）又是一例医生问及烟龄后，吸烟患者用一种极度迂回的会话序列来侧面回应。

例(7)

01 DOC： 已经抽了几年了.
02 →(0.2)
03 PAT：→ ＝hh hwor .hh hh .hh：＝
04 WIV： ＝°hh.°＝
05 DOC： ＝四十年.＝
06 PAT：→ ＝hh erh h 你 h 多少岁[哈.
07 (?)： [hh [hh hh hhh＝
08 DOC： [huh?
09 PAT：→ ＝你今年几岁了？＝
10 DOC： ＝er：我是：二十三岁 .hhh＜不是啦 hh hh hh.
11 er[四十多了啦：]
12 PAT： [(你是多岁)].
13 PAT：→ 我的抽烟的时间＞比你°的°[还年龄还大啦＜hh hh hhhhhh＝
14 DOC： [uh：：一定啦?
15 PAT： ＝hhh [hhhhhh
16 DOC： [是五十多年了啦.
17 (0.2)
18 PAT： hh uh 有[啦.

当医生向患者询问烟龄时，我们可以看到患者先是未能及时回应，所以第 02 行有了 0.2 秒的间隙，然后在第 03 行发出了一个惊叹的“hwor”与接连的笑声。哈卡纳(Haakana，2001)指出，患者在问诊时发笑可能显示意欲对医生的指示有所阻抗，以笑声作为一种重要的互动资源来表现出正在进行的话题是敏感的。因此，笑声其实已经足以让医生意识到患者的烟龄并不是“一般”的，也就是说这个数字并不小，不是医生所能接受的理想范围。医生在第 05 行提出了一个较长的烟龄(“四十年”)也正好说明医生确实从笑声意识到患者对烟龄问题难以启齿，因而提供了一个大略的烟龄供患者确认。

虽然在第 05 行提供了一个大略烟龄供确认，但患者依然没有接受医生的说法，而竟是暂且不理会医生的先发行为(即询问烟龄)，选择了在第 06 行边笑边反问医生“你多少岁哈”。不难想象，患者不遵循会话序列常规而“反客为主”的反问是医生始料未及的，而第 08 行的“huh?”便是医生对患者反问自己的反期待表现。德鲁(Drew，1997)就指出像“huh?”一类开放式的启始修补成分(‘Open’ Class Repair Initiators)常被用来表示该话轮前的行为已超出了听者所能预想的范围。实际上，第 06 行的“你多少岁哈”

也并非患者基于好奇而想知道医生的年龄，而是为了他接下来的会话行为铺路，是个别有用意的提问。

针对患者的反问，医生在第 10—11 行先是稍显迟疑并开玩笑地说自己才二十三岁，然后才如实说自己“四十多了啦:”。当患者得知了医生的实际年龄后，便在第 13 行以听似自豪却带有嘲讽语气地说“我的抽烟的时间＞比你°的°还年龄还大啦＜”，作为医生第 01 行烟龄问题的回应。这个回应有三点值得注意：(1)这句话其实是惯用语“我吃的盐比你吃的米多”的一种变异，不仅同样说明患者的经验比医生更加丰富，也带有讽刺与贬低他人的作用；(2)这句话是作为回应烟龄问题而产生的，而把自己的烟龄拿来与医生的年龄做比较，也可能带有嘲讽问题“不正当性”的意味；(3)患者第 13 行的回应是建立在第 06—11 行的前提上的，在会话分析框架里称为前扩展序列(pre-expansion)。这是因为只有通过第 06—11 行确定了医生的年纪比自己的烟龄小之后，患者才可能以第 13 行的话轮形式回应烟龄问题。即是说，患者之前不直接回应医生的第 01 行，而在第 06 和 09 行反问医生的年龄，实是为了第 13 行的侧面回应做事先准备的。

我们看到在例(7)中，吸烟患者为了避开直接回应医生问及自己烟龄的问题，进行了相当迂回的会话手段，最终以“烟龄比医生年龄还大”的说法回应，一方面侧面说明烟龄必然比医生的“四十多”岁大，另一方面又通过会话手段将自己先置于“辈分权威高点”的位置后才道出自己长期吸烟的事实。

纵观以上的例子，不难发现吸烟患者的回应不一定限于“不及时的回应”，“附加辩解的回应”或“侧面的回应”一种迂回答复的互动策略，而可能掺杂了两种或多于两种的方式。如例(5)先是不及时回应(第 02 行)，然后在肯定吸烟后附加辩解(第 03—09 行)；或例(6)中也是先以不流畅的话语拖延回应，然后再侧面回答问题(第 03 行)。

从我们的医患互动分析可以看出，多数患者(不论自己是否吸烟)似乎都没有把“你有抽烟吗?”这类问题视为一种简单的问诊程序，而是触及个人生活习惯的习惯问题，是带有一定批判性和既定价值判断的问题。对比非吸烟患者和吸烟患者的会话序列，就更能看到吸烟患者对是否吸烟问题的抵触而产生的防御心理。从互动的角度上看，这些迂回答复(特别是转变性答复)的作用多是在预防因为自己的吸烟习惯而可能遭受到的谴责或批判。因此，不难看出是否吸烟虽然是许多问诊中必然的医疗问题，但亦是医患互动中的敏感社会课题，若不在会话互动时谨慎处理，极可能影响到医患之间的关系。

5 医生的对策

准确掌握患者的病史才能让医生做出最恰当的医疗判断与建议。如果患者在病史采集过程中以迂回答复来回避吸烟问题，就可能导致医生无法作出正确的医疗判断。然而，之前的分析已经说明对患者来说与吸烟相关的问题本就是一个敏感话题，不慎处理就可能危及医患关系以及后续问诊的进程。因此，即便是面对疑似不属实或不确切的回应，医生也不能口头上直接拒绝或质疑患者的答复。这在某程度上也是遵循了现下以患者为重心的医患关系理念，医生不仅要照顾患者的生理，也要顾及患者的心理。因此，当患者疑似以迂回回应来回避吸烟问题时，医生就不得不婉转地逐步细化问题的问法，采用不同的会话对策来间接挖掘患者的真实病史。以下我们勾列出两种常用的手段，即(1)重复回应以再次求证信息和(2)重新设计问题以确认可能选项。

5.1 重复回应以再次求证信息

我们发现许多医生在病史采集的过程中，经常重复患者的回应。本文例(1)第03行的"从来不抽烟:，"，和例(4)第37行的"Never smoke before la, huh?"都是在患者否定自己吸烟后，医生再次重复患者回应以求确认的例子。从会话互动的角度来看，用上升语调重复之前的信息是一种启始修补的方式(Drew, 1997; Wu, 2006)，是跟对方表明对前一个话轮所重复的成分不甚理解，并给予对方再次澄清的修补机制。重点是，在这中场景下利用启始修补的方式要求对方进行澄清是相当巧妙的互动策略，因为它一方面并没有展现出质疑患者诚信的意思，只是表明对所重复信息的不理解；而另一方面在会话序列上也给吸烟患者提供了再一次对疑似不属实的信息进行修止。以下便是一例。

例(8)

01 DOC： ok： 呃::先跟你拿一下些简单历史先啦 hor?
02 呃::有没有抽过烟啊?
03 (0.4)
04 PAT： orh::(okay) 有有°有°
05 DOC： 还在抽烟哈?
06 PAT： 啊:没有啦.<在减了<在°减了°
07 DOC：→减了?
08 (.)

09 DOC：→[减了？
10 PAT：[偶尔啦.偶尔啦：：[°偶尔°
11 DOC：[o(h)h hh hh
12 hh okay(h) 抽- 抽几年了.
13 PAT：ohh：：我停了很久了.

在被问及是否吸烟后，患者并没有及时回应，促成了第04行0.4秒的间隙，之后又以“orh：：(okay)”延后了肯定的回应(“有有°有°”)。这一系列的话轮设计已经预示了吸烟患者对吸烟问题感到敏感与芥蒂。当医生在第05行追问病人是否还在吸烟时，病人在第06行的回应是先以“啊：没有啦”否认了“还在抽烟”，但随后马上又越来越小声地说“在减了<在°减了°”。这种前后不对应的答复显然难以取信于医生。随之，医生在第07和09行里用上升语调重复了病人的“减了？”，要求患者确认自己的答复。在被要求再确认后，患者在第10行又一改之前的答复，从强调自己“减少抽烟了”退至承认自己是“偶尔抽烟”(“偶尔啦.偶尔啦：：°偶尔°”)。可见，重复回应以求确认的会话手段起到了一定效益，即在会话序列中再创造一次回应机会，允许患者从较不属实的答复逐步趋向承认自己真实的吸烟状态。之前我们在例(4)的第37行“Never smoke before la, huh?”和例(6)的第10行“抽烟三十年啊？”同样看到医生使用这种会话策略。

其实，重复回应也不必以上升语调的方式来强行要求再次确认，也可能起到一样的互动效果。黑岛和(Kuroshima, 2010)观察到柜台后的日本寿司师傅在开始准备寿司料理前都会一贯性地以下降语调重复客人所点的寿司品类，以明示自己所接收到的点菜讯息。她指出这种做法并非多此一举，而是有实际互动价值的。因为如果寿司师傅确实是在百忙中误认为客人点了某种寿司，那么这种重复客人订单的互动会话习惯，也能让客人审视到寿司师傅掌握了错误的信息，而有机会在制作寿司之前向寿司师傅提出异议。换言之，以下降语调重复所接收到的信息不只是简单地在标示自己的理解，实际上也起到了创造序列位置让对方可能再修正信息的作用。

这种以下降语调重复信息的做法也同样出现在我们的医患问诊会话中。医生在得到患者的烟史信息后，不一定会用上升语调重复信息要求确认，也可能用下降语调重复信息以示理解。以下例(9)的会话序列便是例(8)的后续，其中就持续出现了这种会话策略。

例(9)
11 DOC：[o(h)h hh hh
12 hh okay(h) 抽- 抽几年了.
13 PAT：ohh：：我停了很久了.

14 DOC: >差不多<二- 二十年? 三十年?
15 PAT: err:: ss-(0.5) 如果 on and off 有二十年了.
16 DOC: → 二十年啦: [okay.
17 PAT: → [嗯.
18 DOC: 差不多一天: (0.4) 抽几包. =
19 =还是一包可以用多少: (0.6) [个星期
20 PAT: [orh:.
21 (0.5)
22 PAT: 一包啊:<我看三天一包啦.
23 DOC: → 三::天:一包啊 (.) okay can.

在得知患者并非所谓的"减少抽烟"而是"偶尔抽烟"后,医生就在第12行中继续追问患者的烟龄("抽几年了")。然而,患者仍是不正面回应,反倒在第13行强调自己"停了很久了"。到这个阶段,我们可以观察到患者所给予医生的信息实际上是前后不一致的,因为既已承认自己"偶尔"抽烟,又怎么可能"停了很久了"呢? 在得不到正面回应后,医生在第14行换另一种方式索取所需信息,即提供"二十年"或"三十年"两项选择供患者'取舍'。这次,患者在第15行才认同了'二十年'的选项,但仍强调这二十年的烟龄是"on and off(间断性抽烟)"的。我们关注的是在得到了"二十年"的答复后,医生在第16行并不是马上以"okay"表示接收到信息,而是先以下降语调重复了患者所认同的信息"二十年啦:"。值得注意的是,患者在医生说"二十年啦:"后就马上在第17行以"嗯"表示确认。虽然患者在这里并没有对"二十年"的信息做任何修正,但重点是医生重复信息以示所接收到内容的作法,同样起到了提供患者确认或修正的互动空间。

这段互动之后又出现了另一个相似的序列。医生在第18—19行问及烟史的另一项重要讯息,即患者吸烟的频率("一天抽几包还是一包可以用多少个星期")。在患者回应"三天一包啦"后,医生在第23行同样先以下降语调重复回应"三::天:一包啊"后,才说"okay can"表示接收到信息。同样的,患者在第22行承认三天抽一包烟的说法似乎又与之前所说的"偶尔抽烟"和"停了很久了"又有较大的出入。但是患者这次并没有对医生的重复做出任何反馈。要注意的是,我们也并非在论证重复回应必然会导致患者再次确认信息,而只是指出重复回应的会话手段在序列上给患者提供了再次修正的机会。

我们之前论述了医生面对患者不实的回应,实际上是难以提出质疑的,而多次强制要求患者确认自己的回应也可能影射在怀疑患者的诚信度,破坏了医患的和谐关系。以下降语调重复患者的回应就正好避开了这个难题。因为下降语调重复回应只是一种标示接收到信息的行为,并没有在互动上强制要求患者做出再确认的要求。但是这种做法同时又能将会话进程'滞留'在患者回应的内容上,也在互动序列位置上创造出下一个话轮空间供患者进行修正信息的可能性。例(8)和例(9)的医患互动就揭示了面对患者的不实回应,医生经常用“剥洋葱”式的问法,一层层地细化与吸烟相关的问题,并且在得到回应后,还会重复回应给患者创造修正的互动空间,以期达到逐步挖掘患者吸烟的真实状态的目的。

5.2 重新设计问题以确认可能选项

针对是否吸烟的问题,吸烟的患者虽然可能以各种迂回答复回应,但基本上并不影响医生将他们定性为吸烟者的判断。较为麻烦的是,即定性为吸烟者后,医生一般上就需要继续挖掘患者吸烟史的各种信息,如烟龄(吸烟吸了几年?)和吸烟频率(一天几包烟,或一包烟能用多久?)。这些问题对患者的难点在于所要求的回应不是简单二分法就能解决的(即‘有’或‘没有’),而是要求坦白承认自己吸烟史的某个数量范围。患者面对这些敏感性问题时若报以不实的回应,医生还能使用重复回应的会话策略再次确认信息的可信度。但是除了不实回应,患者也可能拖延回应或顾左右而言他,导致医生迟迟未能得到任何明确的答复。面对这类回应时,医生常用的另一种会话策略就是重新设计患者较不愿直接回应的问题,将其变成某个可能选项供患者确认。

其实我们在例(9)的开端已经看到医生使用了这种会话策略。回顾例(9),医生在第 12 行追问患者的烟龄后,并没有得到任何具体数量的回应(患者回应的是“ohh::我停了很久了”),因此医生又在第 14 行将问法改为“>差不多<二-二十年? 三十年?”。医生重新设计的询问行为是在提供“二十年”或“三十年”两项选择供患者‘取舍’其一,而患者也在第 15 行确认了‘二十年’的选项。又或比如例(7)的第 16—18 行,当患者不愿透露自己具体的烟龄后,医生根据之前的互动在第 16 行给出了“是五十多年了啦”的可能选项供患者确认,而患者也在第 18 行回以“有啦”的确认。最后,我们以例(10)揭示医生是如何利用供确认的可能选项来一步步挖掘患者的烟龄。

例 (10)

01	DOC:	do you smoke at all
02		(0.4)
03	PAT:	ya:
04		(0.5)
05	DOC:	ok. you: how much do you smoke in a day ya?
06		(0.5)
07	PAT:	about a pa(h)ck
08		(0.2)
09	DOC:	A pack. For how long?

10 (1.0)
11 PAT： °oh° (.) oh (.) .h hh
12 (0.6)
13 DOC：→ since army：
14 PAT：→ since army lah .hh
15 (0.4)
16 DOC： okay
17 PAT： considered army lah
18 DOC： considered army hmm.＝
19 DOC：→ ＝plus minus abit younger lah.
20 (0.6)
21 PAT：→ [y-ya： younger because er：：
22 DOC： [hhh
23 (0.4)
24 PAT： me-mother control mahh hh hh： hh
25 DOC： okay sure＝
26 PAT： ＝still don't have the：：
27 DOC： okay

从第 01—07 行，医生通过直接询问确立了患者为吸烟者，并且吸烟频率大约为一天一包烟。虽然说患者也较为直接地回应了是否吸烟和吸烟频率的问题，然而也能看见这段互动过程在话轮转换上是较不顺畅的，在第 02、04 和 06 行都出现了停顿。患者没能及时回应问题，也预示了他对吸烟问题的芥蒂。到了第 09 行，在医生询问患者的烟龄后（“For how long?”），患者在第 11 行没有正面回应，而是以夹杂着笑声的“°oh°(.) oh (.). h hh”带过，显然对于烟龄一事有“难言之隐”。随之，医生在第 13 行自行提出了一个供患者确认的猜测“since army：”（从服役时开始[①]）。我们注意到这项提议并没有直接提供一个具体数字，却能通过新加坡男性服役的年龄层推算出患者的可能烟龄。医生给予这个可能选项后，患者在第 14 行就马上重复了医生的猜测以示确认（“since army lah”），表明自己确实从服兵役的时候开始吸烟。

然而，患者在第 17 行又对之前接纳的猜测重新制定为“considered army lah”（应该算是从服役开始），将本是肯定的答复改为较不确定性的。因此，医生在第 18 行重复了患者的修正后发出了“hmm”的语助词，表示对患者之前的确认稍有疑虑。随之，医生

① 新加坡男性公民满 18 岁都需要服两年兵役。

在第 19 行又再次自行提供了另一个供患者确认的猜测“plus minus abit younger lah”，推测患者所谓的“considered army”应该是指实际上比服役前更早开始吸烟。不出所料，间隔了 0.6 秒后，患者就在第 21 行里再次确认了医生的猜测“y-ya：younger”，并加以解释之前没有将其算作吸烟时段是因为受到妈妈的控制“because er：：me-mother control mahh”。

这种策略在会话互动上的好处在于重新设计的问法不需要患者自行告诉医生具体的烟龄或吸烟频率。与其逼迫患者自行说出某个具体数量，医生可以先行提出一个猜测，让患者只需对猜测作出确认（即“是”与“不是”或“对”与“不对”的回应）。从互动的角度来说，回应了这一类只需要确认或否认的先发行为，对已经敏感的吸烟患者来说，比要求他们坦诚具体的烟龄或吸烟频率要简易得多。

6 结语

我们通过探讨真实的医患门诊录像，揭示了医患沟通场景中常见的病史采集实际上并不是简单的问答过程。以是否吸烟的问题为例，我们发现吸烟者与非吸烟者的回应方式有明显的对立关系。针对是否吸烟的问题，非吸烟者的回应一般上是快速地否定吸烟习惯，有的还可能连带着透露自己也没有其他不良习惯（如饮酒吸毒等）；而吸烟者的回应则相当的迂回，或不及时回应，或附加各种对吸烟的辩解，或侧面回应问题，顾左右而言他。两类患者给予医生的回应方式形成了鲜明的反差，实际上是反映了新加坡社会对于吸烟这种个人习惯的负面价值判断。

尽管是否吸烟看起来像是常规性的问诊咨询，然而社会大众对吸烟负面评价的影响已经渗入到医患问诊中。由于吸烟是被公认为导致各类疾病的重要因素，所以在医疗场景下被医生问及吸烟状况，多数患者都会将其联系到自身求医的“正当性”问题，即“医生是否是在追究我病情的根源，以及我犯病的责任问题?”。因此，非吸烟者的回应就急于撇清与吸烟的关系；而吸烟者则在承认不良习惯时会附加辩解，甚至隐瞒自己吸烟的真实情况，以预防回应后可能的谴责与批判。

然而，准确有效的诊断是离不开患者所提供的信息的。患者不实或避重就轻的回应是可能会造成诊断结果上的偏差，甚至耽误自身的健康以及影响医疗过程的效益。因此，医生在进行问诊时需要有高度的互动敏感性，从患者回应的会话特征立即辨别虚实，并且采取维护医患关系的恰当会话策略，挖掘患者真实的吸烟情况。我们的研究发现，针对可能不实的回应，医生经常重复回应以再次求证信息。其互动机制在于为患者多提供修正的会话空间，以提高获得真实信息的概率。针对‘避重就轻’的回应，医生则可以重新设计问题提供可能选项让患者确认。其互动机制在于为患者提供较为简易的回应方式，以挖掘患者不愿直言的信息。

虽然我们的语料和研究侧重泌尿科患者及吸烟问题，然而医患问诊时的敏感问题不仅限于这个场景。实际上，每个医疗部门的病史采集过程几乎都会涉及各类对患者来说是敏感的门诊问题。因此，本文所揭示的患者回应特征和医生的各种对策有较为普遍的应用和参考价值。我们希望通过对患者迂回答复和医生对策的探讨，能够加强医生对精细话轮设计的认识和对医患沟通的关注，提高医患问诊的质量。

参考文献

[1] Butler, C. C., Pill, R. & Stott, N. C. 1998. Qualitative study of patients' perceptions of doctors' advice to quit smoking: Implications for opportunistic health promotion. *British Medical Journal*, 316:1878 - 1881.

[2] Drew, P. 1997. 'Open' class repair initiators in response to sequential sources of troubles in conversation. *Journal of Pragmatics*, 28(1): 69 - 101.

[3] Haakana, M. 2001. Laughter as a patient's resource: Dealing with delicate aspects of medical interaction. *Text & Talk*, 21(1 - 2):187 - 219.

[4] Hayano, K. 2013. Question Design in Conversation. In J. Sidnell & T. Stivers (Eds.), *The Handbook of Conversation Analysis*. MA: Wiley-Blackwell, 395 - 414.

[5] Heinemann, T. 2008. Questions of accountability: yes—no interrogatives that are unanswerable. *Discourse Studies*, 10(1): 55 - 71.

[6] Heritage, J. 2010. Questioning in medicine. In A. Freed & S. Ehrlich (Eds.), "*Why do you ask?*": *The Function of Questions in Institutional Discourse*. New York: Oxford University Press, 42 - 68.

[7] Larsson, U. S., Säljö, R. & Aronsson, K. 1987. Patient-doctor communication on smoking and drinking: Lifestyle in medical consultations. *Journal of Social Science and Medicine*, 25: 1129 - 1137.

[8] Pilnick, A. & Coleman, T. 2003. Patients' resistance to attempts to problematize smoking in general practice consultations. *Journal of Social Science and Medicine*, 57:135 - 145.

[9] Raymond, G. 2003. Grammar and social organization: Yes/No interrogatives and the structure of responding. *American Sociological Review*, 68:939 - 967.

[10] Wu, R-J. 2006. Initiating repair and beyond: The use of two repeat-formatted repair initiations in mandarin conversation. *Discourse Processes*, 41:67 - 109.

[11] Sacks, H., Schegloff, E. A. & Jefferson, G. 1974. A simplest systematics for the organization of turn-taking for conversation. *Language*, 50(4): 696 - 735.

[12] Kuroshima, S. 2010. Another look at the service encounter: Progressivity, intersubjectivity, and trust in a Japanese sushi restaurant. *Journal of Pragmatics*, 42(3):856 - 869.

[13] Schegloff, E. A. 1968. Sequencing in conversational openings. *American Anthropologist*, 70: 1075 - 1095.

[14] Schegloff, E. A. 1990. On the organization of sequences as a source of 'coherence' in talk-in-interaction. In B. Dorval (Ed.), *Conversational Organization and its Development*. Norwood, NJ: Ablex Publishing Corporation, 51 - 77.

[15] Schegloff, E. A. 2007. *Sequence Organization in Interaction*. Cambridge: Cambridge University Press.

[16] Stivers, T. & Hayashi, M. 2010. Transformative answers: One way to resist a question's constraints. *Language in Society*, 39:1 - 25.

[17] Stivers, T. & Rossano, F. 2010. Mobilizing response. *Research on Language and SocialInteraction*, 43(1):3 - 29.

[18] Stivers, T. 2010. An overview of the question-response system in American English conversation. *Journal of Pragmatics*, *42*(10): 2772 - 2781.

[19] Thompson, S. A., Fox, B. A. & Couper-Kuhlen, E. 2015. *Grammar in everyday talk: Building responsive actions*. Cambridge: Cambridge University Press.

附录

语料转写符号

符号	含义
[	话轮重叠的开端
]	话轮重叠的结束
—	话语被切断
=	下一个话轮紧接着上一个话轮
.	语调下降
,	语调持平
:	话语拉长
?	语调上升
°word°	轻声
(.)	微小的停顿
(0.0)	停顿时间,以秒计算
>word<	语速加快
<word>	语速放慢
word	重音
(())	动作描写
()	无法判断话语
hhh	笑声
.hhh	吸气声

会话中平等关系的建构:提议的话轮设计

山西大学　郝全喜*

摘　要:本文采用会话分析研究方法,选取日常电话谈话为研究对象,对发起提议的话轮设计所展现的行为决定权表达,进行了细致研究。研究表明:提议序列中交际双方不仅需要对所提议事项达成一致,还需对行为决定权的分配达成一致,而发起提议的话轮设计所展现的行为决定权表达(中立性、决定性、试探性及撤销性),奠定了交际双方行为决定权建构的基础。其中中立性表达的话轮设计展现了交际双方行为决定权的对等分配;决定性表达的话轮设计为提议者分配了较多的行为决定权;而试探性及撤销性表达的话轮设计为提议者分配了较少的行为决定权,甚至撤销了这一行为决定权。提议序列中交际双方通常在建构一种相对平等的社会关系。

关键词:提议;话轮设计;行为决定权表达;平等关系

Title: Constructing Equal Relationship: Turn Designs of Proposing

Abstract: Adopting the research methodology of Conversation Analysis and using daily telephone conversations in Mandarin Chinese as its data, this study investigates four types of deontic stances (neutral, decisive, tentative and withdrawing) embedded in turn designs of proposing, and probes into the construction of equal relationship among interactional participants. The vast majority of proposing in the data of the present study is conducted with a neutral stance displaying a relatively equal distribution of deontic rights between participants. In contrast, proposing with a decisive stance distributes more deontic rights to the proposer, while proposing with a tentative stance and a withdrawing stance distributes less to almost no deontic rights to the proposer.

---

* **作者简介**:郝全喜,山西大学在读博士研究生,研究方向:会话分析。邮箱:940419099@qq.com。

Key Words: proposing; turn design; deontic stance; equal relationship

1 引言

言语交际过程中交际者根据需要会执行不同的行为,例如,请求、给与、建议、提议等,这些行为的实现都离不开交际者之间的合作(Couper-Kuhlen *et al*.,2014;Enfield,2011;Rossi,2012)。本文所关注的提议就涉及交际者之间的合作,具体来说提议行为指的是提出交际双方或多方共同参与、共同受益的活动(Clayman & Heritage,2014;Couper-Kuhlen *et al*.,2014;于国栋、郝全喜,2020;于国栋、吴亚欣,2018),提议的最终实现需要交际双方就提议事项与行为决定权的分配达成一致。本文聚焦于提议的行为决定权表达及其对交际双方关系建构的影响。

国外学者对提议开展的研究相对较多,例如,基于提议与其他行为的区别,提议的发起不预设交际对方的参与,而是邀请交际对方参加到共同的活动中,使交际双方以一种更加平等的方式参与其中(Goodwin,1980,1990;Couper-Kuhlen,2014);日常言语交际中提议者用"Let's"执行提议所涉及的活动与之前活动无关联,而用"How about"执行提议所涉及的活动则是对之前活动的调整(Stivers & Sidnell,2016);对执行提议的话轮设计所进行的对比研究(Thompson *et al*.,2021)表明:"Let's""Why don't we""Modal Declaratives"及"Modal Interrogatives"四种常见的执行提议的话轮设计,所展现的行为决定权表达存在梯度变化,即"Let's"展现了提议者较强的行为决定权,而"Why don't we""Modal Declaratives"及"Modal Interrogatives"展现的行为决定权则逐渐减弱;此外,机构性言语交际中提议也获得了关注,例如,方案讨论中出现的提议(Asmuß & Oshima,2012;Stevanovic & Monzoni,2016),以及诊疗建议中出现的提议(Landmark *et al*.,2015;Ekberg & LeCouteur,2015)等。国内学者对提议进行的研究较少,例如,提议序列中交际者使用"要不 TCU"试探性地执行提议的研究(于国栋、郝全喜,2020);电话结束序列中起始位置的关心作为发起结束电话的提议前序列的研究(Dong & Wu,2020)。

国内外与提议相关的研究,尤其是涉及行为决定权的研究表明:提议行为相较于其他行为,体现了一种更加平等的社会关系。平等的社会关系包含了交际双方对彼此的相互尊重(social relations of symmetrical esteem)(Honneth,1995:129),而这一相互尊重中不可或缺的一部分就是行为决定权的对等分配(deontic symmetry)(Stevanovic,2013b:55 - 56)。英语中四种常见的执行提议的话轮设计,在行为决定权方面展现出了不同的梯度变化(Thompson *et al.*,2021)。那么,汉语日常言语交际中执行提议的话轮设计所展现的行为决定权,即行为决定权表达(deontic stance)(Stevanovic,2018)是否也存在相似的梯度变化?交际者平等关系的建构又是如何在发起提议的话轮设计中展现的?本文运用会话分析研究方法就以上问题展开深入探讨。

2 语料与研究方法

会话分析是"一种以社会交际为研究对象的、定性的、经验性的、归纳式的研究方法"(Margutti *et al.*,2018:53)。其中"社会行为、序列组织、话轮设计"是会话分析的三大支柱概念(于国栋、吴亚欣,2018)。本研究聚焦于提议序列起始位置执行提议行为的话轮设计,并对汉语提议序列中初始行为决定权的分配进行深入分析。行为决定权指的是"决定行为的权力"(Stevanovic,2018:1),这一概念涉及行为决定权状态(deontic status)与行为决定权表达(deontic stance)(Stevanovic,2013b),前者指交际者决定行为的实际行为决定权,后者指的是交际者通过语言表达展现的行为决定权,两者之间可能一致,也可能不一致,即行为决定权表达强于或弱于行为决定权状态。序列组织(包括相邻对及扩展序列)是交际者协商、确立行为决定权的关键所在,提议者在起始位置执行提议行为的话轮设计,展现了行为决定权表达的强弱,同时也展现了提议者在当前话轮对交际双方行为决定权的分配。

本研究语料来源于2014年至2022年收录的640个完整日常电话谈话,时长约33小时,谈话对象包括同学、朋友、情侣、夫妻、父母与孩子等,其中时长约5小时的111个完整电话谈话包含了224个提议序列。数据的收集与使用均得到电话参与者的知情同意,且交际者的名字在语料中使用别名代替。提议序列的选取以提议的话轮构建成分(TCU)所在序列为判断标准,通常来说,一个完整的TCU在语法上是完整的,且存在于一个完整的语调中,同时执行一个完整的行为(于国栋,2008)。所有语料均采用会话分析转写体系(Hepburn & Bolden,2013)进行转写,提议的TCU所在话轮使用箭头标注。使用电话谈话作为研究语料,研究者不受非言语交际,如肢体、眼神等因素的干扰,聚焦于言谈应对中各种言语交际细节,本文所关注的就是提议行为的话轮设计。

3 提议的话轮设计展现的行为决定权表达

提议序列中,提议者执行提议所使用的不同话轮设计,展现了不同的行为决定权表达,例如"要不TCU"(于国栋、郝全喜,2020)所执行的是一种试探性表达的提议。上文提到，“Let's”“Why don't we”“Modal Declaratives”及“Modal Interrogatives”四种话轮设计所展现的不同行为决定权表达存在强弱的梯度变化（Thompson *et al.*，2021），审视本研究所收集的语料，也发现了类似的梯度变化。具体来说，根据提议者执行提议时所展现的不同行为决定权表达，汉语普通话言语交际中发起提议的多种话轮设计可分为四大类：中立性表达、决定性表达、试探性表达及撤销性表达。其中出现频率最高的为中立性表达，这类话轮设计展现了双方行为决定权的对等分配；决定性表达的话轮设计为提议者分配了较多的行为决定权；而试探性及撤销性表达的话轮设计，则为提议者分配了较少的行为决定权，甚至撤销了这一行为决定权。

3.1 中立性表达

中立性表达的提议数量最多，在所收集的 224 个提议序列中，这一类型出现 131 次。中立性表达分为两类：第一类使用语气削弱的祈使句或疑问句，来降低提议的强加性，包括以语气词“吧”或“哇”结尾的祈使句（83 个），以升调结尾的祈使句（29 个），祈使句或陈述句与附加疑问句同时出现（8 个），以及以语气词结尾的疑问句（2 个）；第二类则通过使用，带有“或者”“也行”的祈使句（9 个）来提供备选项。

3.1.1 降低强加性

提议者通过语气词、语调、附加疑问句等被弱化的祈使句或疑问句形式，降低提议强加性的同时，为回应者提供了充足的选择空间。例如，句末语气词“吧”可起到“使所在话语寻求对方同意的作用”（Li & Thompson，1981：307），从而使对方参与到共同决策当中，而“哇”则发挥同样的交际作用。此类话轮设计出现频率最高。

[1] [20_YS_联系吃饭]
45 帅：　噢，你有啥事儿.
46 　　　(0.5)
47 珍：　没啥事儿，就是想当面和你说.
48 　　　(0.2)
49 帅：→↑噢：↓ 那完了的哇，完了去了再说哇.
50 珍：　啊：. 完了-来了再说吧.
51 帅：　嗯，行.

例[1]中，珍和帅是研究生同学，珍打电话约帅一起吃饭。帅告知珍目前不在学校（对话未呈现），紧接着在第 45 行询问珍约吃饭的原因。0.5 秒的停顿后，珍在第 47 行首先回应“没啥事儿”，对可能出现的打电话原因进行了限制（Hao，2020：10），但在其后的话轮中珍并未给出原因，而是强调要当面和帅说。此时通过珍给出的回应，可推理得知并没有紧急的事情需要帅立刻返回学校处理,或需要让帅立即知晓,从后续帅的提议也可以得到验证。在第 49 行,帅首先回应了"↑噢:↓",展示其知识状态的改变(Heritage,1984),随后发起了提议,且这一提议经过了修正,即从一个并未指明具体时间或地点的提议,修正为给出一些确切信息的提议。可见使用这一话轮设计执行的提议,是根据交际双方当前所面临的,需要解决的问题而发起的,即解决珍想当面和帅沟通而帅目前不在学校的问题。语气词"哇"的使用,降低了祈使句的强加程度,结合所在序列环境,这一话轮设计给予了回应者足够的自主选择空间。

此外,提议者还可使用句末升调将祈使句转化为疑问句(Li & Thompson,1981:520),这一话轮设计出现的频率也较高;而"附加疑问句可将所在的祈使句或陈述句转化为疑问句"(同上:546),在本研究所收集的语料中,附加疑问句有"ok""好不好""怎么样"以及"你说了";同时以"呢"或"吗"结尾的疑问句则"降低了对对方的强加并拥有中立性的特点"(同上:547)。这些话轮设计结合各自所在序列,展现出提议者对行为决定权的对等分配,这里不再一一举例说明。

3.1.2 提供备选项

第二类中立性表达使用带有"或者""也行"的祈使句为交际双方提供备选项。其中"或者"或"也行"的使用包含或投射另一种对等且可替代的选择(吕叔湘,1999:595;张斌,2001:257),因此提议者对所提议事项并无明显倾向,回应者有充足的同意或拒绝的空间。

[2] [19_YYF_复习考试_2/2]
99　珊:　咱们,哪儿也行.那儿也行.
100　　→ 或者去新建园,找一个,(0.3)角落也行.
101　　　(0.5)
102　芝:　把:娟- .hh 娟给带上.
103　　　她不是微积分,英语啥的.
104　　　.h 挺有自[信的么.
105　珊:　　　　[噢.对呀.

例[2]中,珊和芝是大学同学,两人在谈论期末复习应考。芝在之前的对话中提议一同去图书馆复习,但珊并未就这一提议给出同意的答复。经过短暂停顿后,珊在第 99 行表示去哪里都可以,包括去图书馆,这一话轮设计采用了极致表达(Pomerantz,1986)的形式,展示出珊对于选择去什么地方复习并无明显倾向,之后在第 100 行提出了新的提议。然而经过 0.5 秒的停顿后,芝并未就这一新提议给出接受或拒绝的回应,转而在第 102 行提议带娟一起去复习,并在随后的话轮中提供了理由,珊随后在第 105

行给出了同意的回应。珊在第100行执行的提议，使用了带有“或者”“也行”的祈使句，考虑到双方并未就之前提议达成一致的情况，以及珊使用的极致表达所展现的无明显倾向性，因此珊发起提议的话轮设计，并未就对方接受该提议施加压力，而是提供给对方充足的空间去接受或拒绝这一提议。

中立性表达的提议是提议者最常使用的发起提议的类型，这一类型的提议将行为决定权对等分配给交际双方，与其他三种类型的提议区别明显。

3.2 决定性表达

尽管决定性表达的提议仍为交际双方打开了协商空间，提议者却施加了额外的压力来“迫使”回应者接受当前提议。在所收集的224个提议序列中，这一类型出现47次。根据话轮设计的不同分为两类：第一类通过使用以语气词“哈”“啊”“么”“嘛”或“呗”结尾的祈使句(40个)来施加强加性；第二类则提供优选项，即使用带有“我觉得”“不如”“算啦”或“行啦”的祈使句(7个)直接展现提议者对当前提议的坚持或对回应者的劝说。

3.2.1 施加强加性

尽管在中立性表达中也出现了使用句末语气词来削弱祈使句的话轮设计，但决定性表达中出现的句末语气词在削弱祈使句的同时，还增加了额外的压力来“迫使”回应者接受当前提议。例如，句末语气词“呗”的使用，展现出提议者对于回应者接受所提议事项是“轻而易举的事”(张斌，2001:20)的看法，回应者理应接受这一提议，然而结合其所在序列，回应者接受当前提议所付出的代价并不低，因此这一话轮设计的使用留给回应者拒绝的空间较小，事实上施加强加性来“迫使”回应者接受当前提议。

[3] [19_YYF_打耳洞]
194 悦： 哎，那你打不打呀.
195 (0.8)
196 珊： 我:- 我- 再说吧. 因为-
197 如果按她那样说就是打耳-
198 洞三个月内，肯定睡觉如果，
199 真的需要平躺不能侧卧的话，
200 >那我肯定[不可能.<
201 悦： [hehe .h
202 珊： 我肯定睡觉要滚，肯定要侧卧.
203 这是事实.
204 (0.2)

205　悦：→.h 哎- 那- 哎哎. 你要过年-
206　　　→就是要来的话-
207　　　→打的话咱俩一起打呗.
208　　　(0.4)
209　珊：　hehe ￥打耳洞吗？ ￥
210　悦：　对[呀.
211　珊：　　[行呀 ..h 反正-
212　　　　反正我没勇[气
213　悦：　　　　　　[hehe .h [hehe
214　珊：　　　　　　　　　　　[我没勇气迈出那一步.
215　　　　我真没勇气. 太可怕了那些事.

例[3]中，珊和悦是朋友，在聊到两人共同的朋友琳时，珊告诉悦，她准备给琳送一对耳环，随后两人开始了与耳环相关的话题。在第 194 行悦询问珊是否要打耳洞，经过 0.8 秒的停顿，珊在第 196 行回应以后再决定，在接下来的第 196 行至 203 行，珊给出了原因：她无法忍受打耳洞导致的生活不便。然而经过第 204 行的短暂停顿后，悦在第 205 行至 207 行依然发起了过年一起打耳洞的提议，这一以语气词“呗”结尾的祈使句发起的提议，展现出悦对于珊接受当前提议是轻而易举之事的看法。尽管这一提议中所使用的条件句（要来打耳洞的话）降低了对对方的强加（Stevanovic & Peräkylä，2012），但在前序序列中，悦已经得知珊无法忍受打耳洞带来的生活不便，也即这一代价对珊来说并不低，因此这一话轮设计起到了劝说珊接受当前提议的作用，也为珊接受这一提议施加了压力。尽管在第 211 行珊接受了这一提议，但在随后的话轮中珊多次表示对打耳洞缺乏勇气及生活不便等（后续对话未呈现），这些话轮都凸显出打耳洞对珊来说并非易事，从而加剧了交际双方对所提议事项的分歧，间接表达了珊对悦提议的不赞同（Yu，Wu & Drew，2019）。

此外，以语气词“哈”结尾的祈使句展现出提议者对回应者接受当前提议的倾向性（崔希亮，2011：45），这一倾向性同时给对方接受该提议施加了压力；在以语气词“啊”结尾的祈使句中，语气词的使用“降低了祈使句执行行为的强加性”（Li & Thompson，1981：315），从而为交际双方打开了协商空间，然而结合其所在序列，语气词“啊”的使用同时展现出提议者对于回应者接受当前提议的预期，进而对对方接受该提议施加了压力；以语气词“么”或“嘛”结尾的祈使句功能相似（张斌，2001：367），即语气词的使用使得祈使句的命令性降低，但这类语气词的使用却增加了额外的“请求或劝说的作用”（同上：363），因此对于回应者接受所提议事项施加了压力。以上话轮设计对提议的接受施加了强加性，这里不再一一举例说明。

3.2.2 提供优选项

带有“我觉得”“不如”“算啦”或“行啦”的祈使句以提供优选项的方式，投射出提议者对当前提议的坚持或对回应者的劝说。其中，“不如”展现出在提议者看来，当前提议优于其他选择(吕叔湘，1999：102－103)，回应者理应接受当前提议，因此对回应者接受当前提议施加了压力。

[4] [19_H_晚上及明天安排_8/11]
127　婕：　你也还得回家收拾了？
128　威：　嗯哼.
129　　　　(1.4)
130　婕：　哎呀.[那就麻烦得不行:.
131　威：　　　[()
132　婕：→.h 那不如明天早上走.
133　　　　明天我不是9点的课:,
134　　　　咱们十点多，接上她走就行.
135　　　　(0.7)
136　威：　噢::. ＜那也行.＞

例[4]中，丈夫威与妻子婕在电话中商量晚上及明天安排，在决定当晚接孩子回丈夫父母家后，妻子得知丈夫还未准备好必要的东西(对话未呈现)。随后在第127行及128行，妻子确认了丈夫还得回家收拾东西。经过1.4秒的较长停顿后，妻子婕在第130行抱怨(Pomerantz，1986)两人都得收拾东西太麻烦，紧接着妻子在第132行提议明天早上再走，并在随后的第133行及134行给出了这一提议的理由，丈夫在第136行同意了该提议。妻子在执行这一提议时使用了带有“不如”的祈使句，指出当前提议优于两人之前达成的提议，展现出妻子对当前提议的明显倾向，因此这一话轮设计并未给回应者留有足够的自主选择空间。

此外，“算啦”或“行啦”的使用则起到劝说的作用，即接受所提议事项是较为轻松而简单的(张斌，2001：145)，同时此类话轮设计也展现出提议者对当前提议的坚持，因此对回应者接受当前提议施加了压力；“觉得”一词通常起到一种弱化地表达看法的作用(吕叔湘，1999：324)，而提议者使用“我”与这一词汇组合，却凸显出其对当前提议的偏好，因此这一话轮设计展现出提议者对当前提议的坚持，因此对回应者接受当前提议施加了压力。以上话轮设计不再一一举例说明。

决定性表达的提议所使用的各种话轮设计，结合其所在序列，都在某种程度上“迫使”回应者接受当前提议，从而降低了回应者自主选择的空间。试探性表达的提议则相反,为回应者分配了较多的行为决定权,从而增加了回应者可拒绝的空间。

3.3 试探性表达

试探性表达的话轮设计,展现出提议者对回应者是否接受当前提议的不确定性(contingency)(Antaki & Kent,2012; Craven & Potter,2010; Curl & Drew,2008),提议者发出这类提议是在试探性地了解回应者是否接受当前提议。在所收集的224个提议序列中,这一类型出现42次。根据话轮设计的不同分为两类:第一类通过使用复句形式来展现不确定,包括以升调结尾的祈使句与是非问句同时出现(2个),以及带有"你说"的祈使句与"X不X"疑问句(邵敬敏,2014:191)或与是非问句同时出现(4个);第二类则使用带有"要不"或"不行"的祈使句(36个)来提供折中项,其中带有"要不"的祈使句,即"要不TCU",执行的提议出现32次。

3.3.1 展现不确定

带有"你说"的祈使句与"X不X"疑问句或与是非问句同时出现的话轮设计,大多出现在提议者尝试寻找合适方法解决双方面临的问题,或尝试做出令双方都满意的安排的序列环境中,其中带有"你说"的祈使句展现出提议者的"不确定的看法"(盛继艳,2013:36),同时结合"X不X"疑问句或是非问句的使用,在一定程度上将行为决定权交给了回应者,从而降低了对回应者接受当前提议的强加。

[5] [17_YYF_假期找工作_1/2]
49 鑫: 主要是[找不下(),真的.
50 军: [()
51 鑫: .h [你- 你说-
52 军: [而且关键()
53 鑫: →hehehehe .hh 你说要是-
54   →你说要是咱俩每天- (0.2)每- 就是-
55   →不是啊.就说咱俩- (.)给人家端盘子,
56   →哇::,你能- 你能干了那? 那- (.)不好哇.
57 军: 不不不不能- 不能去端盘子.我是-

例[5]中鑫和军是朋友,鑫是大学一年级学生,军刚参加完第二次高考,鑫打电话关心军的考试情况,随后两人聊到假期兼职。从第49行及之前话轮(对话未呈现)得知,两人找不到假期兼职工作,因此为解决这一问题,鑫在第53行至56行试探性地发起提议。首先在第53行至55行,鑫使用带有"你说"的祈使句引出其对找工作这件事的解决办法,同时这些话轮中出现的多次修正,也展现出提议者对所提工作合适与否的不确定性，随后使用是非问句询问军是否能接受这一工作，从而将决定的权利一定程度上交给了对方。同时在紧随其后的第 56 行的话轮中，鑫对自己提出的这一提议甚至给出了消极评价，而这一消极评价也成为鑫提供给军的、可能的拒绝理由（candidate account）（Robinson，2016）。以上这些都展现出鑫对于这一提议被拒绝的倾向，或对于军接受这一提议的不确定。随后军在第 57 行否定了这一提议。

此外，以升调结尾的祈使句与是非问句同时出现的话轮设计中，是非问句的作用与前序列（pre-sequence）（Schegloff，2007）的作用类似，聚焦于回应者是否具备接受提议的客观条件或意愿（availability and/or willingness）（Stevanovic & Peräkylä，2012），同时结合以升调结尾的祈使句，展现出提议者对回应者接受提议的不确定，为回应者拒绝当前提议提供了更大空间。这里不再举例说明。

3.3.2 提供折中项

带有“要不”的祈使句，即“要不 TCU”，是交际者试探性地执行提议的一种话轮设计，这一话轮设计使提议执行者在执行提议的同时，降低对交际对方造成的强加（于国栋、郝全喜，2020），这里不再举例说明。而在带有“不行”的祈使句中，“不行”在语义上投射出提议者对当前提议的看法，即如果没有更好的选择，则可以尝试接受当前提议，因此这一提议的接受是有条件的，或被限制的，留给对方更多拒绝空间。这两种提议的执行形式，展现出提议者尝试通过提供折中项的方式来达成双方一致。

[6] [18_YS_请求帮忙_3/5]
52 磊：→ 那周五：，.h 没[事儿.
53 帅：　　　　　　　　[hehe
54 磊：→ 你：你：你来起得早，
55 　　　→ 不行咱们就早：点＞去我家.＜
56 　　　　(0.2)
57 帅：　　[噢.
58 磊：　　[或者，周四就在我家住了.
59 帅：　　hehehe [.hh 哎，怎[么都行.
60 磊：　　　　　　[行吧.　　　[可以吧.
61 帅：　　怎么都行.[到时候再说吧.[()
62 磊：　　　　　　　[噢.　　　　　[那到时候联系.

例[6]中帅和磊是朋友，磊给帅打电话请求帮忙，帅答应请求后，两人讨论随后的安排，然而讨论了多种可能的安排后，两人依然未达成一致（对话未呈现）。在第 52 行至 55 行，磊提议两人周五早上一起去磊的家中，结合当前提议出现的序列环境，即两人之前就多种安排仍未达成一致,则带有“不行”的祈使句,投射出提议者对回应者接受当前提议的不确定性或试探性。然而这一不确定性或试探性也是短暂的,经过 0.2 秒停顿后,磊在第 58 行又提出了新的安排,即周四在磊的家中住,这一行为也展现出其对之前提议并不坚持。因此第 52 行至 55 行发起的提议并未给回应者接受该提议施加压力,反而提议的接受是有条件的、被限制的,也即,回应者有更多的拒绝空间。

试探性表达的提议,在分配给回应者较多行为决定权的同时,依然保留有双方协商的空间,而撤销性表达的提议则将这一决定行为的权利完全转交给了对方。

3.4 撤销性表达

撤销性表达的提议出现较少,在所收集的 224 个提议序列中,这一类型仅出现 4 次。根据话轮设计的不同分为两类:第一类使用复句形式来让渡决定权:以语气词结尾的祈使句与特殊疑问句同时出现(2 个);第二类则将提议转化为告知来放弃决定权:带有“本来”或者“还说”的祈使句(2 个)。

3.4.1 让渡决定权

在以语气词结尾的祈使句与特殊疑问句同时出现的话轮设计中,提议者将行为决定权直接交给对方,从而让渡了自己的行为决定权。

[7] [14_JY_酒店退房]
13　樱:　那个是:一点,呃,两点之间退房呢是吧?
14　　　→.h 等的你来,然后再检查一下她的东西呀还是怎么着呀.
15　　　(1.5)
16　强:　°嗯::,随便.怎么都行了.°([ ]
17　樱:　　　　　　　　　　　[啊?]
18　樱:　.h [我听不见:.
19　强:　　[(怎么都行.)
20　　　(0.6)
21　强:　我说怎么都行.
22　樱:　.h 怎么都行:?
23　　　(0.4)
24　强:　嗯:.
25　樱:　噢.行咾.我尽量等到两点.
26　　　要是两点你还没来,
27　　　我就退了然后在门口等你哈.
28　　　(0.6)
29　强:　噢.好的.好的.

例[7]中，樱和强是大学同学，之前樱帮强与另一位同学预定了酒店，现在快到酒店退房时间，强和另一位同学不在酒店，因此樱给强打电话商量何时退房。在得知强目前还在返回酒店的途中后(对话未呈现)，樱在第 13 行与强确认退房时间，然而并未等强给出回应，樱即在第 14 行以语气词结尾的祈使句发起了关于退房安排的提议，即等强回来检查东西之后再退房，但随即在同一话轮樱直接询问强该如何安排，进而撤销了这一提议。因此樱对行为决定权的分配是瞬间的，很快便将这一权利转交给对方。然而经过第 15 行长达 1.5 秒的停顿后，强在第 16 行使用了极致表达的话轮设计："随便"及"怎么都行"，这里极致表达的使用事实上逆转(counter)了会话进行的方向(Schegloff, 2007: 16 - 19)，将之前樱放弃的行为决定权又交还给樱。在随后的话轮中，经过第 17 行至 24 的修正发起与修正执行(Kitzinger, 2013)，樱在第 25 行至 27 行提出了新的安排，随后强在第 29 行接受了这一安排。

3.4.2 放弃决定权

带有"本来"或者"还说"的祈使句，将提议行为转化为了告知原计划的行为，也即"本来"或者"还说"的使用展现出当前提议是提议者之前要做的行为(齐沪扬, 2011: 18)，而决定这一行为是否为提议抑或告知的权利，则完全转交给了回应者。

[8] [17_YYF_回家吃饭及逛街_1/5]

59　丽：　你这是甚意思.
60　　　　(1.2)
61　甜：　啊?
62　　　　(0.6)
63　丽：　我说，那你是甚意思了.
64　甜：　我啥意思也没有呀.
65　　　→ 我，本- 本来不是说是，
66　　　→ (0.3)回去咱们，(0.4)吃好的. he. h
67　　　　(1.8)
68　丽：　嗯:. 吃好的那:倒是不用么.
69　　　　要是那甚咾咾. .h 呃:，
70　　　　一会他洗完澡回来咾，
71　　　　俺俩也就出去-
72　　　　(0.8)
73　甜：　去哪儿呀.

例[8]中，女儿甜给妈妈丽打电话讨论晚饭安排，丽告知甜，爸爸去洗澡了(对话未呈现)，随后丽在第 59 行询问甜打电话的原因。经过 1.2 秒的长停顿后，甜在第 61 行发起了开放修正(open-class repair)(Drew，1997)，展现出对话过程中可能出现的问题。经过 0.6 秒的停顿后，丽在第 63 行重述(reformulate)(Clayman，1993)之前的提问，随后甜在第 64 行否认了自己存在打电话的原因，紧接着在第 65 行及 66 行甜使用带有“本来”的祈使句将可能执行的提议转化为了告知(Stevanovic，2013a)，即甜原计划回去和父母一起吃饭。但这一行为转换也将行为决定权转交给了妈妈，即妈妈可以决定是否将告知再次转化为提议，而从后续的第 68 行的话轮中，也可得知妈妈将告知再次转化为提议，并拒绝了这一提议。因此撤销性表达的话轮设计不仅撤销了甜的提议，同时也撤销了提议者的行为决定权。

4 结论与启示

通过以上实例分析，提议序列起始位置执行提议的话轮设计，既展现出交际双方初始关系建构的对等性(中立性表达)，也展现出交际双方初始关系建构的非对等性(决定性表达、试探性表达及撤销性表达)。虽然最终行为决定权的分配，是交际双方在言谈应对中共同建构的，这一过程涉及回应者的回应以及可能发生的后续话轮，但从发起提议的话轮设计中已经可以窥见权利关系建构的端倪。本文梳理了语料中所涉及的所有执行提议的话轮设计，并进行了分类，其中撤销性表达的命名是一种创新性尝试，也概括出这类话轮设计的特点。同时这四类话轮设计所展现的行为决定权表达是有梯度变化的，即决定性表达的话轮设计展现的行为决定权最强，而中立性、试探性及撤销性表达的话轮设计，展现的行为决定权逐渐减弱。这一梯度变化，与上文提到的英语言语交际中四种常见的话轮设计(“Let's”“Why don't we”“Modal Declaratives”及“Modal Interrogatives”)所展现的不同行为决定权表达存在的梯度变化结论一致。

提议序列中，发起提议的话轮设计不同，所展现的行为决定权表达也不同，不同的行为决定权表达也奠定了交际双方行为决定权建构的基础。因此在中立性表达的提议发起的序列中，提议者所展现的交际双方的初始关系是平等的，即双方共同决定，共同承担责任；而在决定性表达的提议发起的序列中，提议者所展现的这一关系是不平等的，即提议者拥有更多的行为决定权，因此也承担更多的责任，但回应者若对这一行为决定权分配有异议的话，则会在回应话轮中要求更多的行为决定权，这将为彼此的不和谐关系埋下伏笔；此外，在试探性及撤销性表达的提议发起的序列中，提议者为回应者分配了更多，甚至全部的行为决定权，与此对应的回应者也将承担更多，甚至全部的责任，也即分配更多权利的同时也为回应者施加了承担更多责任的压力。因此在提议序列中，交际双方不仅需要对所提议事项达成一致，还需对行为决定权的分配达成一致，而不论决定性表达的提议还是试探性及撤销性表达的提议，都会对交际双方的平等关系造成损害。同时根据所收集的语料统计，提议者使用最多的发起提议的话轮设计是中立性表达的话轮设计，占到了一半以上的比例，其次是决定性及试探性表达的话轮设计，两者出现的频率相差不大，而撤销性表达的话轮设计则占比最少，在 224 个提议序列中，仅出现 4 次。这一语料统计也从侧面反映出，在真实的言语交际过程中，提议序列中交际双方通常在建构一种相对平等的社会关系。

因此，本研究凸显真实言语交际作为建构社会秩序的所在，增强了我们对行为决定权分配的理解，即在提出双方参与、双方受益的未来活动中，行为决定权的分配是交际双方在言谈应对中共同建构的，而非事先由交际双方的行为决定权状态决定的。此外，这一研究也为人与人之间平等关系的建构提供了新的视角与启发。

参考文献

[1] Antaki, C. & Kent, A. 2012. Telling people what to do (and, sometimes, why): Contingency, entitlement and explanation in staff requests to adults with intellectual impairments. *Journal of Pragmatics*, 44: 876 - 889.

[2] Asmuß, B. & Oshima, S. 2012. Negotiation of entitlement in proposal sequences. *Discourse Studies*, 14(1): 67 - 86.

[3] Clayman, S. E. & Heritage, J. 2014. Benefactors and beneficiaries: Benefactive status and stance in the management of offers and request. In P. Drew & E. Couper-Kuhlen (Eds.), *Requesting in Social Interaction*. Amsterdam: John Benjamins Publishing Company, 55 - 86.

[4] Clayman, S. E. 1993. Reformulating the question: A device for answering/not answering questions in news interviews and press conferences. *Text*, 13(2): 159 - 188.

[5] Couper-Kuhlen, E. 2014. What does grammar tell us about action? *Pragmatics*, 24(3): 623 - 647.

[6] Craven, A. J. & Potter, J. 2010. Directives: Entitlement and contingency in action. *Discourse Studies*, 12: 419 - 442.

[7] Curl, T. S. & Drew, P. 2008. Contingency and action: A comparison of two forms of requesting. *Research on Language and Social Interaction*, 41: 129 - 153.

[8] Dong, B. & Wu, Y. 2020. Generic solicitude in sequence-initial position as a practice for pre-closing proposals in Mandarin telephone calls. *East Asian Pragmatics*, 5(3): 393 - 418.

[9] Drew, P. 1997. "Open" class repair initiators in response to sequential sources of trouble in conversation. *Journal of Pragmatics*, 28: 69 - 101.

[10] Ekberg, K. & LeCouteur, A. 2015. Clients' resistance to therapists' proposals: Managing epistemic and deontic status. *Journal of Pragmatics*, 90: 12 - 25.

[11] Enfield, N. J. 2011. Sources of asymmetry in human interaction: Enchrony, status, knowledge and agency. In T. Stivers, L. Mondada & J. Steensig (Eds.). *The Morality of Knowledge in*

Conversation. Cambridge, UK: Cambridge University Press, 285 - 312.

[12] Goodwin, M. H. 1980. Directive-response speech sequences in girls' and boys' task activities. In S. McConnell-Ginet R. Borker & N. Furman (Eds.), *Women and Language in Literature and Society*. New York, NY: Praeger, 157 - 173.

[13] Goodwin, M. H. 1990. *He-said-she-said: Talk as Social Organization among Black Children*. Indianapolis, IN: Indiana University Press.

[14] Hao, Q. 2020. Denying, qualifying, or diverting with "meishier"(没事儿) in open-Class repair in Mandarin Chinese talk. *English Language Teaching and Linguistics Studies*, 2(4): 1 - 15.

[15] Hao, Q., Guo, H., Li, C. & Yang, S. 2022. Subsequent actions engendered by the absence of an immediate response to the proposal in Mandarin mundane talk. Frontiers in Psychology, 13: 1 - 11.

[16] Hepburn, A. & Bolden, G. B. 2013. The conversation analytic approach to transcription. In J. Sidnell & T. Stivers (Eds.), *The Handbook of Conversation Analysis*. Oxford: Wiley-Blackwell, 57 - 76.

[17] Heritage, J. 1984. A change-of-state token and aspects of its sequential placement. In M. Atkinson & J. Heritage (Eds.), *Structures of Social Action: Studies in Conversation Analysis*. Cambridge: Cambridge University Press, 299 - 345.

[18] Honneth, A. 1995. *The Struggle for Recognition: The Moral Grammar of Social Conflicts*. J. Anderson, trans. Cambridge, MA: MIT Press.

[19] Kitzinger, C. 2013. Repair. In J. Sidnell & T. Stivers (Eds.), *The Handbook of Conversation Analysis*. Oxford: Wiley-Blackwell, 415 - 432.

[20] Landmark, A. M. D., Gulbrandsen, P. & Svennevig, J. 2015. Whose decision?: Negotiating epistemic and deontic rights in medical treatment decisions. *Journal of Pragmatics*, 78: 54 - 69.

[21] Li, C. N. & Thompson, S. A. 1981. *Mandarin Chinese: A Functional Reference Grammar*. Berkeley: University of California Press.

[22] Margutti, P., Tainio, L., Drew, P. & Traverso, V. 2018. Invitations and responses across different languages: Observations on the feasibility and relevance of a cross-linguistic comparative perspective on the study of actions. *Journal of Pragmatics*, 125:52 - 61.

[23] Pomerantz, A. 1986. Extreme case formulations: A way of legitimizing claims. *Human Studies*, 9: 219 - 229.

[24] Robinson, J. D. 2016. Accountability in social interaction. In J. D. Robinson (Ed.), *Accountability in Social Interaction*. New York: Oxford University Press, 1 - 44.

[25] Rossi, G. 2012. Bilateral and unilateral requests: The use of imperatives and Mi X? interrogatives in Italian. *Discourse Processes*, 49(5): 426 - 458.

[26] Schegloff, E. A. 2007. *Sequence Organization in Interaction: A Primer in Conversation Analysis*. Cambridge: Cambridge University Press.

[27] Stevanovic, M. 2013a. Constructing a proposal as a thought: A way to manage problems in the initiation of joint decision-making in Finnish workplace interaction. *Pragmatics*, 23(3): 519 - 544.

[28] Stevanovi, M. 2013b. *Deontic rights in interaction: A conversation analytic study on authority and cooperation*. Doctoral dissertation, Department of Social Research, University of Helsinki, Finland.

[29] Stevanovic, M. 2018. Social deontics: A nano-level approach to human power play. *Journal for the Theory of Social Behaviour*, 1 - 21.

[30] Stevanovic, M. & Monzoni, C. 2016. On the hierarchy of interactional resources: Embodied and verbal behavior in the management of joint activities with material objects. *Journal of Pragmatics*, 103: 15 - 32.

[31] Stevanovic, M. & Peräkylä, A. 2012. Deontic authority in interaction: The right to announce, propose and decide. *Research on Language and Social Interaction*, 45: 297 - 321.

[32] Stivers, T. & Sidnell, J. 2016. Proposals for activity collaboration. *Research on Language and Social Interaction*, 49(2): 148 - 166.

[33] Thompson, S. A., Fox, B. A., & Raymond, C. W. 2021. The grammar of proposals for joint activities. *Interactional Linguistics*, 1(1): 123 - 151.

[34] Yu, G. & W, Y. 2018. Inviting in Mandarin: Anticipating the likelihood of the success of an invitation. *Journal of Pragmatics*, 125: 130 - 148.

[35] Yu, G., W, Y. & Drew, P. 2019. Couples bickering: Disaffiliation and discord in Chinese conversation. *Discourse Studies*, 21(4): 1 - 23.

[36] 崔希亮,2011. 语气词“哈”的情态意义和功能. 语言教学与研究,4:39 - 45.

[37] 吕叔湘,1999. 现代汉语八百词(增订本). 北京:商务印书馆.

[38] 齐沪扬,2011. 现代汉语语气成分用法词典. 北京:商务印书馆.

[39] 邵敬敏,2014. 现代汉语疑问句研究(增订本). 北京:商务印书馆.

[40] 盛继艳,2013. 也谈话语标记“你说”. 汉语学习,3:31 - 36.

[41] 于国栋,2008. 会话分析. 上海:上海外语教育出版社.

[42] 于国栋,郝全喜,2020. 汉语日常会话中“要不”话轮建构成分执行的提议行为. 语言学研究,27:7 - 18.

[43] 于国栋,吴亚欣,2018. 努力建设汉语会话分析研究的科学体系. 外国语,41(4):7 - 9.

[44] 张斌,2001. 现代汉语虚词词典. 北京:商务印书馆.

机构语境下日语恭维回应中感激标记语语调变体的会话分析*

中南财经政法大学　袁　园**

广东外语外贸大学外国语言学及应用语言学研究中心　冉永平***

摘　要:本文聚焦恭维回应言语行为,探究日语感激标记语的语调变体在机构语境中的语调表征与交际取效。本研究借助语音分析软件识别和分析感激标记语的语调变体特征,使用会话分析的研究方法探讨交际参与者如何调配语调变体协同完成交际任务。研究发现,目标驱动的机构语境下交际参与者可调动语调变体来管理旁听者身份、进行语用推进;亦可通过语调变体的仪式化作用管理多层交际身份、达成多层交际任务。研究表明,日语恭维回应中感激标记语语调变体的使用是交际参与者基于对交际意图、交际目的及交际效果的动态评估做出的选择,揭示了交际过程中多模态交互资源在身份建构与调整、人际关系管理、多层次交际任务实施方面的重要功能,反映了交际参与者对机构语境因素的顺应。

关键词:机构语境;恭维回应;语调变体;会话分析

Title: A conversation analysis of intonation variety in compliment responses of Japanese appreciate token in institutional interaction

Abstract: Informed by conversation analysis, this study investigates how the implicit resources such as intonation variety of appreciate token in compliment response can be employed to accomplish the interactional tasks. Using the phonetic analytic software, this study first identifies two kinds of intonation variety of Japanese

---

* 本文系中央高校科研基本业务费项目"会话分析视角下领导力的语用能力构建研究"(2722020JCG040)阶段性成果。

** **作者简介:**袁园,副教授。研究方向为会话分析。联系方式:findyuan@126.com。

*** **作者简介:**冉永平,教授。研究方向为语用学,话语分析。联系方式:ranyongping@hotmail.com。

appreciate token, and then employ conversation analysis to illustrate how interactants make use of the resource to accomplish the interaction tasks. The results reveal that the intonation variety, in goal-oriented institutional context, in combination with other interactional components, not only can be manipulated as a tool to manage the side-participant identity, thus promoted interaction; but can also be used to modify the speech act to manage multi-layered identities in accomplishing multi-leveled tasks. This study proves that the strategies of compliment responses are determined by the interactants evaluation of the interactional purpose at hands, such as constructing identities, managing interpersonal relationship and accomplishing multiple interactional tasks, at the discourse level.

Key Words: institutional context; compliment response; intonation variety; conversation analysis

1 引言

恭维是一种常见的社会语言行为，广义上是一种明确或者含蓄地对某人的所有物、技能、性格等进行赞扬、积极评价的言语行为（Holmes，1986；Hobbs, 2003）。恭维回应是对恭维言语行为的应答，与恭维构成可识别的言语行为组块（chunks）。国内外有关恭维回应的研究，主要有两类，一是描述恭维回应的常规话语表征（Chen, 1993; Daikuhara, 1986；Golato, 2002; Tang & Zhang, 2009）、结构偏好（张艳红、于国栋 2016）。二是探究恭维回应的影响因素，如社会、文化影响（平田, 1999; Urano, 2000），与说话人的性别、身份、地位等之间的相互制约，为偏好回应策略提供理据。

近年来，国内外语用学界从关注言语行为的施事行为本身转向到关注言语行为的取效（向明友，2018），将言语行为置于人际互动的动态研究视角趋势日趋明朗，交互特征涌现。然而，在恭维与恭维回应中的研究中，较多关注言语行为本身，对于交际参与者如何运用恭维回应“做事”的研究不足，对于交际中的多模态资源的关注不够（Idemaru, Winter & Brown, 2019）。鉴于此，本文在梳理日语恭维回应的相关研究基础上，采用会话分析的方法以日本综艺节目中的恭维回应话语为语料，考察机构语境下交际参与者如何运用多模态资源完成交际任务。

2 日语恭维回应相关研究

日语交际普遍被认为受到三大礼貌准则强制约，一致原则、谦逊原则、真诚原则(Mizutani & Mizutani，1987；Barnlund & Araki，1985；横田，1986)。“一致原则”(Agreement Maxim)是指要尽量与他人减少分歧，尽量增加与他人的一致(Leech，1983)，是礼貌原则的子原则。日语语境下的恭维回应研究成果颇丰，平田(1999)研究发现日本大约三分之一的恭维回应表现为接受恭维或者表示感谢，感激标记语的使用体现了“一致原则”的约束。Pomerantz(1978)指出，在恭维行为中，被恭维方处于一种既不能拒绝恭维也不能进行自我称赞的两难境地，回应策略受到“一致原则”和“谦逊原则”约束(Leech，1983)，具有极强人际语用敏感特征，因此在恭维回应中一般采取降级或者转移恭维的处理。人际和谐管理理论认为，“和谐取向(Rapport-orientation)则是人际交往的一个基本取向，并影响语言形式、交际策略等的选择，因为交际的目的通常在于实现人际之间的和谐”(冉永平 2010:155)。交际主体可借助语言实现人际关系管理，包括构建、维护、忽视或威胁人际关系(Spencer-Oatey，2008)。铃木(2002)对不同恭维回应给恭维方留下的印象度进行分析发现，谦虚的程度高低和印象的好坏并不成正比，即并不是谦虚的程度越高给恭维方留下的印象越好。相反，比起谦虚，在上下级关系中，用坦诚的态度接受恭维和表示感谢更能赢得恭维方的好感，即“真诚原则”。

感激标记语被广泛视为一种积极言语行为，具有两个基本特征：1) 从实现的语言手段来说，是一种善意的言辞；2) 从交际意图来说，通常表示说话人对听话人恭维的肯定。因此，感激标记语在恭维回应语境中通常被归纳到接受策略，对人际关系产生正面的语用效应。感激标记语的常规语调在恭维回应中基本具备趋同的人际和谐取向。柏木(2017)发现日语恭维回应接受策略中使用感谢标记语伴随着眼神移开、谨慎鞠躬、降低语音等消极礼貌，凸显“谦逊原则”。由此可见日语恭维回应中感激标记语使用中，语调是调节感激标记语的礼貌语用属性的主要参数。

随着界面研究的兴起，机构语境下的语调的语用作用也日益受到关注(陈海庆、刘乐乐，2017；赵颖等，2017；易丹，2017)。与日常语境下言语行为的宏观礼貌准则凸显相比，机构语境交际具有任务导向性，目标驱动明显(Drew & Heritage，1992)。机构语境下的交际行为具有受既定序列制约，但也存在偶发性(contingency)特征，第三方在场可能对交际行为产生重要影响(夏登山等，2017)。第三方在场前提下，交际的目的或无法直接告知互动对方，如何即时调整，修正偶发行为，达成机构交际任务或需要更高阶语用能力，比如对显性、隐性语用资源的调配。然而，现有研究成果较多关注显性语用资源，如词汇(冉永平、白晶，2017)、句式(杨娜、冉永平，2017)、言语行为(Drew &

Couper-Kuhlen, 2014;Kendrick & Drew, 2016;冉永平、刘玉芳,2011)等,对于隐性语用资源关注明显不足(Stevanovic & Monzoni, 2016;Yuan, 2009)。

综上可见,语调是日语恭维回应中调节礼貌属性的重要参数,然而现有研究对语调等多模态资源的关注显著不足(Idemaru, Winter & Brown, 2019)。因此,本研究聚焦机构语境下恭维回应中感激标记语的语调变体,探究交际参与者如何利用感激标记语的语调变体作为交互资源完成当下交际任务。

3 语料与研究方法

传统的恭维回应研究方法包括书面语篇补全任务(DCT)、口头语篇补全任务、角色扮演、场景观察与回忆笔记、自然会话五种(Golato, 2003; 夏登山等, 2017)。本文采用的会话分析研究方法(Sacks, 1992)是基于自然语料的研究方法,认为"言语行为/社会行为的识别都依赖于交际所在序列"(于国栋,张艳红,2019:133)。会话分析研究主要考察两个方面,"1)话轮设计,即单个话轮中互动参与者如何通过词汇选择、句法选择、韵律手段等语言资源执行某种社会行为;2)序列组织,即互动参与者如何通过多轮话轮的有序组织完成某种人际互动目标"(王楠、张惟,2020)。使用会话分析的研究方法有助于本研究充分、细致地考察交际参与者如何在恭维回应的序列位置上调用韵律资源,并进一步解读具体语境中的交际效果。

在语料收集上,考虑到综艺节目属于第三方在场的机构语境,既接近自然对话(柏木,2017),又具备明确的交际任务,笔者从 X 台日本综艺节目(50 小时视频与音频)中抽出含恭维回应感激标记语(ありがとうございます謝謝/ありがとう謝了)的片段共计 13 组作为本研究数据。笔者使用 Praat 软件识别和分析感激标记语的常规语调及语调变体。Praat 软件是由阿姆斯特丹大学创编地语音学软件,其具有分析、整合、处理、分割和标记语音等功能,能够将可听见的语音语调转换成可观察的矢量图,便于语音表征呈现与准确的数据分析(陈海庆、王任琦,2020)。本文首先使用 Praat 软件生成语调基频图,描写与总结日语恭维回应中感激标记语的语调变体特征;其次,采用会话分析研究视角,在交际序列中考察交际者如何利用语调变体推进交际任务的完成。

4 研究发现

4.1 感激标记语调变体的语调表征

“语调的调阶、调域、边界调和音高重调 4 种音高因素是语调表征的具体形态，而调阶和调域则是调节语调的主要方式”（陈海庆、刘乐乐，2017:58－59）。“同其他语音学特征相比，音高与语调更为相关”（陈海庆、刘乐乐，2017:58）。从研究目的出发，本文对语调变体不做详细的语音学分析，仅以音高变化作为主要对比参数。

使用 Praat 软件发现感激标记语在恭维回应中存在一定的语调偏向。13 组语料中有 11 组语料可识别为常规语调（“平缓下降式”，见图 1A 式基频图），2 组为语调变体（“轻声压缩式”见图 2A－式、“高扬假声式”见图 3A＋式）。详见表 1。

表 1 感激标记语的语调表征

感激标记语	基频调形	具体特征	音高	基频图
常规语调 ありがとうございます	“平缓下降式” （图 1）	语调不重读、无调核、窄调域、变化平缓下降	正常偏低 pitch＜300 弱化	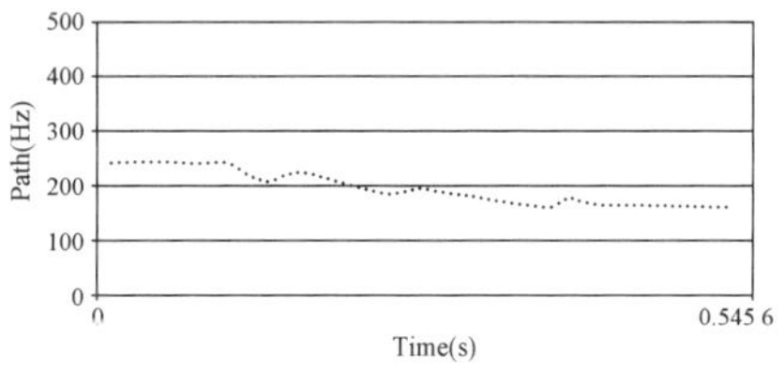 **图 1 A**
语调变体 1 ありがとうございます	“轻声压缩式” （图 2）	无调核、窄调域、变化平缓下降、音长短	偏低 pitch＜200 强弱化	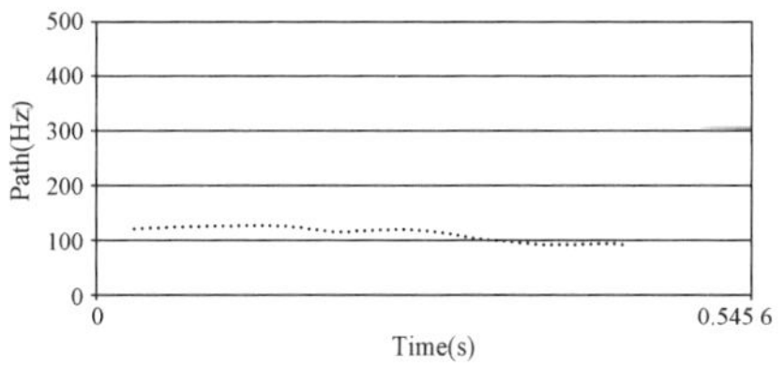 **图 2 A⁻**
语调变体 2 ありがとう	“高扬假声式” （图 3）	调型先升后降 音量强	显著偏高 pitch＞300 强化	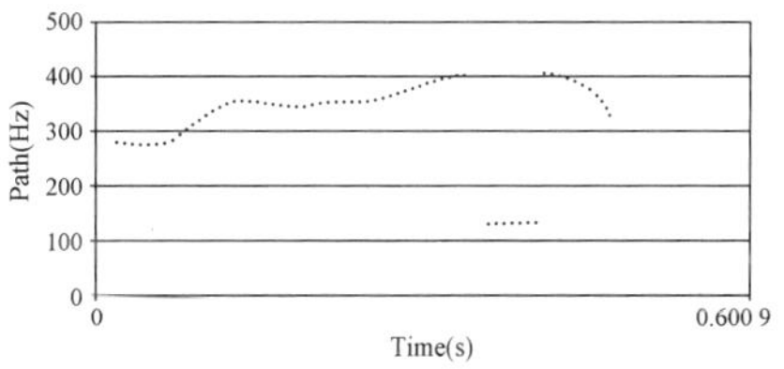 **图 3 A^+**

如表1所示，图1是感激标记语ありがとうございます在恭维回应中的常规调型基频（A式），原始语调不重读、无调核、窄调域、变化平缓，直观可见下降式，音高正常偏低（＜300pitch）。图2是“压缩轻声式”语调变体基频，调型下降，与常规语调相比，音长短（仅为常规音长的一半）、音高偏低（＜200pitch）。从听觉直观上可以听出是快速压缩的轻声（A－式）。图3是“高扬假声式”语调变体基频，调型上升后下降，与常规语调相比，音长较长、音高显著高出正常范围（＞200pitch），音量强（A＋式）。听觉直观上感受是高扬的假声，与常规语调变化差异显著。

4.2 机构语境下语调变体的交际取效

4.2.1 构建与赋权结盟身份

例(1)的语料选自日本电视综艺节目，该节目台上有7名参与者，含5名嘉宾（G1—G5），讲师1人（P）与主持人（C）1人。该片段取自文学讲座中讲师与嘉宾的问答环节，讲师介绍完主要内容后，嘉宾自主发表感想。在台上，五位嘉宾坐在一排，G1和G2靠右，其它三位嘉宾靠左。主持人侧位站立旁听。

(1)

01　G1：　あれでーひー掛かるときが[あるんです]

　　　　那是吸引我的地方吧

02　C：　　　　　　　　　　[なるほどね]＝

　　　　　　　　　　　　原来如此

03　C：＝ちょっとまってください↑

　　　请等等

04　C：こっちふたりだけだぞ．＞やる気あるの＜

　　　只有这边两位，有没有干劲啊

（（C朝着左侧三位嘉宾，观众发出了哄笑声、G3低下头眼神离开讲师P，G4眼神移开低头看手，G5忍住笑））

05　C：どうしたこっち↑．（（走向左侧3位嘉宾））

　　　这边怎么了

06　P：どうなってる．大丈夫？

　　　怎么了吗，没问题吧

在听完讲师的讲座后，嘉宾G1发表感想（L01）。L04主持人使用差异的关系对（relational dyads）指示语こっち（这边）有意识将同一排物理位置划分出二组对立关系，即这边和那边的对立，为后续凸显行为差异提供了身份预设。身份关系是人际互动中临时构建的(Arundale，2010)，是“主体间产生的而不是个体产生的，是交际互动中涌现的而不是事先指定的”(Bucholtz & Hall，2005：587)，是多方协商与共建的结果(De Fina，2010)。在公开机构语境下，主持人意图无法直接告知给在场嘉宾与讲师。显然，讲师P并未明白主持人C突然构建嘉宾身份的动机，提出了疑问，“怎么了吗，没问题吧”(L06)。讲师的发问显示对于主持人关于“这边和那边”两组对立关系构建意图的不理解，事实上在节目中，一直到L04嘉宾G1—G5并没有表现出显著参与态度上的差异。直到主持人发起责备后(L04)，被责备方的嘉宾才速调表情、坐姿、眼神，配合演绎出“不积极”状。

07　C：　=こっちはすごいい
　　　　这边非常好
08　C：積極的よ((C朝着左侧嘉宾夸奖右侧嘉宾))
　　　很积极哦
09　→G1：>°ありが[とうございます°<]((图2基频))

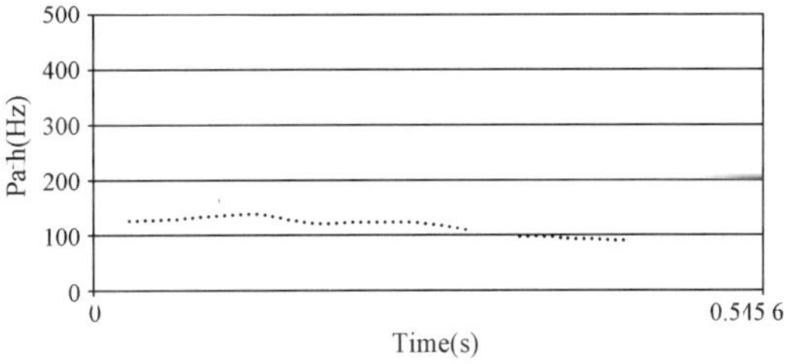

　　　　谢谢
10　→G2：[>°ありがとうござ]います°<
　　　　谢谢

主持人通过恭维“这边非常好，很积极哦”(L07—08)回答讲师的问题，解除现场的疑惑。“积极与没有干劲”的对比评价构建“积极的嘉宾”与“不积极的嘉宾”身份对立。L07—L08的恭维(C朝着左侧嘉宾夸奖右侧嘉宾)意在展示群体特征差异，以区别于听话人来实施否定、责备言语行为，形成与听话人的某种趋异。L04主持人斥诉左边嘉宾的态度问题，严重威胁对方的素质面子，很容易引起人际关系的冲突，诱发对撞性回应。本语料中的恭维前置序列是责备言语行为，且恭维方并未选定被恭维方为直接听话人，L09—10，被恭维方在没有被选择为说话人情况下(主持人眼神看着责备方)，本可保持沉默回避结盟，或遵循谦虚原则否认恭维来缓和冲突性话语，实现语言缓和维护人际关系和谐。然而，右边嘉宾采取了正相反的方式，自我选择主动插入话轮，使用感激标记语轻声压缩式A一式语调，快速地接受了主持人的恭维。从人际关系管理层面看，恭维与恭维回应作为责备话语中的插入序列，直接威胁到左边嘉宾的素质面子，具有和谐挑战取效(Spencer-Oatey，2013)。这里的恭维回应实际上是识别主持人“敌我阵营”的语境化线索 contextualization cue (Gumperz，1982)，知晓主持人的和谐挑战取向后，与主持人临时结盟、授权(authorization)完成了责备正当性建构需要的身份赋权的行为。感激标记语的语调变体的使用，在不影响主持人推进责备话语的情况下，明确配合完成“积极的嘉宾”的身份建构，和被责备方、责备方结成“娱乐观众共同体”协同完成节目期待的娱乐效果。对于为何选择“轻声压缩式”语调变体，需要结合话轮转换机制进一步说明。如图 1 所示，此处感激标记语的音高正常范围偏低，音量层面不具备话轮转换的效力，属于支持性的旁听者身份，主持人无须回应。交际者对于 A－语调变体的选取，最为重要的作用体现在管理旁听者身份，没有抢夺主持人的话轮资源，快速完成身份赋权、明确了与左边嘉宾立场对比，推进冲突的升级。由此可见，参与者此处感激标记语语调变体的使用，并未呈现出谦逊或真诚的礼貌导向，而是赋权恭维实施者，结盟并构建旁听者身份，从而为实施责备，制造冲突提供基础。以上分析呈现了交际参与者如何协同配合完成构建敌我阵营，触发冲突并娱乐观众的交际效果。

4.2.2 语调变体的仪式化作用

例(2)语料取自美食节目。节目的流程是嘉宾品尝美食后对美食进行描述和评价。根据节目规则，嘉宾在对美食做出描述性评价的同时，其点评也接受专业点评师评价。在本节目中请到的点评师职业为“大向”。大向原是指日本舞台剧表演鉴定师，可在表演进行中，插空点评表演精彩部分，方式是用假声喊出表演者艺号。在本次节目中，也采用舞台剧鉴定相同方式，“大向”在感觉精彩的部分，用假声喊出嘉宾姓名作为喝彩，如“樱井翔!”(假声)。语料(2)选自包含大向点评的序列，重点分析语调变体 A＋的交互取效。

(2)

01　樱井：今の説明聞くと(.)すっげ濃厚なスープかと思ったんだけど
　　听到说明，还以为是十分浓郁的汤

02　主持人：＞はいはいはい＜((低头看手上资料))
　　嗯嗯嗯

03　樱井：それむしろちょっとあっさりしてて(.)なんかその(.)
　　那个反而是有点清爽的，那个

04　エキスだけを(.)飲んでるみたいな＝((观众发出感叹))
　　只喝了美容液一样

05　松岛：＝そうなんですよ.((观众发出惊叹声附和))
　　就是啊

06　樱井：いや(.)これもどうしよう：((双手轻拍脸颊，眼神看着上方，做思考状))

呀，这该如何是好

07　(0.3)

樱井翔是美食点评嘉宾，他在品尝完美食并听取厨师的介绍后，开始描述感想。樱井翔的陈述在L04与L05获得了观众的附和，然而却一直没有得到大向的喝彩。L06—07对于后续恭维回应的语调变体产出理解十分关键。L06显示樱井翔遇到难题，并寻求支援。首先，"呀，这该如何是好"后有0.3秒停顿(L07)，眼神看着上方停留在公共空间，且未选择交际任何一方。眼神方向是交际中基础资源(Rossano，2013)，此处的眼神不是选择下一位说话人，可理解为寻求眼神(look for something)。言语上、视觉上的具身表现以及手托脸颊做思考脸(See Goodwin & Goodwin，1986；Kendrick & Drew，2016：12)这一系列多模态协同(Mondada，2014)提示此处出现问题(Trouble)且说话人即将/正在经历某种困难，可识别为言语行为的支援雇佣(the recruitment of assistance)(Kendrick & Drew，2016)。

然而，樱井翔究竟面临何种困难具有不确定性。L06的"呀，这该如何是好"的前指示语"这"可解读为喝美容汤后皮肤太好的感叹，也可理解为未收到大向喝彩，无法成功结束陈述的困境。如果有人识别为寻求支援，可在L07的话轮完结点(PTCP)出言相助；但即使没有人识别出樱井需要帮助，也可以避免公开显性请求帮助被拒绝的面子威胁。

以上是恭维产生的局部交际语境，对于解读恭维与恭维回应的交际意义有重要作用。假设0.3秒(L07)停顿后，大向在未感到精彩的情况下，虚假恭维"樱井翔(假声)"，则面临违背职业道德的风险，又使得节目未达到高潮的情况下仓促结束。

08　大向：＞お肌ツルツル＜((点评仪式化腔调，观众哄笑))

皮肤滑溜滑溜

09　樱井：ありがとう↑：：((保持双手托脸的姿势大声说，观众哄笑程度升级))

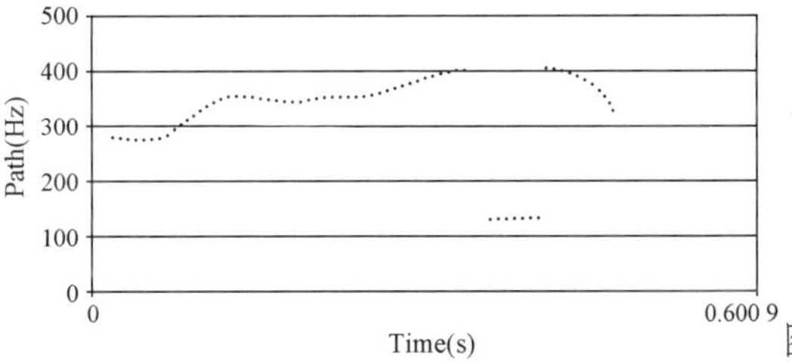

图3 基频

谢了

10　主持人：ありがとうじゃないんです(. hah)((单手摆动))
　　不是谢了哦

L08 大向实施恭维，L09 樱井进行恭维回应，看上去是标准的恭维与恭维应答。然而，真正符合大向职业身份的恭维方式是：语调上应为假声、恭维内容应为表演者艺号，如大向：樱井翔！（假声）。对照标准恭维方式，可发现 L08 中的恭维实则为表面称赞(token praise)的虚假恭维，虽然是对素质面子(quality face)的肯定，但结合被恭维方性别、双方关系、局部情景语境不难发现恭维本身回避了对嘉宾表演的评价，而避重就轻地选择男性嘉宾的外观作为点评内容，其实回避对方职业身份，实质上威胁到了交际对方的身份面子(identity face)，可解读为隐性冒犯性言语行为。L10 主持人对于 L09 感激标记语进行了修正(other-initiated repair)，提示恭维行为的判断有误。面对真假难辨的恭维行为，嘉宾处于两难境地，若解读成冒犯，表示异议则违反了"一致原则"的人际修辞原则，造成对方面子损失，容易将引发冲突，也威胁到自己的职业身份。若当作真正恭维，常规性接受回应，则等于默认了冒犯，威胁到自己的素质面子。

实际上 L08 的恭维设计十分精巧，首先提供仪式需要的特殊语调（假声），其次并没有真正喊出"樱井翔"名字无损其职业身份权威，再次从语义上对于皮肤的点评配合了樱井拍打面颊的动作，支撑了美容汤的推介效果。在此语境下，L09 的恭维回应产出需谨慎设计。A+语调、表情夸张、跨越场地空间的远距离眼神强势交流，虽完全违背宏观礼貌行为准则要求，却顺利地推进观众哄笑程度升级。L09 处的恭维回应实际完成了复合言语行为：恭维回应、感谢、恭维与表达异议。从言语行为看是恭维接受策略，是对恭维的正面回应；从语义上表达感谢可解读为对及时解围的感谢；从语调层面看，与大向腔调具有类似性，将感激标记语仪式化，L08 与 L09 从语调上看可视为对等恭维；从礼貌层面上看，非常规的表达实则表达了异议。虽被冒犯但没有与对方产生冲突，人际关系和谐，对于交际对方的"解围"表达了感谢。使用假声消解了第三方作为常规回应的解读，改变了回应作为"恭维回应"的判断，隐形地表达了异议，避免了冲突的产生。被恭维方利用语调变体巧妙地完成了复杂的交际目标。依据关联理论(Wilson Sperber, 1986)，人们在言语互动中，一般会遵循"省力原则"，即付出尽可能小的努力获得尽可能大的效果。语调变体实际上将感激标记语仪式化，帮助交际参与者完成从被恭维方到恭维方的转变，且隐性表达了被避重就轻恭维（冒犯）的异议。语调最终与语义、礼貌、人际关系等语用资源协同实现了多重、多层交际目的：结束了平淡无奇的食评话语序列推进了观众的哄笑程度升级，娱乐效果达到高潮。

5 结语

本文聚焦恭维回应言语行为，探究了日语感激标记语的语调变体在机构语境中的语调表征与交际取效。本研究借助语音分析软件识别与分析了感激标记语的语调变体特征，使用会话分析的研究方法探讨交际参与者如何调配语调变体协同完成交际任务。研究发现，目标驱动的机构语境下交际参与者可调动语调变体来管理旁听者身份、建构和赋权结盟身份，进行语用推进；亦可通过语调变体的仪式化作用管理多层交际身份、达成多层交际任务。研究表明，日语恭维回应中感激标记语语调变体的使用是交际参与者基于对交际意图、交际目的及交际效果的动态评估做出的选择，揭示了交际过程中多模态交互资源在身份建构与调整、人际关系管理、多层次交际任务实施方面的重要功能，反映了交际参与者对机构语境因素的顺应。其中语调是交际者是完成机构交际任务的重要语言资源。最后，本文证明会话分析对于解剖局部交际实践，深描交际的动态属性，揭示机构语境下交际者的语用能力有重要作用。

参考文献

[1] Arundale, R. B. 2010. Constituting face in conversation: Face, facework, and interactional achievement. *Journal of Pragmatics*, 42(8), 2078 - 2105.

[2] Barnlund, D. C. & Araki, S. 1985. Intercultural encounters: The management of compliments by Japanese and Americans. *Journal of Cross-Cultural Psychology*, 16(1), 9 - 26.

[3] Bucholtz, M. & Hall, K. 2005. Identity and interaction: A sociocultural linguistic approach. *Discourse Studies*, 7(4 - 5), 585 - 614.

[4] Chen, R. 1993. Responding to compliments A contrastive study of politeness strategies between American English and Chinese speakers. *Journal of Pragmatics*, 20(1), 49 - 75.

[5] Daikuhara, M. 1986. A study of compliments from a cross-cultural perspective: Japanese vs. American English. *Working Papers in Educational Linguistics* (*WPEL*), 2(2), 103 - 133.

[6] De Fina, A. 2010. The negotiation of identities. In M. A. Locher & S. L. Graham (Eds.), *Interpersonal Pragmatics*. Berlin: Walter de Gruyter, 205 - 224.

[7] Drew, P. & J. Heritage (Eds.). 1992. *Talk at Work*: *Interaction in Institutional Settings*. Cambridge: Cambridge University Press.

[8] Drew, P. & Couper-Kuhlen, E. 2014. Requesting-from speech act to recruitment. In P. Drew & E. Couper-Kuhlen (Eds.), *Requesting in Social Interaction*. Amsterdam/Philadelphia: John Benjamin, 1 - 34.

[9] Goodwin, M. H. & Goodwin, C. 1986. Gesture and coparticipation in the activity of searching for a word. *Semiotica*, 62(1-2), 51-76.

[10] Gumperz, J. J. 1982. *Discourse Strategies* (Vol. 1). Cambridge: Cambridge University Press.

[11] Golato, A. 2002. German compliment responses. *Journal of Pragmatics*, 34(5), 547-571.

[12] Golato, A. 2003. Studying compliment responses: A comparison of DCTs and recordings of naturally occurring talk. *Applied Linguistics*, 24(1), 90-121.

[13] Hobbs, P. 2003. The medium is the message: Politeness strategies in men's and women's voice mail messages. *Journal of Pragmatics*, 35(2), 243-262.

[14] Holmes, J. 1986. Compliments and compliment responses in New Zealand English. *Anthropological Linguistics*, 28(4), 485-508.

[15] Idemaru, K., Winter, B. & Brown, L. 2019. Cross-cultural multimodal politeness: The phonetics of Japanese deferential speech in comparison to Korean. *Intercultural Pragmatics*, 16(5), 517-555.

[16] Kendrick, K. H. & Drew, P. 2016. Recruitment: Offers, requests, and the organization of assistance in interaction. *Research on Language and Social Interaction*, 49(1), 1-19.

[17] Leech, G. N. 1983. Principles of Pragmatics. London and New York: Longman.

[18] Mondada, L. 2014. The local constitution of multimodal resources for social interaction. *Journal of Pragmatics*, 65, 137-156.

[19] Mizutani, O. & N. Mizutani. 1987. *How to be polite in Japanese*. Tokyo: Japan Times.

[20] Pomerantz, A. 1978. Compliment responses: Notes on the co-operation of multiple constraints. In J. Schenkein (Ed.), *Studies in the Organization of Conversational Interaction*. New York: Academic Press, 79-112.

[21] Rossano, F. 2013. Gaze in conversation. In J. Sidnell & T. Stivers (Eds.), *The Handbook of Conversation Analysis*, Vol. 121, Malden, MA: Wiley-Blackwell, 308-329.

[22] Sacks H. 1992. *Lectures on conversation*, Vol. I. Malden, MA: Wiley-Blackwell.

[23] Spencer-Oatey, H. (Ed.). 2008. *Culturally Speaking: Culture, Communication and Politeness Theory*. London, UK: Continuum.

[24] Spencer-Oatey, H. 2013. Relating at work: Facets, dialectics and face. *Journal of Pragmatics*, 58, 121-137.

[25] Stevanovic, M. & Monzoni, C. 2016. On the hierarchy of interactional resources: Embodied and verbal behavior in the management of joint activities with material objects. *Journal of Pragmatics*, 103, 15-32.

[26] Tang, C. H. & Zhang, G. Q. 2009. A contrastive study of compliment responses among Australian English and Mandarin Chinese speakers. *Journal of Pragmatics*, 41(2), 325-345.

[27] Urano, K. 2000. Negative pragmatic transfer in compliment responses by Japanese learners of English. Shinshu University Research and Communication Language Education (SURCLE), 2, 27-38.

[28] Wilson, D. & Sperber, D. 1986. On defining relevance. In R. E. Grandy & R. Warner (Eds.), *Philosophical Grounds of Rationality*: *Intentions*, *Categories*, *Ends*, London: Oxford University Press, 43 - 258.

[29] Yuan, Y. 2009. Co-accomplishing an Interactional Task through Identity Ascription and Ratification. *Studies in English Language Teaching*, 32, 73 - 81.

[30] 柏木厚子，2017. インタビュー番組におけるほめの返答の日米比較—非言語データも含めた発話分析. 学苑，(919)：1 - 14.

[31] 平田真美. 1999. ほめ言葉への返答. 横浜国立大学留学生センター紀要，(6)：38 - 47.

[32] 鈴木理恵，2002. 褒めの返答に対する褒め提示側の印象度分析. 国際基督教大学学報 3 - A，アジア文化研究，(28)，83 - 108.

[33] 陈海庆，刘乐乐. 2017. 庭审话语正反问句的语用功能及其语调表征研究：以央视《庭审现场》节目视频为研究语料. 重庆科技学院学报(社会科学版)，(06)：58－62＋72.

[34] 陈海庆，王任琦，2020. 庭审话语附加疑问句的语调表征及话语功能. 海外英语，(24)：23 - 27.

[35] 冉永平，2010. 冲突性话语趋异取向的语用分析. 现代外语，(02)：150－157＋219.

[36] 冉永平，白晶，2017. 互动语境中异议标记语的人际语用取向. 山东外语教学，(01)：11 - 20.

[37] 冉永平，刘玉芳，2011. 非攻击性话语引发的冲突回应探析. 外语学刊，(05)：65 - 69.

[38] 王楠，张惟，2020. 处方建议行为的会话分析研究. 现代外语，(1)：44 - 55.

[39] 夏登山，殷彩艳，蓝纯，2017. 三方恭维回应策略研究. 外语教学与研究，(05)：688－698＋799－800.

[40] 向明友，2018. 言语行为理论评注. 现代外语，(04)：541 - 549.

[41] 杨娜，冉永平，2017. 新闻时评话语中是非断言问句的语用研究. 外语研究，(03)：12－17＋46.

[42] 易丹，2017. 广西柳州官话"了 2"高平语调的语用功能. 方言，(04)：482 - 486.

[43] 于国栋，张艳红，2019. 汉语日常交际中"隐含型"恭维的会话分析. 山西大学学报（哲学社会科学版），42(4)，130 - 136.

[44] 张艳红，于国栋，2016. 汉语恭维回应语"对比恭维"模式的会话分析. 现代外语，(05)：605－615＋728 - 729.

[45] 赵颖，郑启琨，周紫薇，2017. 话语标记语 So 的语调及语用功能的分析研究. 长春理工大学学报(社会科学版)，(01)：131 - 137.

文学研究

比较文学体制化在中国的开端：国立东南大学西洋文学系考辨

南京大学　解友广　朱　刚*

摘　要：百年之前，国立东南大学首次设置“西洋文学”教授岗位，并创建我国首个“西洋文学系”，我国高等教育体系由此诞生一个全新而独立的学科，即今日所称的“比较文学”学科。这一学科建制的设置具有开创性的历史意义，不仅极大地推动了国内学界对比较文学、东西方思想文化的教学研究，培养出一批学贯中西的高水平人才，更使“西洋文学”这一独特的学科领域在国内高校流行开来。由于迄今学界在论及比较文学在中国的发展时，往往忽略这个十分重要的历史事件，因此，有必要对这一段学科史进行重新稽考，钩沉这个全新学科建制的学术意义与文化意义。

关键词：西洋文学；比较文学；体制化；学科史

Title: The Beginning of the Institutionalization of Comparative Literature in China: An Archival Study of the Western Literature Department in National Southeast University

Abstract: About one century ago, an unprecedented professorship in "Western Literature" was launched by National Southeast University, which led to the setup of the first-ever Department of Western Literature. It marked the birth of a novel and independent discipline in China's higher education history, the established

* **作者简介**：解友广，南京大学英语系副教授，研究方向为英语文学、比较文学、英语教育。电子邮箱：xieyoug@nju.edu.cn。朱刚，南京大学英语系教授、全国美国文学研究会会长，研究方向：英美文学、文艺理论、比较文学。电子邮箱：gzhu@nju.edu.cn。

Comparative Literature today. The discipline's far-reaching significance manifested itself variously in effectively promoting the research and pedagogy in the fields of comparative literature and culture between East and West, cultivating a good many extraordinary talents, and popularizing the subject among Chinese universities. As the significance of this trailblazing event often gets ignored in studying the history of Comparative Literature in China, this essay, by delving into historical archives, unfolds the academic and cultural significance of the brand-new discipline.

Key Words: Western Literature; comparative literature; institutionalization; disciplinary history

1 引言

1921年,始建不久的国立东南大学首次设立"西洋文学"教授岗位,一群专门讲授、研究"西洋文学"的教师开始崭露头角。他们制定出一套西洋文学教学大纲,开设了一批与西洋文学文化相关的课程,并创建我国首个"西洋文学系"。随着这一学科建制的正式设置,我国高等教育体系诞生了一个全新而独立的学科,即"比较文学"学科。这一学科建制具有开创性历史意义,不仅极大地推动了国内学界对比较文学、西方思想文化的教学和研究,培养出一批学贯中西的高水平人才,更使"西洋文学"这一独特的学科领域在国内高校流行开来。由于迄今学界在论及比较文学在中国的发展时,往往忽略这一意义非凡的历史事件,因此,对这一段学科史进行重新稽考显得十分迫切与必要。本文借助相关原始档案资料,深入钩沉这个全新学科建制的文化意义与学术意义,及对今日比较文学与跨文化研究之启示。

2 "西洋文学系"的筹建背景

比较文学在我国的传播始于"西学东渐"背景之下,源头是新文化运动前后诞生在国立大学的英文系,且与英文专业的文学属性紧密相关。英文专业在我国国立大学中设置较早,其发展不仅反映出高等教育在现代中国的进程,也折射出内忧外患背景下中国现代社会发展的曲折性。

十九世纪下半叶,各式外国语言学校如雨后春笋纷纷建立,这些学校的教学内容主要有两项:列强(英法德俄日等)的语言和科学技术,毕业后的主要任务,一是“译西书”,翻译西方列强的重要著述;二是“读西籍”,学习西方的先进科技以强国。尽管西方的政治制度、社会思潮等也属了解对象,但人文思想并非学习内容(付克,1986:16-20)。虽然戊戌变法失败,洋务运动破产,19世纪末却催生出我国第一批现代高等学府。西学之路由洋务转向教育,由学习西方科技转向兴办西式学堂,从机器建造转到人的培养。张之洞1898年3月的《劝学篇》重申“中学为体,西学为用”的办学宗旨。在这种思想的指导下,外语教育集中于语言技能的训练,并未涉及西方思想的研习。即使1903年颁布的《奏定大学堂章程》对高等学府的分科分类做出规定,比照中国文学门,设英、法、俄、德、日各国文学门,但分量少,“课程仍以语言为主,并不具备真正的学科地位”(傅宏星,2015:30)。以1902年成立的三江师范学堂为例,其外语教学均为语言课程。虽然1917年6月南京高等师范学校设立英语专修科,“将原有的英文学程增加五倍”,但沿袭的还是同文馆的传统,半个世纪后仍无明显变化。倒是1906年三江师范改为两江师范后,开办带有大学本科专业色彩的“分类科”,包括“国文外国语”分类科,映照出“中西并举”(王德滋,2002:30-41)的办学思想。

不过,传统并未赓续太久,变革之势已风起云涌。及至1912—13年,民国政府教育部长蔡元培主持制定新的“壬子癸丑学制”,明确高等师范学校本科分为六部,包含“英语部”;1915年6月颁布的《南京高等师范学校简章》,“英文部”课程设置“英文及英文学”,学制四年。1920年1月,南高师设四年制英文系,课程涵盖杂文、文字学、读经、作文、英文阅读、伦理学、实践伦理、国画、数学、体育兵操、西洋史、地理等。这一课程设置带有明显的“师范”味,谈不上有“学科”属性,外国文学类课程仍未开设,原因主要是师资匮缺。不过,转变迅速发生,几位哈佛大学毕业、师从白璧德的文学才俊突然加盟,不仅使英文系更加接近欧美英文系的学科属性,而且直接导致我国第一个比较文学系的降生。1920年将注定成为南高师英文系乃至中国比较文学发展史的转捩点。

3 “西洋文学系”学科设置与教育理念

1917年正式招生的南高师英文系,英美文学教学力量薄弱。纵然全校53位教师中32人有留学经历,但绝大多数都是理工专业,后来加盟的吴宓曾如此品评当时英文系携带留洋光环的教师:他们“(除一二人外)皆是留美回国学生,已有文学士 B. A. 理学士 B. Sc. 学位者。但皆是学习政治、经济、工程或物理、化学、生物,而学之不戚,以致毫无专长。回国后,在其所学之本行、本业,不能谋得职位者,故夤缘来此,教授英文。然其英文、英语,则殊不高明。笑话百出,为学生所轻视”(吴宓,1995:232-233)。在吴宓看来,这样的师资教授语言尚可(英文系当时确也承担全校公共英文课教学),说到外国文学,则完全不能胜任。

随着几位哈佛大学英文系及比较文学系留学生的入盟,这种情形得到了意外的改观。1920年底,北洋政府国务会议通过由南高师组建东南大学案,梅光迪(1920)、吴宓(1921)、楼光来(1923)、张歆海(1924)先后移教东大,加上早于四人到达的刘伯明,他们形成一个独特的学术圈,衍生出学术团体学衡派及其刊物《学衡》杂志,以及"西洋文学系"这个彼时独一无二的学科名目(即今日"比较文学")和学科建制(系)。

梅光迪1911年负笈威斯康星大学学习英国文学,两年后转入西北大学攻读比较文学,后赴哈佛大学继续研习比较文学,师从新人文主义代表人物白璧德,1919年获哈佛大学博士学位。比较文学的视角使他"从文学、历史、哲学等多个角度领略了西方文化的精髓……(并)从中找到了自己致力于发扬国粹的有力支撑,而且还找到了捍卫传统文化的思想理论武器,即(新)人文主义"(蒋书丽,2009:73-74)。1920年梅光迪归国出任南开大学英文系主任(此前胡适曾力邀其加盟北大,但因新文化运动歧见而婉拒),同年应哈佛校友、时任南高师文理学院主任刘伯明之邀,至南高师担任"西洋文学"教授。为何设立"西洋文学"这个教席,现已无从考起,但梅光迪本人对此概念有澄澈的体悟:

> 所谓西洋文学者,实有二解:其一为西洋各国之文学如英国文学、法国文学、德国文学等,是以一国为主体;其二则合西洋各国而言,以西洋文学全部为主体。盖西洋各国以文化、思想、历史、地理种种关系其文学亦密相连属,实难强分。所有文学之源流、派别、学说、题材等类,多各国互相模仿甄采,而不限于某一国。如文艺复兴与古学主义、近代之自然主义、美术主义,皆系于西洋文学之全部者,而非专属某一国之事件也。研究哲学者已以西洋哲学全部为范围、为主体,研究教育政法历史者亦同,研究文学者何独不然?光迪等所拟增设之西洋文学系成立后即**以西洋全部之文学为研究之材料**①。

根据这样的理解,梅光迪显然对南高师英文系的现状有所不满,且有意无意地为改变付诸行动。翌年夏,南高师开办全国首个暑期学校,梅光迪亲自登台授课,开讲"文学概论"与"近世欧美文学趋势","几乎全面地介绍了欧美文学的起源、发展、变革的情况,包括文艺复兴、亚里士多德思想、浪漫主义、自然主义等"(傅宏星,2015:131)。1921年第二届暑期学校时,除了讲授"文学概论"外,还开设凡"西洋戏剧"、"近世西洋短篇小说"、"近世西洋文豪"等三门课。暑期学校属社会办学,是时任教务长陶行知对平民教育理念的实践,听课者来自全国各地,水平参差不齐。面对这样的学习者,梅光迪的课

① 梅光迪:《增设西洋文学系意见书》(1921),南京大学档案315卷28-29页。

程实属阳春白雪，之所以开设，可以视作为即将到来的英文系变革做准备。①

仅凭一己之力梅光迪自然无法创办一个新系，于是他竭力游说吴宓加入。吴宓1918年转入哈佛大学比较文学系，同样师从白璧德，先后获得学士、硕士学位，与梅光迪志同道合。1921年暑假归国，他谢却北高师的高薪聘任，应梅光迪之邀到只有"微薪"的南高师英文系任教。有了吴宓的加盟，梅光迪随即采取实际举措：是年10月两人联名向学校提出设立西洋文学系的具体设想和实施方针。10月25日学校教授会开会，议题之一即审议西洋文学系的设立，行动之快足见校方对这一全新学科的重视与鼎力支持。11月9日，校长郭秉文致函梅光迪，请他出任西洋文学系主任，由此诞生了我国高等教育史上的第一个比较文学系。

《增设西洋文学系意见书》清晰地界定了"西洋文学"在知识谱系中的位置："盖西洋各国以文化、思想、历史、地理种种关系"，"故终非英文法文等系所可包括"，因"西洋各国之文学期间关系密切，不明他国文学，即欲专研究英国文学，亦患窒碍难通"。由于外国文学远非一国之文学，各国文学相互关联，且欧美知名大学均设有世界文学系，所以"以外国文课程只设英文系，不及其他，颇嫌不足，指为缺漏"，故需对"东南大学组织大纲草案"做必要的调整，"急增设西洋文学以为弥补求全之计"。由于此学科跨越多国，非单独语种可以囊括，所以需要单独立系。最后，《意见书》对这个需要修改"东南大学组织大纲"的重大事宜如何实施却做了轻描淡写，"其事既切要，而又简便易行"。具体而言，便是在英文系内搭建另一个系科，待师资、课程、学生发展到一定阶段，再独立成系。因设立于英文系内部，故无须额外经费支持（"增设西洋文学系不需加筹经费丝毫也"）或增加教师编制和图书设备，只需英文系将属于西洋文学系的部分办学资源划拨后者即可。

就新设一个专业与系科而言，梅光迪和吴宓的《意见书》虽然论证颇为严密，在具体操作层面却显得有些草率，故而无论创系伊始，抑或1922年暑假西洋文学系由英文系分出独立，风波争论未有停息。首先，教学分工上出现问题：原本属于英文系的英国文学课程和授课教师，到底该隶属哪个系？更成问题的是"抢了"英文系的生源。据吴宓《年谱》记载，"今秋（1922年）开学时，两系分立。学校命每一学生自决自择：或转入西洋文学系或留在英语系（年级不变）。择定后，不许再改。结果，四分之三皆愿转入西洋文学系。英语系益相形见绌矣"（吴宓，1995：238－239）。事实上，南高师和东南大学1919、1920、1921三个年级的学生大都转入西洋文学系，包括中国国立大学破女禁后首

① 梅光迪在《增设西洋文学系意见书》中特别指出，他"自去年夏到校以来，所授课程属于西洋文学全部者颇多，如文学概论、近世欧美文学趋势、近世西洋文学界之思想家、小说概论、西洋短篇小说、西洋戏剧，皆是宓所授之。西洋小说、修辞原理，亦皆属于西洋文学全部而不限于英国文学者"（第32页）。

批招收的 7 位女生①。

再者,申请建系时对编制、经费、设备的承诺,若无具体操作细则保障,一旦独立之后,难免陷入种种麻烦。首先是师资不足,梅光迪与吴宓两人无论如何也无法应承一个新专业(遑论是涉及多语种与文化的专业)的必修课。而要新聘教师,势必涉及额外开支。其次,经费不足,除去现有两位教师的薪俸外,几无其他办学经费,"情形之拮据,较他系殆倍焉",让梅光迪这位新任系主任"一筹莫展"。如外国文学书籍本就量少,两年来未添置一本,"昔者仅重语言,故无文学书籍犹可。今则既有文学一系,则无文学书籍不可"。当时东大的确办学经费拮据,但梅光迪也有自己的愤懑,"校中各系当受同等待遇。若云无款,何以有人才如鲫,设置美备之各科各系乎"。因此,1922 年 10 月 26 日梅光迪不得不致函校长郭秉文,以"校中各系当受同等待遇"为由,要求在 1922 学年拨款 17540 元,以便新聘四位教员和购置图书之用。②

在此之前,西洋文学系学生曾以"全体同学"名义上书校长郭秉文,称课程所列阅读书目无处可觅,更要校方解决缺乏师资问题(德文和法文教师可并入西洋文学系),甚而将之牵扯到大学声誉、社会影响、国家损失的高度,"先生试想在校所得学问浅薄之学生入世受讥谤,其影响于大学声誉之损失夫若何?其影响于社会之损失若何?其影响于国家设立学校培植人才之损失若何?欲免后悔,宜早予生等之三种要求,以圆满解决矣"③。郭秉文很快复信梅光迪,允诺"承示十一(1922)年度用费,俟本校本年度通过预算之款确有着落时,再行酌量支配"④。同一天,校办对同学们的信函亦给予答复(《1922 年 11 月 1 日校长办公处对西洋文学系全体学生的回复》),传达校长郭秉文的意见,即同意增加西洋文学系的经费,增聘教师,尽管不同意德文法文教师并入该系,理由是德法语均属公共外语,尚未臻至"专业"水准。

值得注意的是,复信从侧面反映出校长郭秉文乃至彼时教育界对外语专业的认识,即应以语言习得为主,文学属更高阶的学习,不适合学习外国语言的中国学生——"外国文字,以语言文字分科,通过于评议会,现校中德法文班,其程度尚未入文学时代,归并西洋文学系,理由不甚充分,暂从缓议"(卷 374 第 15 页)。尽管如此,东南大学在

---

① 此前国立大学一直禁止男女同校,俗称"女禁"。1920 年 12 月 7 日,携五四新风,南高师教务长陶行知在第十次校务会议上提出《规定女子旁听办法案》,力主开放"女禁",得到校长郭秉文、学监主任刘伯明、教育系主任陆志韦等人支持,校务会议一致通过了此项提案。北京大学校长蔡元培 1921 年 1 月也公开发表讲话,支持招收女生,但北大迫于压力,只招收旁听生。南高师则在江苏省教育会长黄炎培支持下,严格按标准正式录取八名女生,其中七名就读英文系,另一名就读教育系,在中国教育史上首开先河。

② 见《1922 年 10 月 26 日梅光迪致函郭秉文》,南京大学档案卷 374 第 17 页。梅光迪所说的师资、图书、设备等方面的困难的确存在,原因之一是他们过于理想,摊子铺得太大,从当时比较文学系的课程设置便可窥见一斑,见本文附录"西洋文学系学程表"。

③ 《西洋文学系全体同学致校长郭秉文函》,南京大学档案卷 374 第 8 页。

④ 《1922 年 11 月 1 日郭秉文复梅光迪扩充西洋文学系计划》,南京大学档案卷 374 第 25 页。

1923—24 学年开始聘用楼光来和李思纯(讲授“法文”及“法国文学”),成就了西洋文学系最后的辉煌。

4 “西洋文学系”的学科困境

西洋文学系成立之初,校长郭秉文曾要梅光迪处理好与英文系的关系,凡事“与英语系主任张士一(即张谔)先生浃洽解决”①,但两年中郁积的种种芥蒂、矛盾终在 1923 年秋季开学后爆发:张谔上书学校表达不满,校方也终于命校务委员会做出裁定:

> 本校英语系与西洋文学系分设、并立,殊属不成事体。各校从无此例。应即合并,复为一系。合并办法:(一) 新系(合并后)。名称,可从容议定,可稍缓再决。总须兼包英、法、德、日语言及文学之意义在内。(二) 两系现有之课程,全予保留,一门亦不裁减。(三) 两系现有之教授、讲师、助教、职员,全予保留,一人亦不裁减。其职衔及薪给,合并后亦均不改动。(四) 张谔先生及梅光迪先生,皆不得为新系主任。另聘第三者为之。(五) 两系现有之经费(预算),全数合并,定为新系经费,此次不增不减。但以后新系对经费(款项)之支用,应依据全系之目的及需要,统筹支付。不再顾虑或参照以前两系之分配、支用办法及账目。(吴宓,1995:252-253)

这一校务会决定几乎就是对西洋文学系的全盘否定,可在宣布前不久,东大校方已允梅光迪之请[“至少非加教员两人不可。(一授英国文学,一授法国文学)”],给西洋文学系配备了两位新教授和一位助理,并且对 1923 学年拨给额外经费,似乎有意进一步加强该系的建设②。校长郭秉文也曾对梅光迪的工作给予褒奖,承诺予以支持(“一年以来,承台端尽力维持,至为感荷。此后徐图扩充,自在计划之中”)③。

虽然“决定”表示现有教师一人不裁,课程全部保留,经费不减,但于梅光迪而言无异于沉重一击,西洋文学系无疑大势已去。据吴宓回忆,“系名,已不存矣。系中教授三人:其一梅光迪主任,早自为谋。自 1923 秋起,即函上美国白璧德师,请求托庇。由白师荐举梅君为哈佛大学‘汉文’教员(Instructor in Chinese),聘书已寄到。梅君秘而不

① 《1921 年 11 月 9 日郭秉文请梅光迪任西洋文学系主任》,南京大学档案卷 74 第 45 页。

② “十二年度,除法文教员薪金,由公共经费项下开支不计外,其本系现有教员薪金 5520 元,再加各方凑足购书费 1000 元,列入本系预算,由会计部逐月开支”(《1923 年 6 月 9 日校长办公室通知西洋文学系经费办法》,南京大学档案卷 374 第 30 页)。

③ 《1922 年 11 月 1 日郭秉文复梅光迪扩充西洋文学系计划》,南京大学档案卷 374 第 25 页。

宣。其二宓,幸东北大学汪君兆璠热情延聘,缪、景二君且已先去一年。其三李思纯,则只有黯然独归成都家中去耳(助教一人,宓已为别荐,是 1923 年事)”(吴宓,1995:256)。

校务会的“决定”语气严厉、态度坚决,却未立即执行,西洋文学系与英文系依旧并存,与合并虽已无甚区别。如吴宓所言,“此一学年中(1923—1924),本系恒在杌陧不安之中”,“新到而陌生之人”(吴宓,1995:252)的系主任楼光来也难有作为。1924 年 5 月校方拟成立特设委员会商议两系合并的落实措施,邀请吴宓加入而遭冷拒,理由是自己乃遭裁撤的西洋文学系教授,加入委员会有为己牟取私利之嫌,故“此项委员,宓决不充当。谨此坚辞。祈即另派员。宓于授课而外,一切不闻不问,静待校中解决”①。吴宓在信中已流露去意,“合并以后,下年是否聘宓为外国语教授,此另一问题。而宓届时愿就与否,亦必观察合并后之办法情形而后定”,后正式递交辞呈,“今该系(指西洋文学系)取消,则宓无留此之必要。俯仰匏系,于心难安”②。此后,西洋文学系与英文系及担任公共外语教学的普通德、法、日文合并,改组成立外国语文系,此时楼光来已移教清华,由张歆海、温德(Robert Winter)先后任系主任。

5 “西洋文学系”的学科意义

西洋文学系自 1921 年 2 月获东南大学正式批准设置,至 1923 年 9 月校务会决定撤并,存在时间仅两年半。即使算上最终合并完成的时间(次年四五月之交),存在也仅三年,正式招生仅一届(1922 级),合并后送走两届毕业生(1919 级、1920 级),没能完整地培养出一届比较文学专业学生,且大部分学生毕业后并未从事比较文学研究。即便如此,西洋文学系的设置却具有标志性意义。

首先,我国大学首次设置比较文学这个学科建制,以“西洋文学系”聚集起一批来自哈佛大学英文系和比较文学系的高水平师资③,形成一个独特的比较文学学科群,短期内在教育界与学术界产生相当的影响。他们的学术中坚梅光迪对比较文学的定义与教学实践,内涵深刻而丰富,至今仍有可资借鉴之处:西洋文学不仅英法德一国之文学,梅光迪着意强调,也涵盖“西洋各国而言,以西洋文学全部为主体”,因为“西洋各国以文

---

① 《1924 年 5 月 8 日吴宓致函郭秉文》,南京大学档案卷 650 第 71 页。

② 同上。

③ 白璧德指导过的中国学生有八人:吴宓、梅光迪、楼光来、张歆海、郭斌龢、汤用彤、林语堂、梁实秋。前四人任教于学衡派初期的南高师和东南大学。郭斌龢与范存忠属西洋文学系的第二代学者,两人参加 1927 年庚款西洋文学门类留美考试,一起赴美留学,回国后曾同在中央大学任教。此时东南大学的比较文学学者中似乎还可以算上美国教授温德,他擅长法国文学、英国文学、西方艺术史。短短十年间,南高师、国立东南大学、国立中央大学外文系聚集了至少七位受过欧美大学专业训练的比较文学学者。

化、思想、历史、地理种种关系其文学亦密相连属，实难强分。所有文学中之源流、派别、学说、题材等类，多各国互相模仿甄采，而不限于某一国”①。梅光迪比较文学理念中的跨学科性、跨文化性以及整体观，与今日我们所理解之比较文学表现出惊人的相通甚至更为苍莽开阔，如“把多种文学理论、多种文学批评、多种文学史联系在一起的研究，专门研究存在于不同文化中的不同文学之间的各种现象……就是比较文学”（乐黛云，2004：100）。

其次，这群比较文学学者把研习西方文化思想提上日程，纳入大学教学内容，在东南大学培养了一批学贯中西的高水平英才②。1926 年吴宓在清华学校大学部成立西洋文学系时，同样“把东南大学西洋文学系的精神带进了清华园，并加以完善……在 30 年代造就了一大批优秀的比较文学和世界文学教学、研究和翻译人才”（傅宏星，2015：135）。

在跨文化研究中，这个首次设立的比较文学系受学衡派影响，注重比较的“平衡”而不走极端，“诵述中西先哲之精言，以翼学；解析世宙名著之共性，以邮思”（《学衡》第一期，“弁言”）。不仅关注西学对中国文化的影响，在新文化运动的背景下，尤为宗尚立足本土文化。吴宓在哈佛大学就读时曾发表《〈红楼梦〉新谈》，套用哈佛英文系教授麦纳迪尔（G. H. Maynadier）的“小说结构六长”说分析《红楼梦》（吴宓，1920：3），而数年后范存忠从东南大学外文系到哈佛大学比较文学系读博时，已不再满足于用西方学说来印证中华文化，更讲究考察中国文化对欧美产生的影响。在研究方法上，此时的中国学者也另辟蹊径，不再自满于宽泛地罗列文学文化表面现象而疏于具体实证，更侧重分析不同文化现象深层次的原委，即“产生这些影响和关系的源流”，这样“我们对关系和影响可以作更全面、更深入的研究……只有这样，才能把所研究的东西讲得透彻些”（范存忠，2015：236）。作为东南大学第二代比较文学学者代表的范存忠，在研究中英文化史上的交流互鉴时，重史料考证与理论推衍并举，博士论文（“Chinese Culture in England: Studies from Sir William Temple to Oliver Goldsmith”，1931）后以《中国文化在启蒙时期的英国》为名出版，是国内学院派比较文学研究的首部重要成果，荣获首届全国高校人文社会科学研究成果一等奖（1995）。范先生的治学理路与他的西洋文学系前辈一脉相承，严谨而开阔的比较研究方法极佳地示范了今日比较文学学者所强调的“考证、演绎、统计、对比等多种[比较]方法”（胡亚敏，2011：1）。

最后，正是因为东南大学西洋文学学科群的影响，“西洋文学”这一新异的学科领域才得以在国内高校流行开来。仅就“西洋文学系”这一名称而言，先后就有清华学校大学部（1926）、中华艺术大学（1926）、复旦大学（1929）、安徽省立大学（1929）、上海女子

① 梅光迪：《增设西洋文学系意见书》（1921），南京大学档案 315 卷 28－29 页。

② 西洋文学系短短三年，却培养出一批相当优秀的学者，如曾任安徽省立第一师范校长的胡昭佐，上海戏剧实验学校（上海戏剧学院前身）校长顾仲彝，著名语言学家吕叔湘，及与朱自清合称“清华双清”的比较文学专家浦江清。

文学专门学校(1929)、中国学院(1934)、新中国大学(1937)、大夏大学(1941)、岭南大学(1947)等高等院校,或创建相似系科,或完全沿袭"西洋文学系"旧名,尽管后来的这个名称并不一定有比较文学的含义,至少与东大的西洋文学系有很大的距离。但那个特殊时期产生的特殊建制、发生的特殊事件、孕育的特殊思想抑或理想是无法复制的,其影响也必定是深远的。

附录:西洋文学系学程表[1]

【凡例】

(全)谓该学程每周三小时一年完毕共得六学分

(半)谓该学程每周三小时半年完毕共得六学分

第一类

(一) 文学总论　General Principles of Literature(半)

(二) 抒情诗通论　The Lyric(半)

(三) 纪事诗通论　The Epic(半)

(四) 戏剧通论　The Drama(全)

(五) 小说通论　The Novel(全)

(六) 短篇小说通论　The Short-Story(半)

(七) 散文通论　The Essay(全)

(八) 传记通论　Representative Biographies(半)

(九) 文学评论　Literature Criticism(全)

(十) 修辞原理　Theories of Style(半)

(十一) 文学研究法　Method of Studying Literature(全)

第二类

(十二) 欧洲文学大纲　General View of European Literature(全)

(十三) 欧洲文学名著　Masterpieces of European Literature(全)

(十四) 希腊文学史　History of Greek Literature(半)

(十五) 罗马文学史　History of Latin Literature(半)

(十六) 法国文学史　History of French Literature(全)

(十七) 德国文学史　History of German Literature(全)

(十八) 意大利文学史　History of Italian Literature(半)

(十九) 西班牙文学史　History of Spanish Literature(半)

(二十) 欧洲中世文学史　The Literature of the Middle Ages(全)

---

① 南京大学档案卷 315 第 34 - 37 页。

(二十一) 文艺复兴时代文学　The Literature of the Renaissance(全)

(二十二) 古学派文学史　Classicism in France(全)

(二十三) 浪漫派文学史　The Romantic Movement(全)

(二十四) 欧美现世文学史　Contemporary Literature(全)

第三类

(二十五) 荷马　Homer(全)

(二十六) 桓吉尔　Virgil(全)

(二十七) 但丁　Dante(全)

(二十八) 葛特　Goethe(全)

(二十九) 福禄特尔　Voltaire(全)

(三十) 卢梭　Rousseau(全)

(三十一) 托尔斯泰(半)

(三十二) 易卜生(半)

第四类

(三十三) 欧人论述中国文学　European Literary Interest in China(半)

(三十四) 西洋人研究中国文学之情形　Chinese Literature in the West(半)

(三十五) 特别研究(无)择定专题,每年一易,例如讽刺文学,英法文学之关系,摆伦在欧陆之势力等。

Special Studies (Themes vary from year to year, for example, the Satire, Literary Relations between England and France, Byron's Influence in Continental Europe, etc.)

参考文献

[1] 范存忠,2015.中西文化散论.南京:译林出版社.

[2] 傅宏星,2015.近代中国大学西洋文学系的创立与人文理想考识.华中师范大学学报,(4):129-136.

[3] 付克,1986.中国外语教育史.上海:上海外语教育出版社.

[4] 胡亚敏,2011.比较文学教程.武汉:华中师范大学出版社.

[5] 蒋书丽,2009.坚守与开拓:吴宓的文化理想与实践.北京:社会科学文献出版社.

[6] 王德滋,编,2002.南京大学百年史.南京:南京大学出版社.

[7] 吴宓,1920.《红楼梦》新谈.民心周报.

[8] 吴宓,1995.吴宓自编年谱(吴学昭整理).北京:三联书店.

[9] 乐黛云,2004.跨文化、跨学科文学研究的当前意义.社会科学,(8):99-106.

诠释缺失
——拜厄特《艺术作品》中的视觉性文本*

北京师范大学外国语言文学学院　姚成贺**

摘　要:拜厄特的批评思想涉猎小说创作与文学批评两个互为关联、相互交融的领域。一方面,拜厄特以叙事的形式呈现日常性、个性化和生动化人物的思考过程;另一方面,她以批评家理性的方式讨论艺术所应承载的伦理规则、政治取向和艺术的本体意义对创作的导引。在短篇小说《艺术作品》中,拜厄特将绘画艺术作品以视觉性文本的形式编织进叙事之中,强调小说文本与马蒂斯画作及其色彩观的互文关系,以及艺术作品与文化、身份的交织杂糅,进而以叙事为载体,思考文学文本如何以视觉性文本诠释艺术作品色彩、规则、联结的缺失。

关键词:A. S. 拜厄特;《艺术作品》;视觉性文本;诠释

Title: Interpretation of Absence: Visual Text in A. S. Byatt's "Art Work"

Abstract: A. S. Byatt's critical thought involves inter-related fictional creation and literary criticism. On the one hand, Byatt presents the mundane and personalized thinking process of the characters in the form of narration; on the other hand, she discusses the ethical rules, political orientation and the ontological meaning of art in a rational way. In "Art Work", Byatt weaves the art works of painting into the story, emphasizing the intertextual relationship between text, paintings and colour theory, as well as the interweaving of art work, culture and identity. Based on this narrative form, Byatt reflects on the possibility for the visual text of the artworks to interpret

* 本研究是北京师范大学中央高校基本科研业务费专项资金"A. S. 拜厄特批评思想研究"(编号:2020NTSS09)的部分成果。

** **作者简介**:姚成贺,副教授。研究方向为英美现当代文学。联系方式:chyao@bnu. edu. cn。

the absence of color, regime, and connect in literary text.

Key Words: A. S. Byatt; "Art Work"; visual text; interpretation

1 引言

拜厄特的批评思想涉猎小说创作与文学批评两个互为关联、相互交融的领域。《周日论坛报》(伦敦)评论道:"如果说《占有》提醒我们,一部出色的小说同样也是一种完善的文学批评行为,那么《心灵的激情》中那些机智、精巧的论文则描绘出艺术的轮廓"(Byatt, 1992)。这提醒我们,一方面,拜厄特以叙事的形式呈现日常性、个性化和生动化人物的思考过程;另一方面,她以批评家理性的方式讨论艺术所应承载的伦理规则、政治取向和艺术的本体意义对创作的导引。语言的创造力与超验性真实的关系是拜厄特批评和创作的核心问题之一。拜厄特曾多次强调,她的"自觉现实主义"创作风格在保留写实传统的同时,表现出作家对于写作过程及其理论观照的自我意识。这种自我意识的表现形式之一在于对艺术作品创作过程及艺术理论的反思。短篇小说《艺术作品》("Art Work")收录于小说集《马蒂斯故事集》(*The Matisse Stories*, 1993)中,其中大量关于艺术作品与色彩理论的书写被珀蒂(Petit, 2008: 399)冠以"文本的视觉性"(textual visuality)或"视觉的文本性"(visual textuality)之名。这些视觉性文本书写展现了拜厄特如何以语言的创造力去诠释马蒂斯画作中色彩的缺失、以色彩理论为代表的艺术游戏规则的缺失,以及以艺术创作者为代表的人与人之间联结的缺失。拜厄特将绘画、雕塑艺术作品编织进叙事之中,强调小说文本与马蒂斯画作及其色彩观的互文关系,以及艺术作品与文化、身份的交织杂糅,进而以叙事为载体,思考文学文本中的视觉性文本,诠释其中艺术作品色彩、规则、联结缺失的可能性。小说人物跨越种族、性别、阶级、艺术观点的差异,艺术创作者成为艺术作品的"表现者"与现代社会人与人之间的"联结者"。

2 色彩的缺失与文字诠释

艺术作品本身是一个复杂的概念。模仿、表现、创造、游戏,不一而足,却难以形成令人满意的关于艺术定义的答案。在哲学思考的锤炼之下,其定义往往从艺术与非艺术的区别出发,在比较的视域中做出各种阐释,而这一点也成为艺术本身的特质。伽达默尔(Gadamer，2007：133)认为，艺术作品“作为完美的出色物和典范的标志，为享受和观赏提供了一个源源不尽的逗留和解释的对象”，“是天才方能创作的作品”。按照他的看法，艺术作品要求我们承认其正确性，并正确地解释它们。他认同瓦莱里(Valery)的观点：艺术与非艺术的区别在于“可以无止境地加以解释”(引自伽达默尔，2007：134)，一切文学作品都需要读者的理解才能由片段状态最终完成。也就是说，艺术作品的意义来源于主体表现、理解和解释的过程，其意义只有经过诠释才得以实现。艺术作品这一概念从一开始就向观者、读者提出了诠释与理解的要求。

对于艺术的关注贯穿拜厄特批评与创作的始终。小说中的丹尼森一家被称为“艺术家庭”：丈夫罗宾是崇尚马蒂斯风格的画家；妻子黛比原本热衷于版画创作，眼下为了家庭生计供职于商业杂志《妇女场所》；两个孩子成长于父母营造的艺术氛围和相对优渥的生活环境中。家中的清洁工布朗太太看似与全家的艺术环境以及马蒂斯的色彩风格大相径庭，却最终以软性雕塑作品《多种材料的创作》打败了罗宾的画作，登上后者梦寐以求的艺术展台。小说题目本身就给诠释与理解出了一道难题：“艺术作品”何所指？是罗宾的基于马蒂斯色彩理论的绘画创作？是布朗太太最终参加艺术展的软性雕塑作品？是花哨的布朗太太本人作为一件行走的艺术品？还是拜厄特书写的这篇小说本身？

《艺术作品》开篇色彩的缺失与想象是展现语言创造力的初次尝试。这幅缺失色彩的马蒂斯画作以绘画诗(ekphrasis)形式展现，即“对视觉再现的文字再现”(Heffernan，1993：3)。史密斯(Smith，1995：20)指出，后现代语境中的虚构作品采用“艺术创造的方式与理论”进行自我调整，从而与现实主义传统相适应，“以此与创造可能虚构世界的方法形成对比”，他考察了绘画诗运用于虚构作品中的不同形式，绘画诗本身在小说文类中得到了更为广阔的延展空间与更加丰富的可能性。小说开篇描写的是马蒂斯创作于1947年的《宁静居所》(Le Silence habité des maisons)，不过是印制在高文爵士(Sir Lawrence Gowing)《马蒂斯》一书中的黑白版本。画面上，或许是母亲的人物手托着沉思的下巴，支撑在桌子上；或许是孩子的人物在翻动一本厚厚的白纸书，面前是一个花瓶；人物上方、画布的左上角是一副粉笔画就的模糊图形。拜厄特(Byatt，1996：36)在故事中引用了高文爵士的评价：“画作具有不同寻常的阳刚之气”，“马蒂斯终于能平和地驾驭强烈的冲动了”，画面达到了“只有垂暮的伟大画家才能企及的和谐之美”。《艺术作品》的诠释与理解始于缺失色彩的《宁静居所》的诠释与理解。

首先，黑白画作的视觉性文本核心问题是色彩的缺失。黑白版本向试图视觉化文本的作家提出了挑战：对于马蒂斯而言，色彩就是他的语言；反过来，作家能否以语言为缺失色彩的画作填色？在马蒂斯之前的西方艺术史中，绘画一直重形轻色，即将创作的重心放在画面中物形、轮廓和素描的关系上，色彩作为外形的辅助仅按实物原色填涂即可。现代主义画家马蒂斯打破了传统的观赏期待，只设计色彩鲜明的平面形状与组合，目的是创造出超越时间的天真人物。画家所追求的不再是承担记录的功用,而是表现另一种真实。在缺失了色彩的马蒂斯画作上,人脸变成"两个完全空洞的椭圆,没有特性"(Byatt, 1996: 36),则是对20世纪90年代伦敦社会生活状况的描摹。小说中丹尼森一家人同样缺少清晰的外貌描写,他们只拥有毫无个性可言的模糊脸庞,正如丧失个性化特征的普罗大众。一笔带过的娜塔莎的脸"具有一种空洞而祥和的聪慧"(Byatt, 1996: 38)。电视播放着大家都看的动画片,杰米玩着大家都玩的电动火车,娜塔莎听着大家都听的塞满节拍和重击的音乐。在后现代文化语境中缺少原创的概念,只有充满反讽的互文性文本或多声部的杂糅,洗衣机、烘干机、电视机、电动火车、流行音乐交织在一起。"洗衣机发出嗡嗡的滚动声,伴随着水流溅泼的机械的咯咯笑声,穿插着吱吱嘎嘎的音符",甚至"女妖般的尖叫和洗衣机底座摩擦瓷砖地面而产生的隆隆声"。(Byatt, 1996: 37)电视机里"嘟嘟囔囔、唧唧呱呱、嘶声尖叫",女主持"喋喋不休",突暴的音乐声"鼓声隆隆,……嗒嗒嗒嗒"(Byatt, 1996: 38)。人物模糊的面孔与尖厉的噪声形成强烈的反差,更突出了后现代文化语境中社会生活之喧哗、完满意义之缺失。

其次,色彩的缺失暗示着人与人之间冲突的核心,罗宾与布朗太太的冲突正是起源于对于色彩的不同认知。马蒂斯钟情于艺术中色彩的表现力——色彩必须经过沉思、梦想和想象的锤炼。他抛弃了内容,野兽派画家自身的情感在艺术作品中以最具爆发力的形式表达出来;他也抛弃了现代人的经验和理性,让色彩在绘画中发挥到极致,从而表达自身。小说中的罗宾崇尚马蒂斯的色彩观,属于学院派色彩理论的代表人物,强调创作中遵循色彩理论和宗教式的崇高体验。他向布朗太太解释自己的色彩理论、有关色调和互补色的常识、在纯绿色与红色之间出现的神奇黄色,还让后者明白了物神的价值。像马蒂斯与凡·高一样,罗宾继承了对于纯色的宗教式激情与兴趣,在空白的空间内绘制相互独立的现实之物,成为新现实主义者,"用幻觉技巧加逼真画出他所看到的世界"(Byatt, 1996: 56),这是他对庸俗作品的另一种诠释。

然而,正如拜厄特"没有把艺术当做宗教——只是碰巧最喜欢而已"(徐蕾,2013: 162),布朗太太强调自然、直觉的力量,回到原始状态和异域风情中找寻灵感。她向黛比阐述个人的色彩理念:"什么橙色和粉红色太刺眼,蓝色和绿色不能并用,紫色和大红也不可以同时出现。要我说,这些色彩都是上帝创造的,上帝又把它们糅合进他所创造的万物中,存在就是合理的"(Byatt, 1996: 65)。在她看来,自然创造并混合形成了世界上的一切色彩,因此色彩可以随意搭配。她的原创且看似浮夸风格的艺术作品纯粹是为了展现生活的愉悦而作,而不是供专业的艺术家消遣之用,"做一件东西只不过是表现你的激动或兴奋再自然不过的方式而已"(Byatt, 1996: 93)。连黛比都不得不承认她那"用之不竭、恣意潇洒的色彩创造力"(Byatt, 1996: 89)。布朗太太成了自由派色彩理论的代表人物,也是拜厄特对于学院派色彩理论反思的代言。

马蒂斯的作品解放了色彩,在色彩的大胆使用上深受凡·高的影响。用鲜明色彩表达情绪的凡·高曾经以视觉性文本的形式出现在小说《静物》中，他的光影理念、对真实的意识、再现真实的技巧也吸引了拜厄特的关注。在论文《凡·高、死亡与夏天》（"Van Gogh, Death and Summer"）中，拜厄特写道："凡·高的作品就是色彩本身"（1992：298），"作为一种与事物本真状态相关联的方式，凡·高对于真实的意识与再现技巧相关"（1992：277）。打动拜厄特的是凡·高对光线的描绘，以及阳光普照下不带任何修饰的真实世界。艺术是黑暗中的光亮，其意义正在于照亮世界并显现世界，"我们知道自己生活在光线的流动之中，正如生活在空气与声音的流动之中，我们领会其中的一部分，尽己所能寻找其意义。凡·高调色板上的颜料像树木与多变的天空一样，就是这种流动的一部分"（1992：300）。没有艺术，世界便无法出场；在拜厄特的故事里，世界随着艺术的登场而显现。失去色彩的画作依赖文本想象性的创造力量，二者之间形成互文本。没有色彩反而可以诱人去"恣意想象"。拜厄特曾强调视觉性文本的运用有助于小说的想象性建构，"在激发了思维意象之后，语言会催生出隐喻与关联"（2001：31）。凡·高也在信件中对自己的工作状态、色彩的选择做出了书写视觉性文本的实践，拜厄特认同阿尔托的评价："这些信件的珍贵之处正在于对画作的描写，在于它们展现出的权威性、组合与再现的方式"（1992：279）。像语言能力一样，对于色彩的感知能力是人类所特有的，书写令凡·高同时成为伟大的作者。文学作品与艺术作品表现出内在的共通性，语言的书写使得它们拥有更为广阔的意义范围。

3 规则的盲目与艺术游戏论

《艺术作品》中的学院派艺术家罗宾对色彩理论侃侃而谈，对学院派艺术规则熟稔于胸，他眼中的布朗太太则对艺术规则一窍不通。秩序对于青睐单一色彩的罗宾而言是理论知识，是其在艺术学院学习的包括马蒂斯色彩理论在内的全部；而对于品味花哨的布朗太太而言，自由并不意味着缺失规则，秩序是自然之秩序。她钟爱彩虹色，把罗宾的各色"物神"按照彩虹的顺序排列，从红到紫，体现了她的自然秩序意识。她的服装布满了藤蔓植物、飞禽鸟兽的装饰，被看作一件行走的艺术品、一个蜘蛛般人物，一个来自自然世界的"彩色蛛网的编织者"（Byatt，1996：97）。来自自然世界的布朗太太并未刻意学习、遵循色彩理论或创作原则，而是"盲目遵守"，她不需要关于色彩知识的教育，"她在制造新的有冲击力的视觉效果和排列方面具有惊人的本能"（Byatt，1996：91）。这更接近维特根斯坦（Wittgenstein，2005：128）在谈论语言游戏时的观点："我们在进行语言游戏时并不知道游戏的规则，我们是在盲目地遵守规则。"只有服从和遵守规则，游戏才能在成员之间顺利进行，"盲目遵守"意味着对于游戏规则的自然习得，正如人们在以母语对话交流时不会刻意关注话语是否符合语法规则。规则本身无法构成艺术作品，只有遵循规则的、包含着各种变化可能性的游戏才具有成为艺术作品的条件。

艺术作品的这种游戏式的存在方式，也要求我们在经验艺术时，采用一种游戏的方式、遵循特定的规则。但这并不意味着经验艺术的不够严肃的方式，在伽达默尔看来，“游戏本身具有一种独特而神圣的严肃性”（伽达默尔，2007：145）。其一是秩序结构的存在，其二是目的的存在，于是，游戏的严肃性得以建构，“游戏活动与严肃的事物之间存在一种特有的本质关系”，并且“使得游戏完全成为游戏的，不是从游戏中生发出来的与严肃的关联，而只是在游戏时的严肃”（伽达默尔，2007：148）。遵循规则秩序、严肃对待游戏，游戏才成为真正的游戏——为观众而进行的再现。观赏则令再现的内容产生意义。伽达默尔将艺术经验和对艺术的阐释称为“照面”，“所有与艺术语言的照面就是与某种未完成的事件的照面，而且这种照面本身就是这种事件的一部分”（伽达默尔，2007：140）。可以说艺术面对我们发生，或者我们发生于艺术之中，来到艺术的对面本身是完成艺术作品不可或缺的一环。

《艺术作品》开篇，拜厄特描写的马蒂斯画作并没有小说人物作为观赏者，他的画作、色彩理论、现代主义风格尽管是贯穿故事始终的元素，却因缺失这种“照面”而未能面对罗宾和黛比发生，罗宾和黛比也未能发生于艺术作品之中。罗宾奉行马蒂斯的色彩理论，但实际上读者并未看到他将其作为再现之内容或原则，小说也没有提及他与马蒂斯画作的直接“照面”。罗宾试图向马蒂斯和凡·高那样，在画布上肆意泼洒色彩强烈的颜料，以表达色彩带来的敬畏之感。然而“画作却显得稀薄、无力、荒诞”（Byatt，1996：61）。他的画作始终处于未完成的状态，被从画廊前来访问的休娜评价为“现代的凡尼斯塔”——虚幻的静物画。

与之相对，布朗太太的软性雕塑作品则在众人的参与中完成了自身的存在。小说详述了观赏者黛比与作品的“照面”，她看到了布朗太太的出人意料和缤纷亮丽，那用之不竭、恣意潇洒的色彩创造力，还感到“一种受到压抑的嫉妒、一种刺激人的叮蜇感”（Byatt，1996：89）。黛比供职的杂志《妇女场所》艺术评论员写道，布朗太太“具有创造力的智慧使一切显得荒谬却又惊人地美丽”（Byatt，1996：90）。黛比未能跨越阶级的界线，与来自贫民区的清洁女工成为真正的朋友，并不是出于身份的偏见，而是缺乏对他者命运与生活的想象力。杰米透过电视与作品照面，看到那些“木偶一样”奇特的东西都有一张呆呆傻傻的脸；罗宾看到的只有那条围在被锁囚女人脖子上被他扔掉的领带，以及“那条吸尘器模样的龙和那个被锁住的女人在屏幕上扫过”（Byatt，1996：94）。尽管只是出于礼节，但全家人都将去亲眼看看布朗太太的雕塑作品。

艺术作品的存在方式是游戏，意味着“在它成为改变经验者的经验中才获得它真正的存在”（伽达默尔，2007：145）。也就是说，艺术作品与自为存在的主体之间的关系不再是相互对峙，艺术经验改变了主体自身。于是，艺术作品的存在方式成为自我理解的描述方式，通过认识个别的审美存在和非连续性的审美体验，主体将获得此在的连续性，“只要我们在世界中与艺术作品接触，并在个别艺术作品中与世界接触，那么这个他物就不会始终是一个我们刹那间陶醉于其中的陌生的宇宙”（伽达默尔，2007：137）。在与艺术作品的短暂的、刹那间的接触中，主体将获得对自身的理解，从非连续性中创造连续性。艺术不仅包括修辞和比喻，也不仅意味着历史解释，艺术也是一种自我理解的方式。在与布朗太太的艺术作品“照面”，以及与“行走的艺术作品”布朗太太本人“照面”过后，黛比想到了刻刀下木头的感觉，重拾自己钟爱的版画创作，创作赢得赞誉的《坏仙子故事集》和《好仙子故事集》插图作品。在那些童话故事原型中，好仙子貌似顶替布朗太太的辛普森太太，而坏仙子则貌似布朗太太本人。尽管罗宾与艺术作品的“照面”被拜厄特一笔带过，但他也最终拥有了全新的创作风格，画出的破坏女神迦梨看上去神似布朗太太，画作中透出新型的色彩运用和一股野性的力量，更接近真正的艺术作品。当罗宾理解艺术并融入创作时，他其实就是在对自身做出解释；同样，为了理解自身，艺术创作者与观赏者也必须去诠释艺术。艺术经验改变了经验它的人，改变了理解的主体。

4 联结的缺失与艺术表现

通讯科技空前发达的时代，找寻共同意义价值的艰难却导致人与人交流愈发困难。《艺术作品》中，丹尼森一家人共居一处，却被隔离在不同楼层各自的空间内，“透出一种有人居住的静谧”（Byatt，1996：32）。与之呼应，小说中多次出现对于马蒂斯画作《奢华、宁静与愉悦》（Luxury，Calm and Pleasure，1904—1905）的指涉，这幅画作描绘了碧海蓝天下、阳光沙滩上，海边的裸体浴者享受着海滨休闲的惬意，色彩依旧绚烂。马蒂斯尝试的是一种崭新的“点描”画法——仔细的审视无助于欣赏画作的精髓，远观时线条才会在观赏者的脑海中混合起来，形成一种更易理解的形式。小说中，罗宾讲述了这幅画作的纯感官性如何以矛盾的方式成为事物本质的宗教性体验，展现平和的力量。生活与画作透出的静谧、安宁相映成趣。

谢林（Schelling，2021：234）说，“只有在宁静状态中，整体人体形态和面孔才是灵魂的镜子”，灵魂的镜子折射出灵魂的摹本，镜子作为一种再现的工具，其中之像却随时可能会自我消失。正如罗斯金所批判的英国18世纪晚期和19世纪初兴起的“克劳德镜”，和谐悦目的如画效果不过是对自然的虚假描绘，“没有希望触摸到万事万物所遵循的自然法则”（萧莎，2019：81）。人体形态和面孔或许是灵魂的镜子，但与之不同，绘画作为一种表现，通过自我的存在肯定所表现之物而不是通过随时自我消失的摹本去展现物。“绘画的本质特征是绘画的不可替代性，它的不可损害性，它的‘神圣性’”（伽达默尔，2007：195）。艺术的表现形式不会随着所表现的事物状态的改变而改变，绘画不以物的存在扬弃自身，而是与之紧密结合。“表现显然不同于摹本，摹本只是原型的抄本，本身不是独立存在和自为存在的，真实性只是在原型，而原型具有一种不依赖其摹本的真实存在……事物正是通过表现才成为真实的事物。”(洪汉鼎，2018：137)也就是说，不论何种艺术形式，表现都意味着独立存在和自为存在的真实之物。马蒂斯的新印象派绘画不同于镜中摹本，而是存在的表现，表达了艺术与存在的统一。“点描”画法强调了画面的理解并非依赖于镜像式的摹本形式，而是经由观赏者的觉知，才能实现整体印象。像观察镜中之像一般近距离审视，则无法形成整体轮廓，也就无从理解画作所表现的存在。拜厄特区分了再现与简单复制：“艺术家必须模仿事物内在的东西，即通过形式、形象以及象征向我们言说的东西，那就是自然精神，……只有这样，艺术家才可能在客体中创造真正自然的东西，最终创造真正人性的东西”(Byatt，1992：21)。这种“自然的东西”正是通过表现而具有了独立的精神，成为“真正人性的东西”，而不是简单复制的摹本。

从“表现”概念出发，伽达默尔进一步阐明绘画与一般摹本的区别。按照伽达默尔对艺术类型的划分，对马蒂斯画作的文本性描述与马蒂斯画作本身属于两种不同的艺术类别，即“流动性的艺术”与“非流动性的艺术”。前者可以不断再现或上演，比如文学作品、戏剧、音乐；后者可以直接被观众欣赏和认识，例如绘画、雕塑以及一般造型艺术作品(洪汉鼎，2018：135)。被赋予了流动性的视觉性文本，在艺术之家表面的奢华、宁静、愉悦之下揭示了人与人联结的缺失。布朗太太最终成为艺术作品的“表现者”和人与人交流的“联结者”，艺术也成为拜厄特破解技术时代困境的密钥。

布朗太太的艺术作品属于雕塑而不是绘画，绘画与雕塑的“表现”又有何不同呢？按照谢林的说法，“雕塑是通过实在的物体对象呈现出自己的理念……绘画仅仅呈现出纯粹的有机体本身以及对象的本质和纯粹观念”(谢林，2021：247)。与绘画相比，雕塑具有实实在在的形式，同时又呈现出事物的本质和观念。“如果说音乐在整体上是反思或自我意识的艺术，绘画是统摄或感受的艺术，那么雕塑主要是理性或直观的表现(谢林，2021：247)。”雕塑呈现的是一个实体和偶性、原因和作用、可能性和现实性的结合体，表现出关联的各种形式。雕塑与绘画相比更具有象征性意义，呈现的是形式和本质合为一体的艺术形式。同时，雕塑还将其他艺术形式包揽在自身之内，即雕塑自身内的艺术形式是相互独立的。“雕塑尤其适合表现崇高”，即表现“那个在实在宇宙里被直观到的真正宇宙”，“雕塑艺术呈现出生与死的最高程度的结合”(谢林，2021：294－295)，因为无限者是一切生命的本源，本身就是活生生的，但形式或有限者却是僵死的。

布朗太太的软性雕塑作品《多种材料的创作》由一条龙和一个被锁囚的女子构成，是一个不同材料的结合体。那条龙模样怪异地盘卧着，“令人联想到长着无数黑色闪亮尖足的百脚虫”，下巴昂起，“垂挂着毛料的胡须和用蓬乱的毛发和折断的发夹做成的牙齿”(Byatt，1996：85－86)。那个女子“有一种立体派的外貌，掺和进了以弗所的黛安娜的某些特征”,甚至“还带着一个隐藏在岩石缝隙里的男性人物”(Byatt, 1996: 87)。雕塑作品形成了一个统一体,生与死、动与静、男性与女性相逢于其中。与遵循几何规则的绘画相较而言,雕塑的目标是一种全方位的、从而无限的真相。无论怎样的形与色,绘画已经被限定在有限的视角内;反之,如同人类的身体,雕塑的各种形式的结合更似一个有机体的结合,每一件雕塑作品都是一个自足的世界,并不是由有限的法则所规定的。绘画以呈现理念为目标,雕塑则将理念呈现为同时是整个理念和整个事物。“雕塑由此返回到全部艺术和全部理念的源头、全部真理和美的源头,即神性(谢林,2021: 298)。”绘画希望人们将其对象看作观念的东西,比如罗宾的色彩理论,比如马蒂斯的野兽派风格;雕塑虽然把它的对象呈现为理念,但同时也把它当作事物,比如布朗太太那些五花八门的材料。

布朗太太的作品出现在艺术展台上,构成了联结的最终隐喻。这暗示了她更重要的角色,即一家人生活的平衡者,或者说是平衡生活的维系者。布朗太太代表了伦敦贫困的移民群体,她的混血身份——圭亚那和爱尔兰血统的杂糅预示着其联结者的作用。其形象“介于蒙娜丽莎和贝宁的铜雕”,有一种“制造的欲望”(Byatt, 1996: 91)。那条龙“既是一条龙,但更像是一台吸尘器:毫无生气,令人窒息”(Byatt, 1996: 86),而吸尘器正是她在艺术之家里联结分布在不同楼层空间内家庭成员的象征。她操控着伴有尖厉轰鸣和碾磨声的吸尘器,联结整个三层楼,联结家庭所有成员。经由雕塑作品,布朗太太成为一位联结绘画与雕塑的艺术家,联结流动性艺术与非流动性艺术的“表现者”。

5 结语

拜厄特并未对她的小说创作和艺术批评划定严格的界限,她的小说经常成为其批评埋性化思维的具体案例,其批评也经常以文学作品作为其澄明艺术理论的场所。对她而言,批评与创作、艺术与语言同等重要,也同为当代作家创作所面临的挑战。尽管拜厄特承认色彩的语言性特征,但她并不似马蒂斯那般,依靠色彩的并置形成强烈的对比,而是将色彩、理论、艺术、现实编织进作为艺术作品的故事之中。“彩色蛛网编织者”布朗太太与“在语言之网下”的拜厄特都将自己与人物命运编织进各自的艺术作品。生活和小说都需要艺术,布朗太太雕塑作品的构成原则——和谐、平衡、同一——也是拜厄特小说创作的原则,她们的作品都将揭示生活的本质。小说中与艺术作品的照面以语言事件的面貌呈现出来,正如开放的现实主义接受多重的、变化的诠释,以及对生活无止境的创造性建构,艺术作品的诠释与理解也不会终止,意义将源源不断地产生。拜厄特以语言的形式创造艺术作品,去触碰隐秘的真理与存在。

参考文献

[1] Byatt, A. S. 1992. *Passions of the Mind: Selected Writings*. New York: Turtle Bay Books.

[2] Byatt, A. S. 1996. Art Work. *The Matisse Stories*. London: Vintage, 31 - 86.

[3] Byatt, A. S. 2001. *Portraits in Fiction*. London: Chatto & WindusRandom House.

[4] Fishwick, S. 2004. Encounters with Matisse: Space, Art, and Intertextuality in A. S. Byatt's *The Matisse Stories* and Marie Redonnet's "Villa Rosa". *The Modern Language Review*, vol. 99, no. 1, Modern Humanities Research Association: 52 - 64.

[5] Heffernan, J. 1993. *Museum of Words: The Poetics of Ekphrasis from Homer to Ashbery*. Chicago: University of Chicago Press.

[6] Levy, C. & J. Sturrock. 2011. Food and Painting in Two Stories by A. S. Byatt. *Journal of the Short Story in English*. Presses universitairesd'Angers, Sept.: 27 - 53.

[7] Petit, L. 2008. Inscribing Colors and Coloring Words: A. S. Byatt's "Art Work" as a "Verbal Still Life". *Critique: Studies in Contemporary Fiction*, 49: 395 - 412.

[8] Pokhrel, A. K. 2015. Re-(En)Visioning "the Vanishing of the Past": Myth, Art, and Women in A. S. Byatt's "Medusa's Ankles" and "Art Work". *Women's Studies*, 44: 392 - 424.

[9] Smith, M. 1995. *Literary Realism and the Ekphrastic Tradition*. University Park: Pennsylvania State University Press.

[10] 洪汉鼎,2018. 真理与方法解读. 北京:商务印书馆.

[11] 谢林,2021. 艺术哲学. 先刚,译. 北京:北京大学出版社.

[12] 维特根斯坦,2005. 哲学研究. 陈嘉映,译. 上海:上海人民出版社.

[13] 伽达默尔,2007. 真理与方法. 洪汉鼎,译. 北京:商务印书馆.

[14] 萧莎,2019. 西方文论关键词——如画. 外国文学,(5):71 - 84.

[15] 徐蕾,拜厄特,2013. 神话・历史・语言・现实:A. S. 拜厄特访谈录. 当代外国文学,(1):175 - 92.

语言学研究

基于"产出导向法"教学理念的本科汉俄笔译课程改革探索*

南京大学　张俊翔**

摘　要:本文在"产出导向法"框架下讨论基于"学习中心说""学用一体说"和"全人教育说"等教学理念的汉俄笔译教学实践。我们认为,必须强化学生汉俄笔译能力与意识,将产出驱动与输入促成结合起来,提高学生的学习效能;必须丰富课外汉俄笔译实践,指导学生参加翻译竞赛、专业实习等活动,以用促学,同时坚持形成性评价;必须将课程的育人功能放在首位,挖掘教学材料蕴含的育人要素,适时、适当地开展思政教育,指导学生树立正确的翻译观,养成良好的职业道德。

关键词:产出导向法;汉俄笔译课程;有效学习;翻译实践;育人

Title: On the Reform of Undergraduate Chinese-Russian Translation Course Based on the Production-oriented Approach

Abstract: Under the framework of production-oriented approach, this paper discusses the teaching practice of Chinese-Russian translation based onsuchteaching principlesas "learning-centered", "learning-using integrated" and "wholepersoneducation". We believe that it is necessary to strengthen students' Chinese-Russian translation ability and awareness, combine production driven and input driven, and improve students' learning

* 本文系2021年江苏高校"教学研究工作"专项课题"构建外语专业课程思政体系的探索与实践"(编号:2021JSJY068)的阶段性成果。

** **作者简介:**张俊翔,南京大学外国语学院教授。研究方向:俄语教育、俄罗斯文学与文化。邮箱:zjx@nju.edu.cn。

efficiency. We must enrich extracurricular Chinese-Russian translation practice, guide students to participate in translation competitions, professional internships and other activities, so as to promote learning with practice, and at the same time adhere to formative evaluation. We must put the educational function of the curriculum in the first place, excavate the educational elements contained in teaching materials, carry out ideological and political education in a timely and appropriate manner, and guide students to establish a correct concept of translation and develop good professional ethics.

Key Words: production-oriented approach; Chinese-Russian translation course; effective learning; translation practice; educatingyoungpeople

1 引言

建设一流俄语本科专业旨在为国家经济社会发展服务，满足国家战略需求，尤其是在推动中国文化“走出去”、加强与“一带一路”沿线国家的合作等方面的需求。新时代俄语专业教育教学需在强化学生的言语技能、丰富学生关于俄罗斯及其他俄语国家社会文化知识的同时，坚定他们的文化自信，着力培养用俄语讲好中国故事的能力。毋庸置疑，汉俄笔译教学在助力学生更好地翻译和表达中国道路、中国立场、中国理论方面发挥着不可替代的作用。

俄语专业本科高年级应该开设以汉俄笔译为主要内容的核心课程《翻译理论与实践（二）》（教育部高等学校外国语言文学专业教学指导委员会等，2022：13－14），指导学生习得从汉语到俄语的转换规律。从教学现况来看，学生的语言积累相对欠缺，运用翻译策略与技法不够娴熟，从事翻译的依赖性较强，汉俄笔译的整体水平尚待提升。全国高校俄语专业八级水平测试（以下简称“八级测试”）的结果显示，相较于口语、听力、阅读、写作等各项，汉译俄的得分往往偏低，近三次八级测试汉译俄（总分为10分）的情况是，2018年全国平均分为4.19，2019年为4.20，2021年为3.71①。鉴于此，我们应当依托先进的外语教学理论，推进汉俄笔译课程的改革与创新，优化教学供给侧，不断提高人才培养质量。

① 数据来自高校外语专业教学测试办公室俄语测试组向各校正式公布的八级测试成绩单，其中包含各个测试项目的全国平均分。2020年和2022年因故未举行八级测试。

“产出导向法”是北京外国语大学文秋芳教授及其团队在多年教研过程中总结、提炼出来的一套具有中国特色的外语教学理论，旨在消除我国外语教学中存在的“学用分离”和“文道分离”弊端。2015年，在理论-实践-诠释多轮循环互动的基础上，“产出导向法”得以正式创建，其理论体系包括教学理念、教学假设和教学流程。其中，由“学习中心说”“学用一体说”和“全人教育说”构成的教学理念是该理论的指导思想（文秋芳，2015：547）。近年来，南京大学俄语专业在汉俄笔译课程教学中全面贯彻“产出导向法”的教学理念，强化价值引领，革新教学目标，改进教学方法，突出教学重点，完善教学评价，一系列主动实施的教学改革带来了比较显著的成效。

2 基于“学习中心说”革新教学目标，促进有效学习

“学习中心说”主张外语教学的一切活动“必须要实现教学目标和促成有效学习的发生”（文秋芳，2015：549）。对于任何一门课程而言，首先都需要确立适切的教学目标，然后选择实现教学目标的最佳内容和形式，并在设计教学任务时始终关注学生能从中学到什么，在开展教学活动时不断促进学生的持续成长与发展。

汉俄笔译是对汉、俄语言文化符号进行动态转换，而汉俄笔译课程既是俄语教学的高级课程，也是培养俄语翻译人才的初级课程，属于“过渡的中介翻译教学范畴”（丛亚平，2012：82）。我们认为，这门课程应当培养学生汉俄笔译的综合能力，强化其翻译意识，在双语水平、翻译技法、实践经验等方面为未来从事汉俄翻译活动做准备。这一教学目标要求教师把为学生讲授汉译俄的策略、方法和技巧与指导学生进行汉俄翻译实践结合起来，强调对知识点的主动集成与自觉运用，以期能够解决翻译过程中的各种问题，提供准确、地道的翻译方案。只有这样，学生今后才可以在特定的社会语境和工作条件下发挥自身的能动性和创造性，确保产出合格而适用的译文。

国内外学者依托不同的理论范式对翻译能力进行了归纳和分类。就俄语专业而言，“本科阶段的翻译能力可表述为（基本）翻译能力或翻译实践能力，由语言能力、转换能力、文化能力、工具能力、评估能力构成”（丛亚平，2012：82）。语言能力既包括对汉、俄语知识的掌握，也包括对两种语言的理解、接受、使用、感悟和对比。在汉俄笔译教学中，教师需在学生生成俄语言语产物的过程中对其进行语言强化，同时，依托源语的例证和练习材料加深学生对汉语表达逻辑、思想文化内涵等的认识。培养学生的转换能力是汉俄笔译课程的核心，其重点在于以意义的准确传递为目的，依托翻译策略和技法进行汉、俄双语思维转换训练，难点在于摆脱汉语思维定式和特定言语形式的桎梏，充分发挥俄语的言语可能性，再现汉语所表达的信息。文化能力指的是对汉语和俄语文化的综合认知，集中体现在通过处理汉、俄文化之间的差异跨越文化障碍的水平。工具

能力指在从汉语转换为俄语的过程中使用各种文献和资源提高翻译效率和准确度的能力。在网络信息技术飞速发展的今天,工具能力的培养有助于学生更高效地获取和处理信息。评估能力则包括译者检查和完善自身俄语译文的能力,以及审读和评鉴他人俄语译文的能力。

翻译意识是翻译能力的一种更高级的形式,即“译者感觉某种必要性或可能性的能力,它是理论和技巧在实践中得到适当运用的一个必要条件,也是弥补语言能力、国情文化知识、专业技术知识之不足的一个重要因素”(周清波,1994：42)。翻译意识指引翻译行为,翻译行为体现翻译意识。我们认为,对学生翻译意识的强化应贯穿于汉俄笔译教学的全过程,教师需要引导学生调动内在积极性,将其作用到外在的翻译行为上面,在此基础上培养学生从专业视角管理汉俄笔译过程和结果的自觉性。根据不同标准、从不同角度可将翻译意识的概念细化成多种具体表现,我们尤其应加强学生的语篇意识、逻辑意识、责任意识和规范意识。语篇意识与逻辑意识针对翻译对象,语篇意识是表现,逻辑意识是构因。语篇意识主要是指汉译俄时译者应留意文本的完整性、一致性、交际性,对语体和体裁特征、衔接和连贯手段等要始终保持敏感。逻辑意识则是指译者秉持科学的翻译态度,依托专业知识和百科知识,周全地审视自己对汉语文本的理解和对俄语文本的表达是否合理。责任意识和规范意识针对翻译主体。树立责任意识,要求学生在从事汉俄笔译时谨慎对待产出的内容,尤其是在翻译具有中国特色的概念、事物,处理汉语的特殊表达法时。有必要时应通过各种途径、运用各种手段、借助各种工具展开查找、求证与核实。规范意识包括:内容上做到译文完整、前后统一,没有误译、缺译、漏译、跳译,标点符号的使用、字母的转写、译注的添加等合乎规定;形式上做到妥善地处理文图,得体地进行编辑与排版。

按照“学习中心说”的观点,教学目标的实现程度取决于学生学习的有效性。为了提升有效性,一方面,教师可以引导学习者首先尝试输出,“创造机会让学习者主动寻求知识盲点,以激发弥补盲点的欲望”(文秋芳,2020：37),另一方面,教师应不失时机地为学习者提供相关的输入内容,并确保其能够在有效获取的基础上将接受性知识转换为产出性知识。在汉俄笔译教学过程中,我们以练串讲,将汉俄笔译的核心知识点(主要包括词汇、语法、篇章俄译问题的应对策略和常用的汉俄笔译技法)内化于各种练习当中,引导学生从自主到自觉地运用策略和技法,产出并优化翻译方案。课前,教师利用网络教学平台发布任务,要求学生围绕知识点自学参考材料、完成句子翻译,通过预习获得对知识点的感性认识,增加语言积累,发现疑难之处。课堂上,教师检查学生准备情况,组织高强度练习,评析翻译实例,在此过程中结合教材讲解知识点,使得学生在译中学,从讲中悟。从课前到课堂,学生需完成两次产出,要经历发现问题、提出问题、通过教师的讲解和自己思考解决问题的过程;教师从教学目标出发,针对学生的翻译困难提供支持,帮助其吸收和运用策略与技法,解决他们意识到或者没有意识到的问题。课后，教师督促学生巩固所学，布置语段和语篇翻译等任务，并安排学生为下一个教学单元做准备。基于“学习中心说”的汉俄笔译课程教学活动可用图1直观呈现。

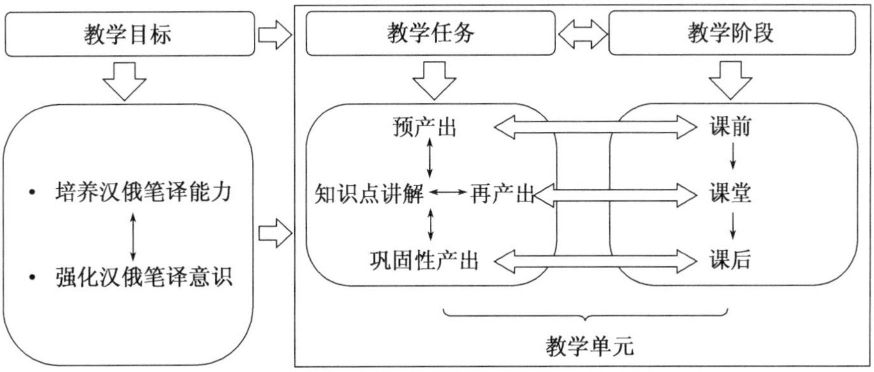

图1　基于“学习中心说”的汉俄笔译课程教学活动

在汉俄笔译课程教学中践行“学习中心说”理念，需要注意：

第一、教师是教学的主导，指导学生的学习行为。教师需在充分熟悉教学内容的基础上科学设计教学任务，建立旨在动态提升学生汉俄笔译能力和意识的讲练体系。具体而言，应围绕核心知识点，依托练习统筹课前、课堂、课后三个阶段的教学活动，使之构成完整的教学单元。各个单元的材料务求切合实际，反映社会生活的方方面面。练习形式应多样化，合理搭配长短篇幅，有机组合全译、评析、阅读、背诵等题型。教师对练习的检查和评阅尤为重要，它是了解学生情况、收集典型问题的主要途径，也是有的放矢地进行讲解的基础。同时，教师也可视情况指导学生开展生生互评、个人自评等。练习的讲解方式应多样化，可将课堂精讲与录制并发布教辅微课、通过课程微信群答疑等方式结合起来，给予学生全过程、全方位的反馈。显然，再有针对性的讲解和练习也不可能仅涉及某一个知识点，而是会与其他知识点相关联。因此，各个教学单元之间不可能被割裂开来，它们是彼此呼应的。

第二、学生是教学的主体，其中心任务是发展翻译能力，强化翻译意识，树立开展汉俄笔译实践的科学观念。为此，教师应督促所有学生以问题为导向，掌握知识，不断练习，持续进步。同时，教师也应因材施教，对于学有余力、对汉俄笔译比较感兴趣的学生，可鼓励他们开展研究型学习，引导其根据所讲、所学、所练提炼有价值的问题，将其作为本科毕业论文、大学生创新训练计划等的选题，进行更深入的思考和探究。

第三、信息时代，传统的教育设施和教学模式正在发生深刻变革。汉俄笔译课程应充分利用网络化、智慧化教学的可能性，发挥混合式教学、翻转课堂教学的优势，提高课堂效率，保障师生的有效互动。教师要与时俱进地了解并运用相关技术手段，利用微课、慕课等将部分教学内容前置或者后置，集约课堂时间；同时，也要发挥网络教学平台的交互性和即时性，扩展学生吸纳知识的途径。

以“专有名词的俄译”单元为例。我们依托教材涉及的人名、物名、地名、机构和组织名称，出版物和文艺作品名称俄译，以培养学生的转换能力和工具能力，强化责任意识和规范意识为旨向，设计并实施各阶段的教学活动。课前，教师通过教学平台发布材料，明确学生需完成的任务：首先，结合教材，参考关于中国人名、中国品牌和国外品牌名称、中国地名、中国国家部委名称、中国古代典籍名称俄译的补充材料，自学翻译策略与技法；其次，通过阅读归纳并熟记一系列常用专有名词的俄语表达法，强化语言积累；另外，翻译含专有名词的一系列句子。课堂上，教师对课前的背诵和翻译练习进行检查，穿插讲解音译法、意译法、音译加注法、音意结合法、名从主人法、约定俗成法等专有名词俄译的基本技法，以及“巧用”对应的英语表达、先译全称后用缩写等翻译策略，借由实例解决学生在预习阶段遇到的困难，然后进行句子和语段的翻译练习。课后，通过教学平台发布需要学生独立完成的翻译任务，包括中国国际进口博览会新闻稿、中国大学生艺术团赴俄演出节目单等，此外，布置阶段性任务，比如，以小组形式翻译流行歌曲《大中国》的歌词，优化译文并录制俄语版歌曲。课后任务旨在让学生积累汉俄笔译的实战经验，练习材料应兼具实用价值和指导意义，兼顾严肃性和趣味性。学生完成并提交各项任务后，教师再以合适的方式加以评阅和点拨。在开展本单元教学的过程中，教师应注重引导学生发现与专有名词俄译相关的现实问题，鼓励他们基于观察和思考确定选题，开展专项研究。比如，南京大学俄语专业 2012 级蔡同学在毕业论文《俄罗斯主流媒体对“一带一路”倡议的传播与接受》当中辟专章分析“一带一路”的俄译方案，该文获评南京大学校级本科优秀毕业论文。

3 基于“学用一体说”激活第二课堂，加强实践活动

“学用一体说”主张在所学与所用之间建立有效对接，使学生能够最大限度地学以致用。对具有明显实践导向的汉俄笔译课程来说，科学组织课堂教学是避免学用分离，保证教学效率的基础。教师首先应确保学生能够通过课堂学习提升翻译能力与意识，保持学习的内部动机。同时，为了使汉俄笔译的教学更有针对性，更贴近现实需求，教师还应积极拓展教学时空，有目的地设计、有重点地指导学生开展第二课堂活动，为他们提供更丰富、更广泛的实践可能性，借由外界活动的成效增强学生学有所成的获得感。诸如翻译竞赛、大学生创新训练计划、专业实习、专项任务等能显著拓展汉俄笔译教学的实践维度，营造真切的翻译氛围，对促进学生独立思考、自我激发大有裨益。

翻译竞赛是在校学生体验翻译“实战”的最佳方式之一，因为参加竞赛与承担实际翻译任务类似，都需在规定时间内完成对规定文本的转换，参赛者也需跟完成实际翻译

任务一样，经历一系列工作流程。译前需研读原文，了解背景知识，从微观和宏观层面领会文本意义。翻译过程中应多措并举，竭力实现内容与形式的协调转换。完成译文后则需进行检查、修改、完善。对于学生而言，参加翻译竞赛是对自我的挑战，更是端正翻译态度、加深对翻译的理解与认识、获得沉浸式体验和综合性感悟的机会。对于教师而言，组织学生参加翻译竞赛能够丰富课堂教学的内容，巩固课堂教学的效果。教师可将常规性的翻译竞赛纳入汉俄笔译教学计划，将学生参与竞赛的情况与对他们的过程性评价挂起钩来。为此，教师应关注相关赛事，及时转发通知，组织学生报名，提醒翻译进度，督促提交终稿。另外，教师还可以基于汉俄翻译竞赛的材料建设专题语料库，将其用于课堂教学的相关环节。

近年来，韩素音国际翻译大赛、全球俄汉互译大赛等已经发展为相对固定的笔译赛事，并且均设有汉译俄组。上述竞赛每年举办一次，都是在第四季度发布正式通知，而各校通常在四年级第一学期开设汉俄笔译课程，二者在时间上十分契合。无论是韩素音国际翻译大赛还是全球俄汉互译大赛，汉译俄的材料都与中国传统文化或当代现实相关，语言规范，行文流畅，教师可将它们作为课堂教学的延伸和补充，组织学生积极参与。以近五年韩素音国际翻译大赛为例，第三十届竞赛汉译俄原文材料的主题是地名蕴含的传统文化，第三十一届竞赛汉译俄原文材料的主题与发挥想象力相关，第三十二届竞赛汉译俄原文材料的主题是春节如何让世界感知中华文化，第三十三届竞赛汉译俄原文材料的主题是对幸福的思考，第三十四届竞赛汉译俄原文材料的主题是推广非物质文化遗产。上述材料内容丰富，篇幅适中，具有一定的翻译难度，适于用作汉俄笔译教学阶段性的产出任务，让学生在修读课程的过程中就能以任务为驱动进行实际演练，寻找翻译灵感，习得翻译技能，精进翻译水平。

大学生创新训练计划是教育部在全国高校实施的创新人才基础培育工程，每学年秋季学期启动，旨在扩展个性化培养路径，鼓励学生进行研究性学习，锻炼其创新思维，激发其创新意识。教师可以指导俄语专业的学生在语言、文学、文化、国别区域等领域内确定课题，积极申报，通过实施项目培养家国情怀和全球视野，提升专业实践本领，挖掘创新潜能。实施训练计划，通常需要研习文献、开展交流和访谈、撰写调研报告和学术论文等，这些工作都离不开包括汉俄笔译在内的各种形式的翻译。比如，南京大学俄语专业 2017 级李同学主持并完成了国家级大学生创新训练计划“新时代背景下中国形象在俄罗斯的建构”。在研究过程中，该生就相关问题面向俄罗斯人设计了网络调查问卷，并在汉俄笔译课程主讲教师的指导下将问卷译成俄语，向目标人群发放。问卷表述规范，界面友好，对所回收问卷的统计和分析为该生推进研究并最终在学术期刊上发表论文提供了有力支撑。可见，学生参与此类活动，能在实践中检验汉俄笔译课上的内容，“运用所学的理论和技能解决实际问题”(教育部高等学校外国语言文学专业教学指导委员会等，2022：22)。

指导学生开展专业实习，是突破汉俄笔译课程的时空限制，营造立体、开放的教学样态的有效方式。相关实习活动可以为学生提供综合运用专业知识完成实际任务的机会，让他们在跨出校门之前就拥有汉俄笔译的从业经历，这对他们在今后的工作中发现问题、分析问题、解决问题十分有益。教师应该积极利用院校平台，借助校友资源，与对口单位保持密切的沟通交流，以互惠双赢为基础为学生创造实习机会。近年来，南京大学俄语专业组织学生利用假期到国家级新闻媒体、部委所属研究所等开展专业实习，在高强度的汉俄笔译实践中运用所学，成效显著。例如，2013 级郭同学在新华社对外部实习期间参与了多篇稿件的汉俄翻译，为其毕业后从事高等教育对外交流工作积累了宝贵经验。

以实际运用为目的激活汉俄笔译课程的第二课堂，要求教师将教学活动适度延展到课堂之外，通过各种方式指导学生或开展翻译实践，或在完成课题、参加实习的过程中将汉俄笔译作为一种工作手段加以使用。此外，授课过程中，教师还可以结合传统节日、新闻事件、热点问题等，在班级内部组织活动，给学生布置专项任务，鼓励他们逐渐从乐于译、敢于译发展到精于译。例如，我们结合中秋节、冬至等节日和节气开展相关主题的汉俄笔译竞赛，2012 级韩同学翻译的中秋主题诗词还得以在《南京大学报》上发表。此外，我们还在国庆节前夕安排爱国主义歌曲的翻译和演唱，在 11 月初举行中国国际进口博览会期间指导学生根据相关新闻报道编制经贸主题的微型词库等。

对于学生在课堂内外的学习成效需要进行科学的测评，因为“评价是学生学习得到强化和升华的关键节点”（文秋芳，2020：49），学与评应该有机结合。汉俄笔译课程对学生翻译能力的提升和翻译意识的训练是一个长期的、接续的过程，因此，教师应在尊重学生个性的前提下，建立有效的评价体系，采用多元的评价指标，以期掌握学生真实的学习情况。我们认为，汉俄笔译课程首先要坚持基于过程考核的形成性评价。秉持这种评价取向，我们可以相对客观地掌握学生的学习动态，也有助于发挥评价对学习的促进作用。一方面，我们将各个教学阶段布置的各种形式的练习和任务作为课程评价体系的重要组成部分，对学生的完成情况加以记录和分析；另一方面，针对第二课堂的活动，我们在开课之初公布清晰的评价和加分方案，并通过跟踪观察、认定翻译成果的数量和质量、社会反馈等确定学生的参与度和完成度。同时，基于结果考核的终结性评价对于笔译课程同样必不可少，我们进行结果考核的方式包括期中测验和期末考试。期中测验采用闭卷形式，重在检查学生对包含中国文化伴随意义的常用语汇的掌握情况，题目以词汇和句子翻译为主；期末考试则采用开卷形式，模拟汉俄笔译的真实任务，要求学生在规定时间内翻译体裁和题材各异的数个语篇。

4 基于“全人教育说”建设课程思政，发挥育人功能

2017年以来，文秋芳及其团队继续完善“产出导向法”的教学理念，将“全人教育说”细化成了“文化交流说”与“关键能力说”（文秋芳，2018）。“‘文化交流说’以文明交流互鉴为基础，提倡不同民族互相尊重彼此文化，互相学习对方文化的精华，反对文化霸权和文化歧视”（文秋芳，2020：46），“关键能力说”则将全人教育的目标“具化为明确的关键能力，旨在更好地贯彻立德树人的任务”（文秋芳，2020：46）。“产出导向法”教学理念的更新为我们在汉俄笔译教学中开展课程思政建设，将价值塑造、知识传授和能力培养融为一体，增强学生学习汉俄笔译课程的效能提供了遵循。我们应把课程的育人功能放在首位，根据俄语专业人才培养特点和专业能力素质要求，将思政元素有机融入教学，推动思政教育与汉俄笔译能力和意识的培养协调共进。

《高等学校课程思政建设指导纲要》指出，“课程思政建设内容要紧紧围绕坚定学生理想信念，以爱党、爱国、爱社会主义、爱人民、爱集体为主线，围绕政治认同、家国情怀、文化素养、宪法法治意识、道德修养等重点优化课程思政内容供给，系统进行中国特色社会主义和中国梦教育、社会主义核心价值观教育、法治教育、劳动教育、心理健康教育、中华优秀传统文化教育”（教育部，2020）。对于不同的课程，思想政治教育的潜在资源和实现路径各有不同。我们认为，汉俄笔译课程思政建设必须坚持价值引领，立足于对中华优秀文化、当代中国发展、中国共产党治国理政思想的深入理解，在指导学生用汉俄双语进行知识探究的过程中提高其笔译能力与意识。首先，要加深学生对理论思想、国家战略、四情四史、文化经典等的了解，增强他们的政治意识、爱国情怀和文化自信；同时，要指导学生掌握核心语汇的汉俄语际转换规律和用俄语传播中国特色话语体系的策略，发展学生的创新能力和批判思维能力。

“无论是教材提供的教学材料，还是教师自选的材料，都是课程思政的主要源泉”（文秋芳，2021：49）。在汉俄笔译教学过程中，我们动态更新例证和练习，挖掘时事政治、经济贸易、科学技术、文学艺术等语篇蕴含的育人要素，在提升学生专业能力的同时从理想信念、价值取向、道德情操、社会责任、文化审美等方面对他们进行教育，提高他们的站位，坚定他们的立场，深化他们的认识。例如，在学习新闻政论语篇的俄译时，我们将中、俄文版《习近平谈治国理政（第二卷）》第十一专题《建设美丽中国》的第三篇《树立“绿水青山就是金山银山”的强烈意识》作为译例进行解析，使学生在感悟相关翻译策略的同时深入认识党中央把生态文明建设摆在全局工作的突出位置，全面加强生态文明建设的重要性。同时，我们选取关于神舟十三号载人飞船发射的新闻作为练习材料，不仅提升学生在实操过程中处理新词、术语、长难句俄译问题的水平，而且帮助他们进

一步了解我国发展航天事业、建设航天强国的时代意义，更深刻地领悟深厚博大的航天精神。

我们将资深翻译家的译事译例融入汉俄笔译教学，通过观看影音资料、赏析译作、阅读传记等方式开展职业道德教育，坚定学生追求卓越的决心，鼓励他们锤炼精益求精的品格，培养他们作为译者的使命感和责任心。我们认为，要形成价值塑造的长效机制，必须建立课程学习与个体经验之间的深层联结，将价值引导内化为信念、外化为行为。我们通过讲述译者故事弘扬工匠精神，让学生受到理想精神的感召和思想境界的升华；同时，我们结合汉俄笔译练习培养学生严谨的工作态度，指导他们在翻译过程中加强自我管理。事实证明，鲜活人物的典型事迹能够激发学生的道德共鸣与价值认同，督促他们树立正确的翻译观，践行踏实守信、刻苦钻研的职业精神。

在汉俄笔译课程中融入思政教育需要教师具有强烈的育人使命和敏锐的育人意识。在备课时，我们必须周详考虑思政内容融入教学的适当时机和具体举措。在授课时，我们必须有效落实预设，重点关注思政元素与专业内容的融合度问题，在指导学生实现汉俄语篇转换的同时，深入挖掘和提炼教学内容的思想价值和精神内涵，引领学生积极感悟。笔者在主讲汉俄笔译课程的过程中坚持以育人为导向，促进思政教育入脑入心入行。该课程 2020 年入选南京大学课程思政案例，2022 年起在“新华思政”全国高校课程思政教学资源服务平台进行展示。

5 结语

近年来，中国翻译正在发生方向性的“翻转”，中译外愈加成为常态（任文，2018：94）。高校俄语专业本科汉俄笔译课程必须以“培养一批知中国、爱中国、懂中国，会讲中国故事、能够讲好中国故事的时代新人”（吴岩，2022：9）为己任，固本创新，锐意改革，满足社会上越来越旺盛的汉译俄需求，为增强中国话语的国际表达能力和影响力贡献力量。为此，我们在教学实践中遵循“产出导向法”的教学理念，聚焦汉俄笔译的产出过程和结果。我们发挥自身的创造力，理论联系实际，设计并实施服务于学生有效学习的教学活动。我们激发学生的自主性，鼓励其既动脑又动手，熟练掌握汉俄笔译策略与技能，提升翻译能力和意识。我们主张学用结合，联动课堂教学与课外活动，加强翻译实践，以用促学。我们多策并施推进课程思政建设，全过程植入，各环节结合，将育人与育才统一起来。

参考文献

[1] 丛亚平. 俄语专业本科阶段的翻译能力及其培养. 中国俄语教学，2012(3)：80－84.

[2] 教育部. 高等学校课程思政建设指导纲要. 2020. http://www. moe. gov. cn/srcsite/A08/s7056/202006/t20200603_462437. html
[3] 教育部高等学校外国语言文学专业教学指导委员会等. 普通高等学校外国语言文学类专业教学指南(下). 上海:上海外语教育出版社,2022.
[4] 任文. 新时代语境下翻译人才培养模式再探究:问题与出路. 当代外语研究,2018(3):92-98.
[5] 文秋芳. 构建“产出导向法”理论体系. 外语教学与研究,2015(4):547-558.
[6] 文秋芳. “产出导向法”与对外汉语教学. 世界汉语教学,2018(3):387-400.
[7] 文秋芳. 产出导向法:中国外语教育理论创新探索. 北京:外语教学与研究出版社,2020.
[8] 文秋芳. 大学外语课程思政的内涵和实施框架. 中国外语,2021(2):47-52.
[9] 吴岩. 国际共识中国创新——准确把握新时代高等教育发展的着力点. 中国高教研究,2022(8):7-10,23.
[10] 周清波. 翻译的意识. 俄语学习,1994(5):42-48.

课程思政与基础日语课程建设

南京大学外国语学院　李　斌*

摘　要:本文首先梳理了课程思政三大要素,即价值塑造、知识传授和能力培养之间的关系,指出其中最重要的是价值塑造。然后再结合日语专业一年级的教学实践,对教材中可以与课程思政要素相结合的内容进行了初步的分析和举例。结果表明,基础日语课程可以与政治认同教育、社会主义核心价值观教育、中华优秀传统文化教育、个人道德修养教育、专业知识传授与能力培养等众多课程思政元素相结合,是一座思政教育的富矿。

关键词:课程思政;基础日语;教学实践;价值塑造

Title: Curricula of integrated ideology and politics and basic Japanese course construction

Abstract: This paper first sorts out the three major elements of curricula of integrated ideology and politics, namely the relationship between value shaping, knowledge transfer and ability training, and points out that the most important one is value shaping. Then, combined with the teaching practice of the first grade of Japanese majors, a preliminary analysis and examples are carried out on the content of the textbook that can be combined with the ideological and political elements of the course. The results show that the basic Japanese course can be combined with many ideological and political elements of the course, such as political identity education, socialist core value education, Chinese excellent traditional culture education, personal moral cultivation education, professional knowledge imparting and ability training, etc..

* **作者简介**:李斌,讲师,博士,主要研究方向为二语习得、日语教育,联系方式:libin@nju. edu. cn。

Key Words: curricula of integrated ideology and politics; basic Japanese; teaching practice; value shaping

1 引言

2016 年 12 月，习近平总书记在全国高校思想政治工作会议上讲话强调："要坚持把立德树人作为中心环节，把思想政治工作贯穿教育教学全过程"，他还强调："其他各门课程都要守好一段渠、种好责任田，使各类课程与思想政治理论课同向而行，形成协同效应。"习总书记的讲话提醒我们，思政教育不再是高校思政教师的专利，而是必须贯穿于所有的高校课程中。此后，高校的思政教育开始从"思政课程"向"课程思政"转变，这是高等教育界的一场重大变革。2020 年 6 月，教育部印发了《高等学校课程思政建设指导纲要》(下文简称《纲要》)，开始全面推进高校课程思政建设。

《纲要》强调，"落实立德树人根本任务，必须将价值塑造、知识传授和能力培养三者融为一体。全面推进课程思政建设，就是要寓价值观引导于知识传授和能力培养之中，帮助学生塑造正确的世界观、人生观、价值观"。由此可见，"课程思政是为了实现立德树人这一高等教育根本任务的重大战略举措"，对提高高校人才培养质量至关重要。同时，课程思政也包含了立德树人的三大要素——价值塑造、知识传授和能力培养，我们在结合各自的专业推进课程思政时，必须紧紧围绕这三大要素进行设计，其中，价值塑造是居于首位的。"课程思政的实质不是增开一门课，也不是增设一项活动，而是将高校思想政治教育融入课程教学和改革的各环节、各方面，实现立德树人、润物无声"(陈华栋等，2020：29)。它是"一种理念与价值观的引导与传播"(杨金才，2020a：48)，是一种"隐性的侧面教育"(刘文红，2018：94)。

2 课程思政的三大要素

上文提到，我们在设计课程思政元素时，必须紧紧围绕价值塑造、知识传授和能力培养这三大要素展开。其中，后两项要素其实在传统课堂上已经有所体现，所谓知识传授，就是讲解各个专业的专业知识，就日语专业而言，就是讲解日语词汇语法、日本社会和文化、日本文学等方面的相关知识。而所谓能力培养，就是要培养大学生各方面的能力，比如思辨能力、与人沟通的能力、准确表达自己想法的能力、自我约束能力、自我调整能力等等，以保证他们毕业后踏入社会时能够胜任自己的工作。

知识传授和能力培养当然是立德树人的重要组成部分，但是，最关键的还是价值塑造，这也是课程思政的重中之重。因为价值塑造能够发挥一种引领作用，从而保证人才培养的正确方向。试想，一艘客轮如果只有豪华的设施和强大的动力系统，而缺乏关键的船舵，那么它只能在错误的方向上越走越远。中国古话也说，“有才无德谓之害”。一名大学生，即使具备了扎实的专业知识和出众的综合能力，但如果他对祖国缺乏认同，没有家国情怀，法治意识淡薄，那么他就不是一名合格的大学生，他的所作所为很可能只是为了满足一己私利，而不是为党和国家做出贡献。如果这样的人多了，很可能会危害到社会。

那么，价值塑造需要从哪些方面入手呢？《纲要》已经给了我们明确的提示，那就是“课程思政建设内容要紧紧围绕坚定学生理想信念，以爱党、爱国、爱社会主义、爱人民、爱集体为主线，围绕政治认同、家国情怀、文化素养、宪法法治意识、道德修养等重点优化课程思政内容供给，系统进行中国特色社会主义和中国梦教育、社会主义核心价值观教育、法治教育、劳动教育、心理健康教育、中华优秀传统文化教育。”

3 课程思政与外语类课程

既然所有高校、所有学科专业都必须全面推进课程思政建设工作，那么作为我国高等教育重要组成部分的外语类课程当然也概莫能外。迄今为止，已经有不少学者对外语类课程中如何实施课程思政进行了广泛深入的探讨，如张嘉伦（2018）以日语入门教学为例，阐明了教学中使用文化溯源的方法有助于提升文化自觉与自信。崔戈（2019）从资源库、示范课程、教学指南和教师队伍这四个方面探讨了外语教学的课程思政体系的构建方法。杨金才（2020a）阐述了外语教育应该如何把握中国立场，实现主流意识形态价值观引领，进而推动高素质外语人才培养。杨金才（2020b）则探讨了高校外语专业的课程建设应考虑的几项思政元素。肖琼、黄国文（2020）则强调要转变教育观念，将外语教学变为外语教育，目前要做好两件事：深刻领会课程思政的内涵，找到切入点。刘正光、岳曼曼（2020）提出大学英语教师应该更新各方面的理念，在实践中以重构教学内容为抓手，把思政内容与要素巧妙无痕地融入语言教学活动中。张敬源、王娜（2020）厘清了外语课程思政的内涵，阐释了外语课程思政的原则，植根课堂教学实践探讨了外语课程思政的建设路径。

上述研究大多是就外语专业课程思政的内涵、原则等进行宏观的探讨，虽然也有结合具体课程进行阐述的（如杨金才，2020a，2020b），但主要针对英语系的高年级课程，对基础日语课程不太适用。只有张嘉伦（2020）是针对基础日语课程的，不过内容稍显局限，还有很多课程思政元素没有涉及。陈华栋等(2020)也提到，关于如何差异化地赋予不同课程以德育内涵的问题，目前的论述尚不够充分，需要进行进一步的研究与精准界定。因此，如何将本文第一、二部分中提到的基本理念、外语类课程先行研究中总结出的原则与基础日语课程具体结合起来，以便对日语专业学生产生潜移默化的效果，是日语专业教师迫切需要思考的问题。

鉴于此，笔者试图以自己在日语专业一年级课堂上使用的《日语综合教程》(第一册，上海外语教育出版社)这本教材为例，系统探讨有哪些课程思政元素可以融入日常的基础日语教学中，以期对日语专业的课程思政建设有所助益。

4　初级日语中的课程思政

在本节中，笔者将结合《日语综合教程》(第一册)这本教材来探讨如何把具体的课程思政元素融入基础日语课程的日常教学。为了使论述具有更大的普适性，下面将以课程思政元素为纲，结合上述教材中的具体例子来展开论述。

4.1　政治认同

所谓政治认同，就是对党、国家、社会主义制度的认同和拥护。教材中有不少地方可以促进学生的政治认同。比如，第五课提到了杭州的美丽风景，教师可以告诉学生，杭州等城市之所以今天如此美丽，是党带领全国人民进行辛勤建设的结果，我们应该饮水思源，感谢党的领导。今后，在以习近平总书记为核心的党中央的领导下，我们的祖国一定会更加繁荣昌盛，全国各地一定会更好，中华民族伟大复兴的中国梦一定能实现。通过这种适时的引导，学生对我们党的政治认同也会得到进一步提升。

第八课讲到了超市中的种类丰富的商品，教师可以告诉学生，在改革开放之前，是没有现在这么多类型的商店，也没有如此丰富的商品种类的，当时实施的是计划经济，能够买到的商品种类和数量都是受到限制的。正是因为在党的领导下实施了改革开放政策，坚持走有中国特色的社会主义道路，我们的生活水平才有了飞跃式的提高，今天才能随心所欲地买到我们自己喜欢的各类商品。通过这种引导，学生可以增强对党的政治认同，坚定道路自信和制度自信。

第十四课的内容是黄金周假期，提到近十年来很多中国人利用长假时间出游，而且国外游的比例越来越高。作为教师，我们可以启发学生，为什么如今越来越多的人可以去国外旅游，特别是日本，由于离中国近，去的人尤其多，甚至还催生了“爆买”一词。学生很容易就想到，是因为如今祖国越来越繁荣富强，人们的经济实力也普遍提高了。而祖国强盛，人民富足的背后，正是我们伟大的党的正确领导。如果没有党领导全国人民进行改革开放，就不会有今天的全面小康社会。

4.2 社会主义核心价值观

社会主义核心价值观是“富强、民主、文明、和谐、自由、平等、公正、法治、爱国、敬业、诚信、友善”。教材中有不少地方可以与这些价值观的教育相结合。比如第六课的标题是“大学的一天”。在教学时，可以让学生们以课文为基础，在课堂上介绍自己的一天。由此，可以了解学生的一些习惯，如果有不利于学习和身心健康的习惯，比如沉迷于游戏、睡得太晚、不吃早饭等，可以适当提醒学生注意。因为大学的主要任务毕竟还是学习，只有牢固掌握了各类专业知识，毕业后才能胜任各项工作。因此，养成良好的生活和学习习惯非常重要，这其实也是一种敬业的表现，大学生的“业”就是认真学习，掌握本领，同时保证自己的身体健康。而“敬业”正是社会主义核心价值观之一，也是课程思政的重要切入点。

第十三课标题为“远亲不如近邻”，谈到了同学之间互相帮助的事情。这时，可以借机进行社会主义核心价值观的教育，因为核心价值观中有一条是“友善”。教师可以告诉学生，进入大学以后，不仅上课时同学们是一个集体，而且在宿舍里，大家也是一个集体，参加社团活动时，也是一个集体。既然每时每刻都在集体中，就要学会与集体中的其他人友好、融洽地相处，有需要时互相帮助，这样对集体和个人都有好处，能够实现双赢。如果一味强调自己的利益，永远以自我为中心，只知索取，不舍得付出，那么迟早会成为孤家寡人，得不到其他人的帮助，最终损失最大的还是自己。现在很多大学生从小就是在父母的精心照顾下长大的，难免会产生自我中心的想法，而且在上大学前，主要精力放在学习上，因此，如何才能更好地与别人相处，如何才能找准自己在集体中的定位，是他们在大学中亟须学习的内容。如今，无论是在学习中还是在工作中，与他人合作都是极其常见的，不可避免的，因此，人际交流和沟通能力是非常重要的一种能力，而要想培养这种能力，友善是一个很重要的前提条件。

4.3 中华优秀传统文化

中国是一个拥有数千年历史的文明古国，有无数优秀的传统文化。教材中有不少知识点可以与这一课程思政的要素结合起来。比如，第一课和第二课是日语的五十音图，也就是平假名和片假名的学习。假名相当于英语中的字母，是基础中的基础。众所周知，日本在古代曾经举全国之力向中国学习，派出遣隋使和遣唐使来中国学习制度和文化，作为中国文化载体的汉字当然也是日本学习的对象。日本原本没有文字，引进中国的汉字之后，创制了所谓的万叶假名，就是利用原本是表意文字的汉字来表音，后来，这些用于表音的汉字被进一步简化，就成了假名。平假名是从汉字的草书演化而来，而片假名则是取自汉字楷书的一部分。无论是古代日语还是现代日语，在书写时都会用到汉字、平假名和片假名。因此，教师在向学生介绍假名时，可以强调其源于汉字，并顺便介绍“汉字文化圈”这一概念。汉字文化圈又称东亚文化圈、儒学文化圈，大致包括东亚大陆及周边半岛和岛屿，即今天的中国、朝鲜、韩国、日本、越南、新加坡等国。在古代，汉字不单在中国使用，20世纪之前它还是日本、朝鲜半岛、越南等国家官方的书面规范文字，因此汉字在历史上对文明的传播和分享起到了重要的作用(《我们的文字》，2015)。通过这番讲解，学生可以对原本习以为常的汉字产生新的认识，也会对汉字的强大生命力和中华传统文化的魅力感到骄傲和自豪。因此，对假名的讲解完全可以和课程思政结合起来，成为中华优秀传统文化教育的绝佳舞台。

另外，第三课中提到了日语中有关亲属的一些称呼，学生们很容易发现，与日语中的称呼相比，汉语中的称呼要更精密、更复杂。比如汉语中的“爷爷”和“外公”在日语里都叫“おじいさん”，“叔叔”“伯伯”和“舅舅”在日语里都叫“おじさん”，更有甚者，“表哥”“表弟”“表姐”“表妹”“堂哥”“堂弟”“堂姐”“堂妹”在日语中都叫“いとこ”。由此可见，汉语中对亲属的称呼要比日语精密得多。这是因为中国自古就是礼仪之邦，注重人伦关系，因此对各类亲属都有精确的界定和称呼，这是中国的传统文化的一大特色。当然，不能因此就说日本文化低中国一等，每个国家的文化都有其自身的特点，没有优劣之分，不同文化之间应该相互借鉴，取长补短，共同发展，形成人类命运共同体，这也是外语专业的学生应该明白的道理。

4.4 个人道德修养

个人道德修养是个人综合能力的一个很重要的方面，它决定着一个人是否能给国家和社会带来正能量。教材的第十二课标题为“幸福生活”，讲到了一家人各自的职业，教师可以借机对学生进行职业理想和职业道德教育，因为在《纲要》中，深化职业理想和职业道德教育也是一项重要内容。比如我们可以告诉学生，职业没有高低贵贱之别，只要是正当职业，都可以为国家和人民做出贡献。另外，不管从事什么职业，都要践行各自的“职业精神和职业规范，增强职业责任感，培养遵纪守法、爱岗敬业、无私奉献、诚实守信等职业品格和行为习惯”。同时也要告诉学生，为了今后能在自己的职业岗位上很好地履行职责，必须在大学四年期间认真学好本领，掌握各类相关知识，并锻炼好各方面的能力。

4.5 懂规律，明道理

《纲要》中提到，“让学生通过学习，掌握事物发展规律，通晓天下道理”。因此，在教学中让学生懂规律，明道理也是课程思政的重要一环。教材第十五课内容是大家所熟知的龟兔赛跑的故事，该故事正体现了天赋和努力哪个更重要的道理。天赋很高但不思进取的兔子，和天赋较差却一直在努力的乌龟，笑到最后的是乌龟。现在大学生的天赋虽有差异，但究竟谁能够在学校中取得更好的成绩、在事业中取得更大的成就，决定因素是勤奋而不是天赋。无论做什么事情，持续地付出努力是很重要的。尤其是外语专业，有大量的单词、短语和语法需要记忆，不付出努力是肯定学不好的。学生明白了这个道理后，就会在平时的学习中更努力地学习，而不是吃天赋的老本，不思进取，得过且过。在课程思政中，让学生明白这些做人和做事的道理也是很重要的。

4.6 专业知识与能力

知识传授与能力培养也是课程思政的二大要素，在教材中随处可以体现。比如第五课提到了杭州的美丽风景，这是一个很好的话题，可以进行拓展。因为学生们来自全国各地不同的城市，所以可以让他们在课前先行准备，然后在课堂上用日语简单介绍一下自己的家乡。这样，可以锻炼他们的自主学习能力和表达能力。另外，还可以增强他们对于家乡的自豪感，有助于培养家国情怀，价值塑造和能力培养都得到了体现，可谓一举两得。

第八课的标题是“超市”。这是一个比较容易拓展的主题，首先，可以让学生自主调查各类商店（比如百货商场、超市、便利店、书店、菜市场等等）用日语如何表达，另外，还可以让学生分头整理综合性商店里的各类常见商品如何用日语表达，按照类别做出若干个单词列表，比如电器类、水果类等等。对于外语专业学生来说，这种根据主题来构建词库并加以记忆的方法是最基本、最重要的方法之一。通过上述任务，可以培养学生这方面的能力。

第十二课标题为“幸福生活”，讲到了一家人各自的职业。首先，可以让学生自主调查一些常见的职业用日语应该如何表达，以培养学生的自主学习能力；另外，还可以让学生上台介绍自己家人的职业，或者他们自己以后想从事的职业，以培养学生的表达能力。

第十四课标题为“黄金周”，与旅游有关。首先，可以让学生们上台分享自己在国内和国外旅游的经历，谈一谈自己遇到了哪些难忘的风景，经历了哪些有趣的故事，这可以提高学生的日语表达能力。如果学生讲述的是国外旅游的经历，应该会提到一些有关文化冲击（culture shock）的内容。这时，可以跟学生介绍一些有关跨文化交际的知识。所谓跨文化交际，就是语言和文化背景有差异的人们之间的交流，因为双方在很多方面都存在差异，所以很容易产生问题。对外语专业的学生来说，与外国人打交道是题中应有之义，迟早会遇到跨文化交际，所以了解一些这方面的知识也是很必要的。在跨文化交际时，首先要站稳自己的立场，时刻牢记自己是中国人，坚决维护国家利益，其次要尽可能了解并尊重对方的文化、习惯和思维方式，这样才能真正理解对方的言行。所以，外语专业的学生仅仅学习外语的词汇语法是远远不够的，更重要的是要了解语言背后的文化、思维方式，只有这样，才能学会真正地道的外语，才能培养出卓越的跨文化交际能力。

以上就是笔者结合《综合日语教程》第一册的内容，对课程思政的切入点所作的一些初步的归类和分析。虽然不同日语教材的内容不尽相同，但上述内容有很多是初级日语教材中都会出现的，比如假名、亲属称谓等等，因此还是有一定的参考价值的。同时，上述分析也提供了一种思路，只要我们熟知课程思政的三大要素，以及每种要素包括哪些具体内容，再结合教材认真思考、深入挖掘，就一定能在授课中自然地融入课程思政的各种要素，寓教于无形，润物于无声。

5 结语

本文首先梳理了课程思政三大要素的关系，指出其中最重要的是价值塑造。然后再结合日语专业一年级的教学实践，对教材中的哪些内容可以与课程思政要素相结合进行了初步的分析，相信对基础日语的教学有一定的参考作用。同时，本文也可以算是抛砖引玉，希望能有更多的日语界同仁来关心教材内容与课程思政的结合方式。今后，笔者将继续对中级、高级日语教材中可以与课程思政要素相结合的内容进行挖掘和整理，以期形成一个系列。

参考文献

[1] 陈华栋，等，2020. 课程思政：从理念到实践. 上海：上海交通大学出版社.

[2] 崔戈，2019. “大思政”格局下外语“课程思政”建设的探索与实践. 思想理论教育导刊，(7)：138－140.

[3] 国家图书馆中国记忆项目中心，2015. 我们的文字. 北京：清华大学出版社.

[4] 教育部，2020. 高等学校课程思政建设指导纲要. 北京：教育部.

[5] 刘文红，2018. 新闻传播课程思政论文集. 北京：知识产权出版社.

[6] 刘正光，岳曼曼，2020. 转变理念、重构内容，落实外语课程思政. 外国语，(5)：21－29.

[7] 肖琼，黄国文，2020. 关于外语课程思政建设的思考. 中国外语，(5)：10－14.

[8] 杨金才，2020a. 外语教育“课程思政”之我见. 外语教学理论与实践，(4)：48－51.

[9] 杨金才，2020b. 新时代外语教育课程思政建设的几点思考. 外语教学，(6)：11－14.

[10] 张嘉伦，2018. 浅论“课程思政”视角下在外语教学中提升文化自觉与自信——以日语入门教学为例. 甘肃高师学报，(1)：85－88.

[11] 张敬源，王娜，2020. 外语“课程思政”建设——内涵、原则与路径探索. 中国外语，(5)：15－20.

错误类特称描述语的认知语用阐释
——基于有声思维证据*

南京理工大学外国语学院　李　娟**

摘　要:在历时数十年的语义—语用界面之争中,错误类特称描述语常处于争论的焦点。本研究回顾了身处不同语言哲学流派的学者所做的相关分析,基于有声思维实验和回溯性访谈探讨语言编码和语境在错误类特称描述语的作用及相应的理解机制,并用关联统领下涵盖默认语义的话语解读模式来解释其理解机制。本研究为错误类特称描述语提供认知语用视角的阐释,试图为语义—语用界面以及话语识解机制研究做出一点贡献。

关键词:错误类特称描述语;关联论;默认语义论;语境

Title: A Pragma-cognitive Study on Misdescription: Evidence from a Think-aloud Protocol

Abstract: In the debate over the Semantics-Pragmatics interface that has lasted for decades, misdescription is often the focus of controversy. This research reviews different schools of linguistic philosophy on this topic, and explores the role of linguistic encoding and context and the corresponding comprehension mechanism based on a think-aloud protocol and a retrospective interview, and interprets misdescription on a relevance-theoretic account incorporating default meaning. This study hopes to offer a pragma-cognitive account for misdescription, thus contributing to the research on the Semantics-Pragmatics interface and the utterance

* 本研究是教育部人文社会科学研究青年基金项目"二语学习者指称表达的认知加工处理"(编号:19YJC740028)的部分成果。

** **作者简介:**李娟,讲师,博士,研究方向为语用学。电子邮箱:lijuannjust@126.com。

comprehension mechanism.

Key Words: misdescription; Relevance Theory; Default Semantics; context

1 引言

20 世纪初，西方哲学经历了“语言转向”（陈嘉映，2012：13）。1905 年，罗素（Russell）在其经典论文《论指谓》（On Denoting）中，强调特称描述语[①]的属性用法（attributive use）及相应的逻辑分析，试图消解空名、存在悖论、同一性、晦暗语境等诸多哲学谬误。对特称描述语作量化分析后，the F 被定义为“有且仅有一个 F”，即特称描述语 The father of Charles Ⅱ（查理二世的父亲）可改写为“有且仅有一个查理二世的父亲”。摹状词理论开启了以数理逻辑为工具探究哲学问题的先河，是“哲学分析的范例”。

然而，1950 年斯特劳森（Strawson）提出对罗素论断的反对意见，指出特称描述语实际具有的是指称用法（referential use），强调在语境中解决描述语的意义和指称问题，从而开启了指称理论的语用转向。之后不少哲学家和语言学家采用不同的语言证据来挑战罗素的分析，质疑其规定的存在性（Schoubye，2011）、唯一性（Kempson，1975；Szabó，2000）和极大性（Sharvy，1980）。其中影响最大的是唐纳兰（Donnellan），1966 年他在《指称和特称描述语》一文中专门讨论错误类特称描述语[②]，用该语言现象来揭示罗素和斯特劳森观点的不足，从而提出特称描述语既有属性用法又有指称用法。

唐纳兰引用了林斯基的举例：

> 在一次活动中，我看到一对举止亲密的男女，在不清楚该女性单身的情况下，我说，“她的丈夫对她不错。”（Her husband[③] is kind to her.）我意指的个体实则是

① 特称描述语又名限定摹状词。虽然国内哲学界通常称之为“限定摹状词”，但“摹状词既不能点明指称和描述的关系，也不能反映研究主要谈论的是短语而非单词”（陈嘉映，2012：112）。本文从语用学视角探讨话语的理解机制，故称之为“特称描述语”。

② 错误类特称描述语有好几种说法，Donnellan（1966）和 Neal（1990：91）等称之为 misdescription（错误描述语或错误描述），Penco（2017）称之为 definite misdescription（特称错误描述语）。作者在此称其为错误类特称描述语，强调它是特称描述语中的一种（李娟，2019：16）。

③ Russell 刚开始定义特称描述语为“the ＋ F”，也就是“the ＋ nominal”的典型形式，其中名词短语为可数名词单数形式。后来 Russell 及其他哲学家们将“his F”这种等同于“the F of him”的名词所有格形式也纳入特称描述语讨论范围。

她的情人。尽管我指称的是这位男士，说的基本是真话，但该话语仍有歧义，且该歧义与句法和语义无关①。

按照罗素的分析，该特称描述语 her husband 表示“有且仅有一个那女人的丈夫”，既然没有个体能满足该描述，那么相应命题为假。而唐纳兰(1966)区分了错误类特称描述语作属性和指称用法的两种情况，认为当描述语为属性用法时，“如果没有个体满足该描述，那么问题就没有明确直接的答案”。特称描述语作指称用法时，即 the F 指称特定个体 x，“尽管描述不符合指称对象，但说话人可能说的是真的”，即相应命题为真。

因此，当说话人或者听话人意图中的指称对象不满足其名词短语的描述内容时，这类特称描述语被称为错误类特称描述语(Salmon，1991)。这类描述语是否会影响相应完整命题形式的真值？此类描述语的理解机制是什么？时至今日，不同哲学流派的哲学家和语言学家围绕错误类特称描述语仍争论不休，争议更引发了语义—语用界面划分这一焦点话题(Neale，1990，2005；Penco，2017)。错误类特称描述语实际上是一种常见的语言现象，因为人们遵循“省力原则”产出特称描述语时经常会做出不精确甚至错误的描述。因此，探讨错误类特称描述语的理解机制有利于我们了解人类如何加工处理语言，揭示话语意义的来源以及语言与世界之间的关系。鉴于此，本研究将首先回顾不同语言哲学流派的特称描述语研究，通过有声思维实验和回溯性访谈，基于关联统领下涵盖默认语义的话语解读模式来研究语言编码和语境在错误类特称描述语理解中的作用及相应的理解机制。本研究从认知语用视角研究错误类特称描述语，希冀为语义—语用界面以及话语识解机制研究做出一点贡献。

2 错误类特称描述语的相关争议

对于错误类特称描述语的分析，隶属不同哲学流派的学者们看法不一。以罗素为代表的语言哲学正统派认为语义语用两者的界限泾渭分明，语义学研究字面意义，语用学研究言语行为。斯特劳森、唐纳兰等倡导的日常语言哲学强调语境在生成话语意义

① Donnellan 首先提出特称描述语指称和属性用法的区别，认为两种用法会影响命题的真值。但是对于这两种用法是否在语义层面却态度含糊。“[It does not] seem at all attractive to suppose an ambiguity in the meaning of the words; it does not appear to be semantically ambiguous. “Perhaps we could say that the sentence is pragmatically ambiguous: the distinction between roles that the description plays is a function of the speaker's intentions.”(Donnellan，1966：59)

中的重要作用。由于对语义—语用界面划分存在争议，罗素派和唐纳兰派[①]的分歧主要集中在语言编码和语境因素的作用以及理解机制上。

谈及语言编码在确定语义中的作用，罗素派认为语言编码足以确定话语语义并由此判断命题真假。错误类特称描述语 the F 的语义就是“有且仅有一个 F”，由于没有对象可以满足该描述，所以相应命题始终为假（Kripke, 1977; Ludlow & Neale, 2006）。唐纳兰派，特别是罗切特（Rouchota, 1992），鲍威尔（Powell, 2001），普格利西（Puglisi, 2014），蒋庆胜（2015），李娟（2019）等支持后格赖斯语用学中的语境派[②]，认为语言编码不足以确定所言，也就是仅仅依靠语言编码无法形成完整命题，也无从判断其真假。

在语境因素的作用和理解机制方面，罗素派（Neale，1990；Lepore，2004）指出，语境对所言没有影响，只在所含层面发挥作用。因此，对于错误类特称描述语而言，“有且仅有一个 F”是 the F 默认的属性语义。至于 the F 指称什么，那是所含层面的意义，是语用问题而非语义问题。值得指出的是，由于所言所含的界面争议，日常语言学派的巴赫提倡语义最简论，明确支持罗素的属性语义，认为特称描述语根本不属于指称表达。他与罗素派特别强调属性语义的优先重要性，认为“如果不能掌握其字面量化意义的话，人们就不能理解一个特称描述语的指称用法”（Bach，2004）。他们用格赖斯理论、言语行为理论等来解释错误类特称描述语的理解。对于上例而言，“Her husband”的所言，即“有且仅有一个那女人的丈夫对她很好”为假，其所含，即“那个女人身边的男士对她很好”为真。

唐纳兰派对罗素派提出的理解机制表示质疑，认为在上例中说话人无意违反“质的准则”去生成含意，格赖斯的合作原则等理论无法解释错误类特称描述语用作指称的意义。他们进一步指出语境同样影响了所言，听话人只有对语言编码构成的逻辑式进行语用充实后，才能得出显义，也就是所言[③]。因此语境对于确定 the F 的属性语义和指称语义非常重要。在理解机制方面，唐纳兰派形成了语境论（contextualism）为导向的理论框架，其中以关联论为主（Sperber & Wilson, 2001; Powell, 2001; Carston, 2004, 2009; Puglisi, 2014; Clark, 2016; Penco, 2017），也包括提喻理论（Synecdoche Theory）（Recanati, 1989; 1993）、默认语义论（Jaszczolt, 2005）等。此外，卡彭（Capone, 2011a, 2011b）试图用心智理论统领下的关联默认解释特称描述语的理解

① Donnellan 派吸收了 Strawson 的观点，认为特称描述语同样具有指称用法，在此没有专门区分这两派。

② 由于格赖斯划分的所言所含缺乏坚实的理论基础，学者们对语义内容的区分和确定存在分歧，分野出最简语义论和语境论两派。语境论又包含温和语境论和激进语境论（张绍杰，2010）。

③ 尽管 Grice(1969)谈到的所言(what is said)与 Sperber & Wilson 的明说(explicature)有一定区别，但在此我们采用陈新仁(2015)对语义学与语用学“分界”新方案的术语定义，称其为所言。

机制。

总之,错误类特称描述语的相关研究主要聚焦在以下几方面:第一,语言编码是否是确定错误类特称描述语语义的充分条件。罗素派认为语言编码足以确定相关命题的真假,而唐纳兰派持反对意见,因此仍需继续厘清语言编码的作用。第二,语境是否影响错误类特称描述语的理解。罗素派认为语境不参与描述语的语义解读,而唐纳兰派认为语境同样影响所言,因此仍需继续考量语境在错误类特称描述语理解中的作用。第三,错误类特称描述语的理解机制仍悬而未决。罗素派采用格赖斯的合作原则等来解释错误类特称描述语,但越来越多的语用学者发现格赖斯理论的弊端,尝试用认知语用理论来解释相关理解机制。相关的认知语用理论是否可以更好解释错误类特称描述语现象,也是本研究想要回答的问题。此外,从方法论上看,以往的研究主要靠哲学家和语言学家的思辨,缺乏实证研究。鉴于此,本文用有声思维和回溯性访谈的方式来探讨语言编码和语境在错误类特称描述语理解中的作用以及相关理解机制,从而为语义—语用界面研究和话语识解机制研究做出一点贡献。

3 关联统领下涵盖默认语义的话语解读模式

3.1 关联论

作为一个认知语用学理论,关联论认为人类交际是一个明示—推理交际模式,交际中遵循关联的交际原则,即每一个话语或明示的交际行为都应设想它本身具有最佳关联。此外,不同于传统语境观,关联论认为语境是一个心理建构体,是听话人对世界相关假定的子集,包括物理环境,上下文等语言环境以及交际者的期望、百科全书知识等假定,语境具有主观性、互明性和动态性(Sperber & Wilson,2001)。

不同于格赖斯对语用和语义的分界方案,关联论坚持语义不确定论①,即编码意义无法确定相关命题,必须基于语言编码,通过语用充实(消除歧义、饱和化、自由充实、临时性概念建构等)来获取显义(explicature)。因此,语用推理贯穿整个话语理解过程,同时参与加工处理显义和含意。斯珀伯和威尔逊(Sperber & Wilson, 2001: 258)还区分了概念意义和程序意义两种编码意义。desk,jump 等实词表达概念意义,直接参与明示信息和隐含意义的处理;the,and 等功能词汇表达程序意义,用以制约或指引明示信息和隐含意义的加工处理,使听话人付出较小的努力去获取更大的语境效果。关联

① 日常语言学哲学派一贯坚持语言不确定论(the linguistic indeterminacy thesis)。Jaszczolt(2005: 14)提出语义不具体论(the semantic underspecification thesis)。

论者进一步指出，the 引导听话人获取一个个体概念(individual concept)，该个体概念又细分为描述概念(descriptive concept)、从物概念(*de re* concept)①、类型概念(type concept)(Puglisi，2014：164；李娟，2019：59)。最佳关联引导下的话语理解程序为：

a. 遵循最小努力来计算认知效果：按照可及性高低顺序，检验解读性假定(消解歧义、确定指称、推导含意等)。

b. 当关联期待得到满足(或被放弃)时，停止解读。

(Wilson & Sperber，2004：613)

3.2 默认语义论

语境论派的雅兹寇尔特(Jaszczolt，2005)也反对 Grice 的语用-语义分界方案，提出涵盖语用内容的默认语义论。默认语义论重点关注与真值条件内容密切相关的主要意义，认为加工处理主要意义时，会产生默认解读和非默认解读。她的并合表征模式里，词汇意义和句子结构，(从语篇语境、社会文化和百科知识中获取的)有意识的语用推理，认知默认和社会文化默认这四种信息共同加工互动产生并合表征(merger representation)，生成主要意义，而默认语义和非默认语义是不同信息来源互动的产物。根据"默认从物原则"(The "Default *de re*" Principle)②，从物概念是听话人优先提取的个体概念，也就是听话人倾向于首先检索头脑中的指称对象(Jaszczolt，2005：140)。

以上两理论均涉及认知科学，都属于后格赖斯主义且追随语境论派，笔者认为这两种理论存在兼容性。卡彭(2011a，2011b)曾尝试合并两者，提出了心智理论统领下的关联默认解释机制(但见张延飞和张绍杰，2017)。诚然这两种理论在语境、默认、推理方面存在一定分歧，但还是有一定程度的兼容性。就所言加工的语境依存度而言，雅兹寇尔特认为默认语义的生成无需语境，有意识推理的非默认语义才依赖语境；关联论认为语义加工始终依赖语境。但人的心智状态生成认知默认、人的社会文化知识形成社会文化默认，这些默认实则上涵盖在关联论提倡的认知语境里。默认意义方面，关联论虽强调语用推理的必要性，但也承认存在直觉的、无意识的、非反思性的推理(intuitive,

① 从物概念指"概念的内容与概念的指称物之间由因果关系相连"(the content of the concept is causally connected to the referent of the concept)(Puglisi，2014，p. 166)。

② 默认从物原则(Default De Re Principle)指人们有对名词短语进行指称解读的默认倾向，即"说话人的从物信念指除非话语内容有其他暗示，指称短语用于指称一个个体"(the speaker holds a belief *de re* that referring term is useful to refer to an individual，unless the content of utterance signals otherwise)(Capone，2011a，p. 1745)。

unconscious, unreflective inference)，认为默认意义的研究是当今后格赖斯语用学研究的一个趋势(Sperber & Wilson，2002；Allan & Jaszczolt，2011：1)。雅兹寇尔特(2005：35)还指出，关联论所谓的直觉推理跟她的默认解读或许只是术语差异。目前亦有实验证明默认意义的存在(Garrett & Harnish，2007：15；Larson et al.，2009；Pulvermüller，2010)。推理方面，雅兹寇尔特认为自己是反推理(anti-inferential)的，但默认语义论提出的并合表征模式包含有意识的推理。此外，听话人直接识解最强意图，生成默认意义后，何时会停止加工话语？关联论认为满足最佳关联期待后解读停止，这为话语解读机制提供了宏观框架。实际上，有专家(如 Capone，2011a，2011b；Macagno，2017)指出关联论与默认语义论术语和理论的差异可以弥合，从功能层面来看，两个理论可以融合，因为所言加工中既存在默认语义，又有语用推理；默认和语用推理既有区别又有联系，并发挥不同作用。鉴于关联论的包容性，本研究提出关联统领下涵盖默认语义的话语解读模式。

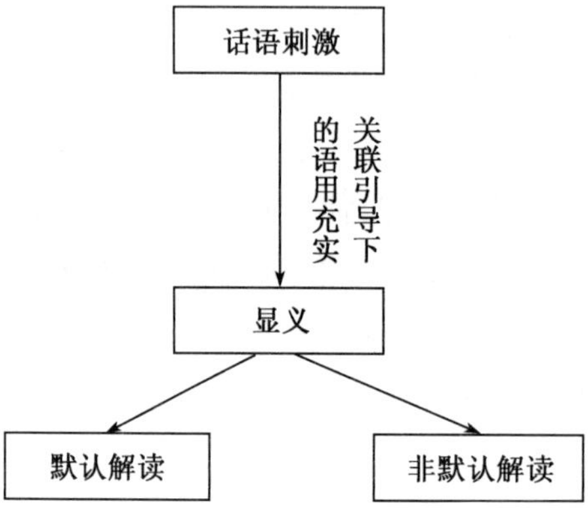

图 1　关联统领下涵盖默认语义的话语解读模式

如图 1 所示，接收到话语刺激时，听话人通过关联引导下的语用充实来获取显义。设想话语刺激具有最佳关联，听话人可能从词汇意义和句子结构和认知默认的并合表征中直接识解说话人主要意图中的指称对象，迅速获取默认解读。听话人也可能会从语篇上下文信息，情境信息和交际者的百科知识中提取语境假定，选择可及性和关联性适合的假定进行语用充实，从而得到完整命题形式，得出非默认解读。其中受语言编码和语境因素影响，听话人会选择不同的个体概念来充实命题形式。

4　研究设计

基于以上理论分析，本研究尝试回答三个问题：

(1) 语言编码对错误类特称描述语的理解有什么作用？

(2) 语境对错误类特称描述语的理解有什么作用?

(3) 错误类特称描述语的理解过程是怎样的?

本研究结合有声思维(郭纯洁,2015)和回溯性访谈来收集数据,考察受试对错误类特称描述语的理解过程,通过问卷设计和前期实验两个阶段最终形成有声思维研究工具。

最终共有 6 名本族语者受试参加了有声思维实验和随后的访谈。围绕研究问题,实验准备了 4 组句子,其中两组含错误类特称描述语,另两组是完整性特称描述语。每组句子写在单独的题卡上,让经过实验培训的受试读完题卡后讲述出对加黑的特称描述语的理解过程。有声思维实验结束后,研究者立刻对受试进行回溯性访谈。访谈中询问了受试理解不同特称描述语的难易程度,对指称对象的确定程度,对 the 的理解,并根据受试的有声思维数据作进一步的澄清说明。

5 结果与讨论

转写和整理了有声思维数据后,笔者对数据做逐字分析解读,从中寻找研究问题的答案。针对错误类特称描述语的有声思维实验结果如下:

(1) Woman: **The man over there drinking martini** is enjoying himself.
Man: He is indeed enjoying himself. But this is an alcohol-free party.
(李娟,2019:183)

对话中女方用 The man over there drinking martini(那边喝马提尼的男人)来进行指称,受试解读对话中该特称描述语的语义。受试 1 根据马提尼的词汇意义和社会文化知识提取出一系列语境假定:"马提尼是酒精饮品",这"很可能在酒吧里说","因为喝酒一般在酒吧里"。受试的社会文化知识让她将马提尼酒与酒吧这一情景场景联系起来。受试 1 又联系到语篇语境中的信息,即"这是一个无酒精派对","无酒精派对"与"酒吧"的语境假定相冲突,为了满足关联期待,受试 1 进行了较费力的认知加工,得出女方"假设他正在喝马提尼酒。她是假设的",并认为"很可能他杯里不是马提尼酒"。受试 1 在回溯性访谈中解释道,"她本人出席各种宴请时也经常用酒杯装白水代替酒精饮料",其个人经历使她很容易理解该场景。她的社会文化知识激活了脑海中马提尼酒杯的独特形状,倒锥形酒杯容易被误认为杯内装的是马提尼酒。受试 1 进一步指出定冠词 the 表明的确存在一个双方都看到的端杯者。可见,在该错误类特称描述语的解读过程中,受试在最佳关联引导下,除了从词汇和句子以及上下文中提取语境假定,还从社会文化知识中提取了“马提尼是酒”“马提尼酒杯形状”“喝酒在酒吧”“酒杯可以装其他饮料”等可及的语境假定。此外，the 引导受试 1 去获取描述概念。当意识到该特称描述语描述有问题时，受试通过有意识的语用推理来充实该语言编码的概念内容，即词汇和句子与(从语篇语境、物理环境及百科知识等信息源获取)有意识的语用推理互动共同得出“有且仅有一个端着马提尼酒杯但没有喝马提尼酒的男人”，这是一种非默认解读。

同样，受试 2 也通过比较费力的推理来解读该错误类特称描述语。他首先意识到“The man over there drinking martini”表明存在这么一个喝马提尼酒的人，但是语篇信息融入其信息加工处理后，受试 2 重复“马提尼”五六遍，表明他意识到了语言编码与情景语境信息的矛盾，即无法找到一个个体来满足该描述。受试 2 进一步从社会文化假定中提取可及的语境假定，“马提尼是一种酒精”，“无酒精派对不该有含酒精的饮料”。为满足关联期待，受试 2 继续进行语用推理，“他要不是违反了规则，或者这是一杯不含酒精的马提尼”，“嗯，如果这是一个无酒精派对，他从哪儿……得到的一杯含酒精的马提尼？他自己带来的？酒保塞给他的马提尼?”在最佳关联引导下，受试 2 同样从词汇和句子以及(从语篇语境、物理环境及百科知识等信息源获取)有意识的语用推理的互动中共同得出非默认解读为“有且仅有一个端着马提尼酒杯的男人”。在回溯性访谈中，受试 2 也指出 the 表明有这么一个端杯人的存在，虽然描述有所出入，但是不影响确定有且仅有一个这样的人。The 同样引导受试 2 去获取描述概念。另外，受试也认为相应的完整命题“有且仅有一个端着马提尼酒杯的男人玩得很开心”具有真值。

受试对完整性特称描述语也进行了解读：

(2) Woman：**The capital of China** is magnificent.

Man：It is truly a wonderful place. But I have never been there yet.

在解读这一特称描述语时，受试们均未付出很大的加工努力，他们在接收到话语刺激后，就立刻识别出主要意图，说出“北京”这一指称对象。受试 2 还指出“我去过那里很多次，在北京坐飞机坐过很多次。非常对，它很宏伟。”可见，个人经历已使“北京是中国首都”这一百科知识融入听话人的认知默认中。于是，在最佳关联引导下，词汇意义和句子结构与认知默认这两种信息共同加工互动产生并合表征，从而得出完整命题，即“北京很宏伟”。受试判断这句话为真。实验中做指称解读的速度均快于做属性解读，也就是默认推理的速度和效率高于非默认推理。回溯性访谈中，受试均认为 the 表明有个特指的对象。可见，the 引导听话人获取了从物概念，根据“默认从物原则”(Jaszczolt，2005：140)，听话人优先迅捷地检索出头脑中的指称对象即北京。

从以上准实验研究，我们发现语言编码并不是解读错误类特称描述语的唯一决定因素。语言编码通常是处理错误类特称描述语的起点，但不是其完成解读的充分必要条件。由从语篇语境、物理环境、社会文化及百科知识等内化而来的认知语境极大地影响了错误类特称描述语的解读，而解读全过程一定受最佳关联原则引导。为满足关联期盼，听话人从不同信息源中提取可及且关联的语境假定，用以语用充实语言编码，从而获得相应的解读。相关实验和访谈均证明了以上发现。

此外，不同特称描述语的解读存在难易差异，存在相对迅捷的默认解读。有声思维实验和访谈发现，当听话人的百科知识有此概念指称物时，即指称物与相应的编码概念产生直接因果联系，在最佳关联引导下，听话人会优先选择从物概念，迅速识别说话人的主要意图，得出相应的指称解读。实验证明，指称解读相对迅捷、优先、默认。当解读错误类特称描述语时，概念的指称物与编码的概念内容之间无直接因果联系，从物概念不可及，为满足关联期待，听话人选择描述概念，同时从语篇语境、物理环境、社会文化知识及百科知识等信息源提取语境假定，充实语言编码，从而获取非默认的属性解读。

对错误类特称描述语的研究是语言哲学理论和语义学、语用学理论的试金石，反映了哲学、逻辑学及符号学领域对意义定义的争议，特别是语用领域对语义—语用界面研究的分歧。为解决分歧，陈新仁(2015)提出了一个语义—语用分界新方案："1)维持意义两层次说，即意义分为所言/所含两层。所言包括语言解码获得的意义以及语用充实获得的意义，而所含仅指(Grice 所指的)特殊会话含意；2)区分涉及不同认知加工方式、具有不同默认程度的语用充实；3)重新界定语义学和语用学的研究内容。语义学与语用学的区分标准不再是推理。语义学包含解码语义学和推理语义学，后者专门研究话语所言部分理解中体现不同默认程度的语用充实，以获得话语的完整逻辑形式，即关联理论所讲的显义，考察这一显义如何反映语言符号与外部客观世界之间的关系。"陈新仁(2015)还指出"充实部分的语义内容往往不是交际者个体主观选择的结果，而是反映了固化在语言使用者概念系统中的语言知识，带有不同程度的规约性和默认性，而越是规约化的充实越是如此"。本实验研究发现在错误类特称描述语显义的加工处理中，存在不同默认程度的语用充实，相关理解机制均支持该语义—语用分界方案。该实验也支持了关联统领下涵盖默认语义的话语解读模式的可行性。

此外，特称描述语并非特殊语言现象，而在语言使用中比比皆是。彭科(Penco，2017)指出错误类特称描述语其实就是一种松散言谈(loose talk)，需要通过语用充实获取显义，关联论对于松散言谈的解释同样适用于错误类特称描述语，笔者的理论分析和实证研究也佐证了该观点。

6 结语

本研究回顾了错误类特称描述语的哲学渊源，梳理了该话题在语言学领域的研究趋势，展示了语言编码和语境在错误类特称描述语理解中的作用以及参与方式。通过有声思维实验和回溯性访谈，研究发现语言编码和语境共同作用来确定错误类特称描述语的显义，关联统领下涵盖默认语义的话语解读模式可以很好地解释该话语的理解机制。在指称对象不可及的情况下，错误类特称描述语解读为非默认的属性语义，该语义是在最佳关联引导下，从词汇意义和句子结构以及有意识的语用推理中共同加工产生。本研究为错误类特称描述语的理解机制提供了认知语用阐释，印证了陈新仁语义—语用分界新方案的合理性，并为语义—语用界面和话语识解研究提供了新证据。此外，研究结果也揭示了罗素为代表的语言哲学正统派对意义产生问题解释的不足，并支持日常语言学派的"意义即使用"观点，强调认知语境对产生话语意义的重要作用。

但必须指出的是，本研究是一种准实验研究，有声思维实验和回溯性访谈这样的质性研究还缺乏一定的严谨性和客观性。在接下来的研究中，可以尝试采用眼动仪或反应时实验等认知科学手段进一步探讨默认解读的合理性。

参考文献

[1] Allan, K. & Jaszczolt, K. M. (Eds). 2011. Salience and Defaults in Utterance Processing. De Gruyter Mouton.

[2] Bach, K. 2004. Descriptions, points of reference. In M. Reimer & A. Bezuidenhout (Eds.), *Descriptions and Beyond: An Interdisciplinary Collection of Essays on Definite and Indefinite Descriptions*. Oxford: Oxford University Press, 189 - 229.

[3] Bach, K. 2007. Referentially used descriptions: A reply to Devitt. *European Journal of Analytic Philosophy*, 3: 33 - 48.

[4] Capone, A. 2011a. Default Semantics and the architecture of the mind. *Journal of Pragmatics*, 43: 1741 - 1754.

[5] Capone, A. 2011b. The attributive/referential distinction, pragmatics, modularity of mind and modularization. *Australian Journal of Linguistics*, 31(2): 153 - 186.

[6] Carston, R. 2004. Relevance Theory and the saying/implicating distinction. In L. R. Horn & G. Ward (Eds.), *The Handbook of Pragmatics*. Oxford: Blackwell, 2004, 633 - 656.

[7] Carston, R. 2009. The explicit/implicit distinction in Pragmatics and the limits of explicit communication. *International Review of Pragmatics*, 1: 35 - 62.

[8] Clark, B. 2016. Relevance theory and language change. *Lingua*, 175 - 176: 139 - 153.

[9] Donnellan, K. 1966. Reference and definite descriptions. *Philosophical Review*, 75: 281 - 304.

[10] Garrett, M. & Harnish, M. 2007. Experimental Pragmatics: Testing for implicitures. *Pragmatics and Cognition*, 15: 65 - 90.

[11] Grice, H. P. 1969. Vacuous names. In D. Davidson & J. Hintikka (Eds.), *Words and Objections*. Dordrecht: Reidel, 118 - 145.

[12] Jaszczolt. K. M. 2005. *Default Semantics: Foundations of a Compositional Theory of Acts of Communication*. Oxford: Oxford University Press.

[13] Kempson, R. 1975. *Presupposition and the Delimitation of Semantics*. Cambridge: Cambridge University Press.

[14] Kripke, S. 1977. Speaker reference and semantic reference. *Midwest Studies in Philosophy*, 2 (1): 255 - 276.

[15] Larson, M., Doran, R., McNabb, Y., Baker, R., Berends, M., Djalali, A., & Ward, G. 2009. Distinguishing the said from the implicated using a novel experimental paradigm'. In: U. Sauerland and K. Yatsushiro (Eds), *Semantics and Pragmatics: From Experiment to Theory*. Basingstoke: Palgrave Macmillan, 74 - 93.

[16] Lepore, E. 2004. Anabuse of context in Semantics: The case of incomplete definite descriptions. In A. Bezuidenhout & M. Reimer (Eds.), *Descriptions and Beyond: An Interdisciplinary Collection of Essays on Definite and Indefinite Descriptions*. Oxford: Oxford University Press, 41 - 67.

[17] Ludlow, P. & Neale, S. 2006. *Descriptions*. In M. Devitt & R. Hanley (Eds.), *Blackwell Guide to the Philosophy of Language*. Oxford: Blackwell Publishing, 288 - 313.

[18] Macagno, F. 2017. Defaults and inferences in interpretation. *Journal of Pragmatics*, 117: 280 290.

[19] Neale, S. 1990. *Descriptions*. Cambridge, MA: MIT Press.

[20] Neale, S. 2005. A century later. *Mind*, 114: 809 - 871.

[21] Penco, C. 2017. Donnellan's misdescriptions and loose talk. In K. K. M. De Ponte (ed.), *Reference and Representation in Language and Thought*. Oxford (UK): Oxford University Press, 104 - 125.

[22] Powell, G. 2001. The referential-attributive distinction—A cognitive account. *Pragmatics and Cognition*, 9: 69 - 98.

[23] Puglisi, A. 2014. *A Relevance Theoretic Account of Definite Descriptions*. Doctoral dissertation, Georgetown University, Washington, DC.

[24] Pulvermüller, F. 2010. 'Brain-language research: Where is the progress?'. *Biolinguistics*, 4: 255 - 288.

[25] Recanati, F. 1989. Referential/attributive: A contextualist proposal. *Philosophical Studies: An International Journal for Philosophy in the Analytic Tradition*, 56(3): 217 - 249.

[26] Recanati, F. 1993. *Direct Reference: From Language to Thought*. Oxford: Blackwell.

[27] Rouchota, V. 1992. On the referential/attributive distinction. *Lingua*, 87: 137 - 167.

[28] Russell, B. 1905. On denoting. *Mind*, 14: 479 - 493.

[29] Salmon, N. 1991. The pragmatic fallacy. *Philosophical Studies*, 63(1): 83 - 97.

[30] Schoubye, A. 2011. *On Describing*. Doctoral dissertation, University of St. Andrews, St. Andrews.

[31] Searle, J. 1979. *Expression and Meaning: Studies in the Theory of Speech Acts*. Cambridge: Cambridge University Press.

[32] Sharvy, R. 1980. A more general theory of definite descriptions. *The Philosophical Review*, 89: 607 - 623.

[33] Sperber, D. & Wilson. D. 2001. *Relevance: Communication and Cognition* (2nd edition). Beijing: Foreign Language Teaching and Research Press.

[34] Strawson, P. F. 1950. On referring. *Mind*, 59: 320 - 344.

[35] Szabó, Z. 2000. Descriptions and uniqueness. *Philosophical Studies*, 101: 29 - 57.

[36] Wilson, D. & Sperber, D. 2004. Relevance Theory. In L. R. Horn & G. Ward (Eds.), *The Handbook of Pragmatics*. Blackwell publishing, 607 - 632.

[37] Zhang, Y. F. & Zhang, S. J. 2017. Explicature versus default meaning: A response to Alessandro Capone's Default Semantics and the architecture of the mind. *Journal of Pragmatics*, 117: 264 - 272.

[38] 陈嘉映，2012. 语言哲学. 北京:北京大学出版社.

[39] 陈新仁，2015. 语义学与语用学的“分界”：一种新方案. 外语教学与研究(6)：838 - 849.

[40] 郭纯洁，2015. 有声思维在外语教学研究中的应用. 北京：外语教学与研究出版社.

[41] 蒋庆胜，2015. 指称的关联论. 外国语文研究(2)：24 - 34.

[42] 李娟，2019. 特称描述语理解机制的语用学研究. 广州:暨南大学出版社.

[43] 张绍杰，2010. 后格赖斯语用学的理论走向—语义学和语用学界面研究的兴起. 外国问题研究(1)：3 - 11.

发展多元能力:以南京大学大学英语口语课程为例*

南京大学 程 欣 陈 桦 曹 宁**

摘 要:在《大学英语教学指南》的引领下,发展多元能力已成为现在大学英语教育的目标和趋势。本文以南京大学大学英语口语课程的设计为例,探讨以发展学生多元能力为教学目标,以"翻转课堂"和"设计学习"为教学模式的口语课程设计及效果。研究结果表明,该课程深受学生喜爱,能够调动学生的积极性;课程不仅能提高学生英语口语水平,还能促进包括研究能力、跨学科能力、人际能力和个人素质在内的多元能力的发展。这一课程设计对具体的大学英语课程改革具有一定参考价值。

关键词:多元能力;大学英语;英语口语;课程设计

Title: The Cultivation of Multiliteracies—A Case Study of College English Oral Course at Nanjing University

Abstract: As outlined in the *Guidelines on College English Teaching*, college English courses are expected to develop language skills and other competence as well. This paper reports a course design of College English Oral Course at Nanjing University, which adopts a combined teaching mode of "flipped classroom" and "learning by design" to cultivate students' multicompetence. The study showed that the course was satisfactory to most students for the opportunities it provided for students to practice English in the oral tasks, and that it could help cultivate multicompetence including oral English ability, research ability, interdisciplinary

---

* 本研究是2020年国家社科基金重点项目"基于多模态库的中国大学生英语学术交流能力的自动评测研究"(编号:20AYY013)的部分成果。

** **作者简介:**程欣,南京大学讲师、博士。研究方向为英语应用语言学、实验语音学。联系方式:chengxin@nju. edu. cn。陈桦,南京大学教授、博士生导师。研究方向为英语应用语言学、二语习得、实验语音学。曹宁,南京大学讲师。研究方向为英语应用语言学。

ability, interpersonal skills and overall personal quality. Pedagogically, this combined teaching mode serves as an exemplar for college English oral course design and sheds light on the current college English teaching reform in China.

Key Words: multicompetence; college English; oral English; course design

1 引言

近年来，我国的英语教育正在发生深刻的变化。随着中小学英语教育水平的不断提高，以及网络普及和全球化所带来的丰富的英语教学资源和环境，高校本科生的入学英语水平大幅提高。同时，国际合作的深化发展也要求高校学生应具有全球视野和参与国际交流和竞争的能力。这些主客观因素都使得单纯的以训练听、说、读、写等语言技能为主的大学英语课程已不能满足时代的发展和学生的需求。为适应这一变化，《大学英语教学指南》（教育部，2020）明确指出，大学英语课程“兼有工具性和人文性”，不仅是一门语言类基础课程，培养学生使用英语在学术或职业领域进行交流的能力，而且也是帮助大学生培养跨文化交际能力、传播中国文化、提升综合素养的素质教育课程。本着这一理念，越来越多的大学英语课程着手进行教学改革，探索发展学生多元能力的课程设计。

多元能力的概念最早起源于新伦敦小组（New London Group, 1996）提出的多元读写能力（multiliteracies）。他们认为，现代科技和网络技术的快速发展使得信息激增，并通过印刷品、音频、视频等多种形式进行传递，因此语言教学的核心应由传统单一的语言训练转变为培养学生利用多种资源来获取信息、进行学习的多元能力。此后，学界对这一概念进行了多种界定（Gu, 2018；宋庆伟，2013；朱永生，2008），大多将其定义为获取各种媒体和模态提供的信息的能力（如 Burke & Hardware, 2016; Spiliotopoulous, 2005; 胡壮麟，2007），对这些信息进行分析、评价的能力（Hobbs, 2004），利用各种资源和模态与他人交流（Gamble & Easingwood, 2000; Hobbs, 2004），并进行批判性思考（Kern, 2000）和创新的能力（Duncum, 2004）。金利民（2010）在论述英语专业培养的能力时，肯定了多元能力培养的理念，将能力分为宏观人文素养、核心专业知识和相关基本能力三大类。张德禄（2018）进一步将外语本科生培养的能力细分为9大类，即知识能力、处理知识能力、操作能力、交际能力、超文化能力、人际能力、思维能力、社会态度能力和个体态度能力。王守仁（2016）则将大学英语教学培养的多元能力解读为英语应用能力、跨文化交际能力、自主学习能力、综合文化素养等。因此,在本研究中,笔者根据大学英语口语课程的特点,将课程发展多元能力的教学目标具体为口语能力、研究能力、超学科能力、人际能力和个人素质这五个方面(详见 2.2 教学目标)。

国外关于多元识读的实证研究大多致力于探讨多模态在语言教学中的使用情况,主要采用课堂观察、问卷、访谈或讨论组的方法。这些研究发现,处于数字时代的学生已普遍具备数字化识读能力(digital literacy),图片和音视频资料不仅能促进他们对阅读内容的理解,也频繁在他们的写作活动中使用(Nabhan & Hidayat, 2018; Tan & Libo, 2009);与之相应,语言教师在教学素材和教学形式的选用上也呈现多模态化(Nabhan & Hidayat, 2018),但是语言教师无论在教学理念上(Nabhan & Hidayat, 2018),还是教学实践中(Mizusawa & Kiss, 2020),对培养学生多元能力(如自主学习、批判性思维、文化意识等)的发展都非常欠缺。国内的相关研究在近十年中也日渐增多。韦琴红等(2011)在大学英语教学中开展了以网络资源为学习内容,从英语视听、英语网络识读和英语读写等三方面培养学生多元识读能力的教学实验。宋庆伟(2013)在山东某大学的大学英语课堂也试点了类似的多元识读培养模式。吴玲娟、张德禄(2019)尝试利用智慧教学工具——雨课堂和设计学习的教学模式,培养学生多元读写能力。他们都发现,与对照班相比,实验班学生的英语成绩都有显著提高,并且多元识读的教学活动有效提高了学生的学习兴趣,增强了学生的参与意识。但是这些研究或是对课程设计没有进行详细的描述(宋庆伟,2013;韦琴红等,2011),或是基于通用英语类课程(吴玲娟 & 张德禄,2019),缺乏将多元识读能力应用到大学英语口语类课程中的相关研究。

根据多元能力培养的教学理念,本研究对南京大学的大学英语口语课程进行详细设计,并对课程的多元能力培养效果及课程满意度进行了评估。

2 发展多元能力的大学英语口语课程设计

2.1 教学对象

南京大学的大学英语课程一直以来开展分级、分课型、小班化(30 人左右)教学。本研究介绍的高级英语口语课为必修中的选修课程,供二层次本科生①在一年级第二学期选择。选择该课程的学生对提高英语口语水平有较高的愿望和动力。

① 南京大学每年对非英语专业的入学新生进行英语能力分级诊断测试,根据成绩将学生分为四个层次,得分最高的前约 180 名学生归入一层次,得分最低的约 80 名学生归入基础班,其余学生归入二层次和三层次,其中二层次学生约为三分之二(王文宇等,2018)。

2.2 教学目标

根据大学英语课程工具性和人文性的性质，以及我校本科生对大学英语学习的多元需求（王文宇等，2018），高级英语口语课的教学目标设定为以提高口语技能为核心的多元能力发展。具体来说，课程主要致力于发展五个方面的能力，即口语能力、研究能力、超学科能力、人际能力和个人素质。

口语能力主要指口语实践能力和口语知识能力两个方面。针对我校学生普遍对自己的英语语音不自信，演讲缺乏逻辑性和表现力等问题，我们将口语实践具化为语音模仿和演讲两大板块，并要求学生掌握相应的语音知识和演讲技巧。研究能力是现代社会对高水平人才的要求之一。课程所针对发展的研究能力包括对信息的检索、整合、概括和批判性评估，以及在演讲中进行学术引证的能力。超学科能力指学生使用英语来开展自己学科领域的研究，进行有效国际交流的能力，同时还包括在口语实践中附带发展的其他技能，如视频剪辑、幻灯片制作等。人际能力主要指团队合作能力和人际交往能力。个人素质包括跨/超文化能力①、自主学习能力、自信心、意志力等。

2.3 教学模式

本课程综合了艾贝塞克拉和道森（Abeysekera & Dawson，2015）“翻转课堂（flipped classroom）”和新伦敦小组（New London Group，1996）“设计学习（learning by design）”的教学模式来实现对学生多元能力的培养（图1）。

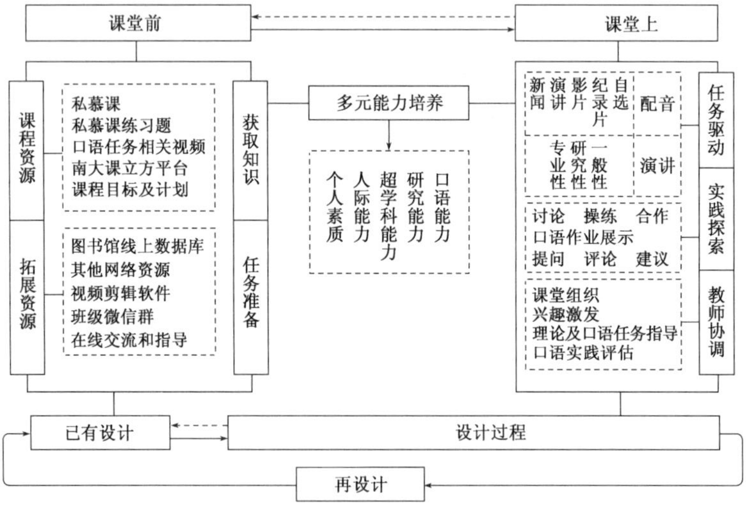

图1 多元能力培养目标下的“翻转课堂”+“设计学习”的教学模式

① 超文化能力指综合相关的不同文化知识发展而成的一种融合、包容和消除文化冲突的能力（张德禄 & 陈一希，2015）。

课程使用“翻转课堂”,就是要利用网络,把信息传递和相关研究放在课余进行,而把课堂时间留给师生间的深度交流和讨论(Abeysekera & Dawson, 2015)。课程同时结合“设计学习”的教学模式,把课堂前和课堂上的教与学统一起来,进行精细设计。它采用“已有设计(available design)—设计过程(designing)—再设计(redesigned)”这一动态的循环教学过程,把学生作为学习的主体和意义的创造者,强调学生实践,而教师只提供学习的条件和要求(New London Group, 1996)。“已有设计”指所有可利用的教学资源;“设计过程”是对已有资源所进行的学习、加工、复现和转换;“再设计”是通过设计过程,对意义创建者能力和素质的重新构造,并可成为新的设计资源(张德禄、张时倩,2014)。

2.3.1 “已有设计”(available design)

“已有设计”是教学的基础。在本课程中,它体现为课程资源和拓展资源两个方面。我们为课程建设了配套的私慕课(SPOC)线上课程资源,共 7 个单元,28 个课程视频。第一单元为课程简介及主要口语任务指导,第二至第四单元为语音知识讲解,第五至七单元为口语表达及演说技巧介绍。我们使用“教学立方”的网络平台发布 SPOC 内容和相关口语任务的视频和指南,并提供相关测试习题。拓展资源包括南京大学线上图书馆的中英文学术期刊数据库,英语学习手机应用及其他网络资源;此外,我们建立 QQ 班级群,方便课后学生间/师生间进行的即时互动和答疑解惑,使得教师甚至是学生彼此之间,都能在课后成为彼此的学习资源。

2.3.2 “设计过程”(designing)

“设计过程”是教学的核心。在本课程中,整个教学设计以口语任务为驱动,以学生的实践探索为主体,以教师的协调指导为保障。

以输出任务为驱动的学习是语言习得的目的和动力(文秋芳,2014),而且也更有助于发展多元能力(Gu,2018)。本课程根据既定教学目标,设计了两大类口语任务,即配音和演讲。配音任务从手机应用“英语趣配音”上相对简单的任务开始,到后期逐步要求学生对一段两分钟左右的视频在课堂上做无字幕连续配音,有自选和指定两种类型片段,穿插进行,鼓励团队合作。自选片段能够激发学生的学习热情,并给予学生自己调节片段难度的空间。指定片段根据难度循序渐进,体裁多样(如纪录片、影片、演讲、新闻、天气预报等),并针对一定的语音现象,在 SPOC 课程中进行语音知识指导。比如,在语速较快的新闻配音中,指导学生使用弱读、连读、省音、同化音等多种发音技巧来提高语速等。演讲任务要求学生在课堂上做每人两分钟左右的脱稿 PPT 演讲,具体设计为一般性、研究性和专业性三种任务。一般性任务用于对学生演讲技巧的巩固和对逻辑思维的训练,指导学生在演说中能使用多种方法,如例证、引证、对比和数据等来进行论证。研究性任务多为小组任务,以热门社会话题为主题,指导学生如何确定研究问题、查找中英文献、进行实地调研、最后进行研究汇报。专业性任务要求学生就自己所学专业的某个理论、现象或应用进行解释和描述，力图促使他们使用英语去了解和研究跟自己专业相关的知识。

学生的实践探索是教学的主体形式。学生利用课余时间学习线上课程，并对口语任务进行调研、准备和操练。然后，在课堂上讨论线上课程难点，展示他们的作业成果，进行现场问答和评价。充分的课堂交流不仅是对学生课余自主学习和操练的督促，更促使他们互相取长补短，在"设计学习"新一轮的循环中有更好的表现。

在以学生实践为主体的教学模式中，教师的协调必不可少。很多学者都讨论过大学英语教师所扮演的多重角色（如文秋芳，2015；项茂英，2010；张巍然、汤欣，2014）。在本课程中，教师的协调作用也具有多面性，主要体现在四个方面。首先，教师是课程的设计者和组织者；其次，教师激发学生的学习兴趣和热情；同时，教师还是理论和技能的指导者，预测学生在实践中可能遇到的困难，并实时为他们提供帮助；最后，教师是学习成效的评估者，不仅对学生在一学期中的表现做出总体评估，还在每次学生的口语展示后做即时性的点评和建议，帮助学生进行总结和反思，提高学习效率。

2.4 教学评估

本课程结合了过程性和终结性两种评估方式，其中过程性评估占比80%。过程性评估根据学生口语作业展示的数量和质量，课堂讨论和点评的参与度，以及自习SPOC线上课程并完成习题的效果进行；终结性评估计算学生在期末口语考试中的得分。

2 发展多元能力的课程效果研究

我们在一年级第二学期课程即将结束时对该课程的效果做了实证研究，主要研究问题有两个：1）课程是否达到了发展学生多元能力的教学目标？2）学生对该课程的满意度如何？

3.1 研究对象

研究对象为笔者授课的3个班级学生，共88人。他们都是非英语专业大学一年级的学生，主要分属工科试验班、人文艺术传播和社会科学试验班。他们在入学听说诊断测试中都属于二层次。

3.2 研究工具和数据收集

研究工具有三种，分别是期末课程调查问卷、学生的课程反思报告和他们大学一年级第一(前测)和第二学期(后测)的期末口试成绩。

问卷[①]调查了学生对课程的教学模式、内容和评估方式的满意度,以及对多元能力发展的自我评估。问卷采用五级量表,用"问卷星"制作和回收数据,于学期末在班级QQ群发布。反思报告作为问卷的补充,要求学生反馈在课程中的收获和对课程改进的建议。反思报告利用学期最后一节课的15分钟写作,以匿名方式提交。两次期末口试均采取机考,包括一分钟的篇章朗读和三分钟指定主题的个人陈述。口试题目都取自南京大学大学英语诊断测试口语题库,试题参照全国大学英语四级考试口语考试(CET - SET4)题型,经过统一标准核实[②],难度相当。

3.3 数据分析

调查问卷数据进行描述性统计。反思报告数据进行定性分类和归纳,以提供对问卷数据的解释和补充。口试录音首先进行评分,其中,朗读录音使用外研讯飞的FiF测试系统进行十分制自动评分;陈述录音随机分配给听说课程组的老师,参照四级口试的评分标准,按十分制进行评分。学生的口试成绩由朗读和陈述两部分得分相加后组成,然后,使用统计分析软件SPSS (version 20)对两次口试成绩进行配对样本 t 检验。

3.4 研究结果与讨论

3.4.1 多元能力的发展

就口语能力来看,前后测口试成绩的均值分别是15.02(SD=1.4)和17.41(SD=1.64)。配对样本 t 检验结果显示,经过该课程学习之后的口试成绩较前测有显著提高($t=11.775$, $p<.001$)。这表明课程对语音和演讲的训练切实地提高了学生的朗读和口头陈述能力。调查问卷中(表1),学生的能力自评也说明,他们认为自己的口语能力有所提高,包括英语应用和表达能力(84.1%),以及对口语知识的了解和掌握(72.8%);近50%的学生认为自己的语音语调得到改善。学生在反思报告中指出,配音任务是训练发音的好方法,"对自己的发音起到了很好的纠正和指导作用,对于英语口语的节奏和停顿以及语音语调有了一个新的认识";大量课堂演讲任务,使他们的"演讲技巧和临场发挥的能力得到了极大提高","演讲的逻辑结构更明晰"。

---

① 感谢李维老师协助进行了部分问卷的设计和问卷数据的统计。

② 口试题库中的朗读篇章就字数、平均句长、可读性(FRE)和词汇范围根据四级口试试题难度进行了控制;个人陈述的题目都是和学校生活、社会现象相关的一般性话题。题库中的口试试题经过四六级考委会专家的统一审核。

表 1 高级英语课程培养多元能力发展的学生自评调查结果

	多元能力发展调查	非常同意/同意	不确定	非常不同意/不同意
口语能力	我了解和掌握了语音和演讲的相关知识	72.8%	22.7%	4.5%
	我提高了英语应用和表达能力	84.1%	11.4%	4.5%
	我改善了英语的语音语调	48.9%	39.8%	11.3%
研究能力	我提高了用英语进行研究和汇报的能力	45.5%	36.4%	18.1%
超学科能力	我提高了用英语描述我专业知识的能力	48.9%	43.2%	7.9%
	我学会使用一些新的软件,如视频编辑	77.3%	13.6%	9.1%
人际能力	我提高了团队合作的能力	84.1%	10.2%	5.7%
个人素质	我提升了说英语的自信心	70.5%	22.7%	6.8%
	我对英语学习的兴趣更高了	73.9%	19.3%	6.8%
	我提高了自主学习的能力	85.2%	9.1%	5.7%
	我扩大了知识面,增进了对英美文化的了解	51.1%	39.8%	9.1%

在其它能力方面,自评调查问卷结果显示,学生普遍认为个人素质得到很大提升,如自主学习能力(85.2%)、英语学习的兴趣(73.9%)、自信心(70.5%)和对英美文化的了解(51.1%)。在学生的反思报告中,很多同学提到课程“极大地增强了他们说英语的胆量和自信心”,“不再害怕暴露自己的缺点”。

同时,84.1%的学生在自评问卷中认同课程发展了人际能力(84.1%)。他们在反思报告中指出,课程“增加了与其他同学的共同学习的机会”,“加强了同学间的交流”,并能通过观看他人展示,“发现别人的优点,找到自己的缺点和差距”。

此外,问卷结果和反思报告也体现了课程在发展超学科能力和研究能力方面的促进作用,如新软件使用能力(77.3%)、用英语描述自己专业知识的能力(48.9%),和用英语进行研究的能力(45.5%)。他们在反思报告中例举了在完成口语任务时附带发展的其它能力,比如,配音任务使他们学会使用“视频剪辑、消音等软件技术”;演讲任务“锻炼了逻辑思维能力”,并使他们了解和实践了“收集资料、实地调研、汇报研究的基本方法”,使得他们在今后能更长久有效地进行学习。

3.4.2 课程的满意度

问卷调查的结果还显示(表 2),近 80%的学生很喜欢这种“翻转课堂”+“设计学习”的教学模式。他们认为翻转课堂能提供更灵活的学习环境(87.5%),课外(62.5%)和课堂(82.9%)学习都有助于提高口语。正如学生在反思报告中所称,“翻转课堂是种新奇的体验,大大增加了在课堂上开口说英语的机会和课外用于英语学习的时间,增强了学习的积极性”。

表 2 高级英语课程教学模式、内容和评估方式的学生满意度调查结果

	课程满意度调查	非常同意/同意	一般	非常不同意/不同意
总体满意度	我很喜欢本学期的课程	78.4%	18.2%	3.4%
翻转课堂	翻转课堂为我提供了更灵活的学习环境	87.5%	11.4%	1.1%
	课外的学习和练习对我提高口语帮助很大	62.5%	34.1%	3.4%
	课堂上的口语实践对我提高口语帮助很大	82.9%	14.8%	2.3%
设计学习	学习资源数量较多	83%	17%	0
	学习资源比较有趣	62.5%	29.5%	8%
	学习资源比较难	14.8%	71.6%	13.6%
	学习资源与教学活动关联比较紧密	94.3%	4.5%	1.2%
	口语任务数量较多	54.5%	45.5%	0
	口语任务难度较大	48.9%	44.3%	6.8%
	课堂教学活动比较丰富	84.1%	13.6%	2.3%
	课堂教学时间分配比较合理	92%	5.7%	2.3%
	课堂互动氛围令人满意	73.9%	21.6%	4.5%
	教师协调和指导能力令人满意	94.3%	5.7%	0
教学评估	侧重于过程性评估方式比较合理	93.2%	4.5%	2.3%

在“设计学习”的模式中,学生对学习资源的满意度较高,他们认为学习资源数量多(83%)、有趣(62.5%)、难度适中(71.6%),且与教学活动关联紧密(94.3%)。他们对课堂教学的安排持相当肯定的态度,认为教学活动多样(84.1%)、时间分配合理(92%),课堂氛围友好(73.9%)。此外,教师的协调和指导能力得到学生高度一致的好评(94.3%),有近10名学生在反思报告中提到教师“能够给出中肯的意见”,教师的“鼓励”让他们“信心倍增、无比满足”。

然而,学生对口语任务设计的态度不一。近半数的学生认为口语任务的数量和难度适中;但另外约一半的学生认为任务量较多,较难,比如有些配音任务语速较快,有些演讲任务要求基于文献和实地调研等。有些学生在报告中反馈,“非常多的口语任务,使我整学期都沉浸在英语表达中,体会到表达的乐趣”;“一些老师指定的作业难度比较大,很有挑战性,但练下来很有成就感。”因此,学生对口语任务的评价恰好也解释了他们各项能力得到发展的原因。

对于课程大比例的过程性评估方式,绝大多数学生表示赞同(93.2%)。他们在反思报告中明确指出,“课程的过程性评估方式对他们完成口语任务有很大的促进作用”。但是,也有学生对过程性评估中学生互评的可靠性有所质疑,这也提醒我们在今后的评

估设计中要补充更细致的互评指导,因为评价能力作为研究能力中不可或缺的一个方面,也是我们在课程中致力于要发展的能力之一。

4 结语

以"全人"教育为目标,发展学生多元能力已成为现在大学英语教育的目标和趋势(王文宇等,2018)。南京大学大学英语口语课程顺应这一趋势,以发展多元能力为目标,以"翻转课堂"和"设计学习"为教学模式。课程设计以口语任务为驱动,以学生的实践探索为主体,以教师的协调指导为保障。

课程效果研究的结果显示,该课程得到学生广泛认可和喜爱,不仅有效提高了他们的口语水平,而且发展了包括研究能力、超学科能力、人际能力和个人素质在内的多元能力。我们希望该课程的教学设计能够为建设符合新版《大学英语教学指南》精神的大学英语课程提供一个可具参考性的样本,对我国高校新一轮的大学英语教学改革起到推进作用。

参考文献

[1] Abeysekera, L. & P. Dawson. 2015. Motivation and cognitive load in the fipped classroom: Definition, rationale and a call for research. *Higher Education Research and Development*, 34 (1): 1 - 14.

[2] Burke, A. & S. Hardware. 2016. Honouring ESL students' lived experiences in school learning with multiliteracies pedagogy. *Language, Culture and Curriculum*, 28 (2): 143 - 157.

[3] Duncum, P. 2004. Visual culture isn't just visual: Multiliteracy, multimodality and meaning. *Studies in Art Education*, 45(3): 252 - 264.

[4] Gamble, N. & N. Easingwood. 2000. *ICT and Literacy*. London: Continuum.

[5] Gu, W. X. 2018. Application of learning by design into the cultivation of multiliteracies: A case study of college English teaching practice at Soochow University. *Language and Semiotic Studies*, 4 (1): 129 - 147.

[6] Hobbs, R. 2004. Literacy for the information age. In J. Flood, S. Brice Heath & D. Lapp (Ed.). *Handbook of Research on Teaching Literacy through the Communicative and Visual Arts*. New York: Routledge, 5 - 12.

[7] Kern, R. 2000. *Literacy and Language Teaching*. Oxford: Oxford University Press.

[8] Mizusawa, K. & T. Kiss. 2020. Connecting multiliteracies and writing pedagogy for 21st century English language classrooms: Key considerations for teacher education in Singapore and

beyond. *Journal of Nusantara Studies*, 5 (2):192 - 214.

[9] Nabhan, S. & R. Hidayat. 2018. Investigating literacy practices in a university EFL context from multiliteracies and multimodal perspective: A case study. *Advances in Language and Literary Studies*, 9 (6): 192 - 199.

[10] New London Group. 1996. A pedagogy of multiliteracies: Designing social futures. *Harvard Educational Review*, 66 (1): 60 - 93.

[11] Spiliotopoulous, V. 2005. Developing multiliteracy in adult ESL learners using online forums. *International Journal of the Humanities*, 1 (1):1291 - 1304.

[12] Tan, L. & G. Libo. 2009. From print to critical multimedia literacy: One teacher's foray into new literacies practices. *Journal of Adolescent & Adult literacy*,53 (4): 315 - 324.

[13] 教育部高等学校大学外语教学指导委员会,2020. 大学英语教学指南(2020 版). 北京:高等教育出版社.

[14] 胡壮麟,2007. 社会符号学研究中的多模态化. 语言教学与研究,(1):1 - 10.

[15] 金利民,2010. 注重人文内涵的英语专业课程体系改革. 外语教学与研究,42(3):176 - 183.

[16] 宋庆伟,2013. 多模态化与大学英语多元读写能力培养实证研究. 外语研究,(2):55 - 59.

[17] 王守仁,2016.《大学英语教学指南》要点解读. 外语界,(3):2 - 10.

[18] 王文宇,王海啸,陈桦,2018. 构建具有校本特色的个性化大学英语课程体系. 中国外语,15(4):18 - 26.

[19] 韦琴红,叶双,戴飞菲,2011. 高校学生多元识读能力培养的实验性研究. 杭州电子科技大学学报(社会科学版),(4):65 - 68.

[20] 文秋芳,2014."输出驱动—输入促成假设":构建大学外语课堂教学理论的尝试. 中国外语教育,(2):3 - 12.

[21] 文秋芳,2015. 构建"产出导向法"理论体系. 外语教学与研究,47(4):547 - 558.

[22] 吴玲娟,张德禄,2019. 基于雨课堂的通用英语设计学习模式研究——兼论多元读写能力的培养. 现代教育技术,29(3):78 - 84.

[23] 项茂英,2010. 大学英语教师角色多维角度研究. 博士论文,上海:上海外国语大学.

[24] 张德禄,2012. 多模态学习能力培养模式探索. 外语研究,(2):9 - 14.

[25] 张德禄,2018. 外语本科生多元能力培养教学选择模式探索. 外语界,(1):28 - 35.

[26] 张德禄,陈一希,2015. 我国外语专业本科生多元能力探索. 外语界,(6):2 - 10.

[27] 张德禄,张时倩,2014. 论设计学习:多元读写能力培养模式探索. 解放军外国语学院学报,(2):1 - 8.

[28] 张巍然,汤欣,2014. 输出驱动教学模式下大学英语教师角色定位探讨. 语文学刊-外语教育教学,(4):96 - 98.

[29] 朱永生,2008. 多元读写能力及其对我国教学改革的启示. 外语研究,(4):10 - 14.

迂回致使动结式:结构、语义及语用的互动视角*

浙江大学　吴　侠　吴义诚**

摘　要:汉英两种语言中皆存在一类特殊的迂回致使动结式(VRO),如"吻瘫机场""party oneself out of a job",其动词(V)和结果补语(R)之间缺乏直接的因果关系,理解过程需要借助一定程度的语用推理。既有研究多从句法与语义两个层面入手,对语用因素缺乏深入的探究。本文在构式语法的理论框架下,从结构、语义和语用互动的视角探讨研究对象的编码和解码机制,同时阐释其背后的认知语用动因,发现:(1)宏观VRO图式对其内部V、R构件产生了压制,从而实现二者"迂回致使"的复合编码;(2)该构式的解码本质上是一个基于程序性意义展开的语用推论过程。

关键词:迂回致使动结式;构式压制;关联推理

Title: Roundabout causative resultatives: The interaction between structure, semantics and pragmatics

Abstract: In both Mandarin and English, there exists a special type of roundabout resultative constructions where in there lacks a direct causal relationship between the verb (V) and the complement (R). Existing studies are mostly focused on the aspects of its syntax and semantics, without addressing its pragmatic aspects. Within the framework of Construction Grammar, this study first analyzes the structural as well as semantic features of the causative resultatives at issue, then explores the cognitive-pragmatic motivation behind it by integrating coercion and pragmatic inference. It is found that: (1) the V and R lexeme are coerced into the

---

* 本文是国家社科基金重大项目"基于大型语料库的汉语弱组构性历时演变与语言演变规律研究"(18ZDA292)和一般项目"汉语非组构性表达式的演变研究"(18BYY177)的阶段性成果。

** **作者简介**:吴侠,浙江大学博士研究生。研究方向:认知语言学。联系方式:wux@zju. edu. cn。吴义诚,浙江大学外国语学院教授。研究方向:普通语言学。联系方式:wuyicheng@zju. edu. cn。

VRO schema, thus realizing the composite encoding; (2) the decoding of the construction is essentially a process of pragmatic inference based on procedural meaning.

Key Words: roundabout causative resultative; constructional coercion; relevance inference

一 研究背景

常规及物动结式如“敲碎了玻璃杯”等，由动词(V)、结果补语(R)和宾语(O)三种成分构成，其中V、R之间存在直接明了的因果关联，即V表示的动作导致O出现R所表示的状态。迂回致使动结式如例(1)中“吻瘫美国机场”，V、R之间的因果关联则不够明朗，其产出与解读均高度依赖于具体的语境。类似现象在英语中也有分布，如以下例句[①]：

(1) 中国情侣吻瘫美国机场。(重庆晚报2010-01-17)

(2) 新闻稿现象的副作用不可低估，它养懒了记者，慢慢地，他们研究问题，深入采访的动力就会减小，技能就会下降。

(3) 我老妈眼睛会放出淡红色的光芒，嘴角泛起细碎的泡沫，一定能骂满一只录音笔，骂满两个红酒橡木桶。(冯唐《活着活着就老了》)

(4) I bet that Terry Waite was *praying* his head *off*. (BNC)

(5) I guess he *partied* himself *out of a job* and got kicked out of the apartment. (COCA)

(6) On his earlier entrance, Gwynne Howell as Philip Ⅱ had *sung* everybody else *off the stage*. (BNC)

上述例句中动词V与结果R间的因果关系，并没有在词汇层面得到显性编码。譬如，例(3)中的“骂满”形式上与常规致使动结式相同，但语义关系上却相当迂回。即动作“骂”与结果“满”间的因果关联解读存在“短路”的情况。一方面，在脱离语境的情况下，这种VR结构难以被界定为复合词，如“吻瘫”“养懒”；另一方面，它们在句中又像常规动词那样，带上主语和宾语，也可以加上体词“了”，如例(2)的“养懒了记者”。英语亦然，例(5)中动词*party*和结果*out of a job*的逻辑关系同样迂回，听者解码时亦需借助于百科知识。

近三十年来，学界对动结式[②]的研究大多聚焦于句法和语义层面，如论元配置问题（李小荣，1994；Levin & Rappaport Hovav，1995；Goldberg，1995，2006；熊仲儒、刘丽萍，2006；施春宏，2007 等）、补语的语义指向问题（王红旗，1993；周刚，1998；宋文辉，2004；杨大然、周长银，2013 等），以及非常规动结式的个案研究，如倒置动结式（熊学亮、魏薇，2014；彭芳、秦洪武，2017；沈梅英，2017）、偏离类动结式（陆俭明，1990；崔婷，2020）等。专门围绕"吻瘫机场"之类的迂回致使动结式鲜有涉及。

个别研究关注到了 V、R 间的关联度问题（如詹卫东，2013；张翼，2013），重点探讨了在 V、R 整合的事件语义层面，对语境信息如何影响其产出与理解则未做分析。张翼（2014：38）结合认知语法中的事件"环境（setting）"论，探讨了语境与"场所"这一事件角色间的关系，如"吃穷了动物园"，而对语用推理如何影响该构式的能产未做探讨。鉴于此，本文基于句法、语义与语用之间的互动视角，在构式语法的理论框架下梳理迂回致使 VRO 与原型及物动结式之间的关系，并在此基础上探究其背后的认知语用动因，即交际双方如何依靠关联推理修补其因果关联，从而达到语用意图的有效传达。

二　理论框架

2.1　构式语法

一个句子的意义是由其构成成分的意义及其组配方式共同决定（Frege，1879），自然语言表达并不总是具备完全组构性（full compositionality），一些复杂表达式的意义无法完全从其成分意义推知，即形式与意义间存在不可预测性（unpredictability）（参见 Sun & Wu，2022）。

组构性原则在构式语法里起着至关重要的作用。构式本身具有核心构式义，一个表达式的语义内容是构件的词汇义与构式义的完型性整合（Goldberg，1995，2006）。形式与意义的规约性配对体（[F]↔ [M]）中，意义层既包括语言意义$[M]_{SEM}$，即脱离语境的真值意义，也包含基于语境的语用意义$[M]_{PRG}$（Traugott & Trousdale，2013）。

此外，一个构式具有三大核心特征，分别是图式性（schematicity）、能产性（productivity）和组构性（compositionality）。图式性是一个构式节点（node）所在层级的抽象程度（Traugott & Trousdale，2013；Sommerer & Smirnova，2020），能产性是一个构式容纳不同词汇作为空槽填充项（slot filler）的能力（Perek，2020：141），而组构性则是一个复合表达式在多大程度上可由其成分组构，以及允准它的构式图式（constructional schema）推导而来。

2.2 压制与关联推理

不同词项间的新奇组构是语法构式具备高能产性的主要原因之一(Suttle & Goldberg, 2011)。在内部构件相互整合时,构式可充当"协调者"的角色,迫使不兼容(incompatible)的构件在句法、语义层面发生相应改变,这个过程通常被称为"压制"(Goldberg, 1995:159;Michaelis, 2004;Suttle & Goldberg, 2011 等)。

压制研究一般关注词汇与构式的互动关系。Goldberg(1995)提出,构式可对动词的论元结构进行限制,从而实现不兼容动词与构式在结构、语义层面的整合。王寅(2013)进一步认为,不仅存在构式压制,词汇可在转喻层面对构式进行反向压制,即压制是"词汇-构式"间的双向作用机制。随着构式研究语用转向的深入(侯国金 2015;文旭 2017;薛兵、林璐,2022 等),压制不再仅仅适用于结构与语义层面的适配关系。越来越多的学者(如 Lauwers & Willems, 2011;Audring & Booij, 2016;张克定,2018;Detges, 2018;Leclercq, 2019a, b;刘芬,白解红,2019;潘艳艳,2021 等)注意到,当句法、语义层面的压制不能消解新奇构式中存在的不兼容问题时,语用充实(pragmatic enrichment)或调适(adjustment)可对构式压制起关键性的支撑与补齐作用。即是说,构式压制实际上是以"词汇-构式-语境"的宏观路径运作(Leclercq, 2019b;刘芬,白解红,2019;沈梅英,2022 等)。

从语用关联的视角来看,言者产出不符合常规的新奇表达式时,并不总是会被听者所"纠正"。恰恰相反,当信息传达出现"短路",听话人会基于相关语境与世界知识,努力将"断裂"环节的关键信息补足,这本质上是一个语用充实的过程(Wilson & Sperber, 2012;Carston, 2015)。语用充实是将形态句法结构层面貌似残缺的语言表达式发展成为完整命题形式的过程(Recanati, 2004, 2010)。话语表征的实质内容不仅包含显性的概念意义(conceptual meaning),同时也包括程序性意义(procedural meaning)(Blakemore, 1992;Carston, 1999)。语言表达式的程序性意义是为语用推理阶段提供制约或指导的语义信息(Carston, 2002, 2016)。

压制不仅仅是一种语义层面的操作,它同时是一个受程序性意义指导和限制的语用推理过程(Escandell-Vidal & Leonetti, 2011:92-95)。德格斯(Detges, 2018:260-262)持类似观点,他结合西班牙语动结式中的形义不兼容现象指出,"压制的过程受语用因素控制,其本质上是一种基于语用推理的修复机制(inferential repair mechanism)"。图式性构式的抽象构式义是一种程序性意义,语法构式的抽象程度越高,其语义内容的程序性越强,构式的程序性意义可引导(guide)新奇构式的语用推理过程(Leclercq, 2019a:144-169)。构式语法中的"压制"可视为由语法结构触发的语用饱和(saturation)(Leclercq, 2019b),如下例:

(7) They *carrier pigeoned* me an invite this morning. (Leclercq, 2019b: 283)

从构式压制的视角来看，例(7)是一个双宾构式[$V_{GIVE/SEND}$ Obj_1 Obj_2]，名词短语 carrier pigeon(信鸽)受到构式压制用作动词，并带上过去式[-ed]的时态标记。但上述压制分析并不能解释为何 carrier pigeon 可以，其他名词短语却无法准入该双宾构式。譬如，将 carrier pigeon 置换为另一鸟类 penguin(企鹅)，句子“ * They penguined me an invite this morning”通常情况下难以被接受。这是因为交际双方具备“鸽子经过驯化可用于通信”这一共享知识(common ground)，从而促使 carrier pigeon 与施予类动词，如 send 或 give 之间达成最佳语用关联(optimal relevance)，减少了听话人解码该新奇构式所需的认知努力。新奇构式 *carrier pigeon me an invite* 的解码过程中，双宾图式[$V_{GIVE/SEND}$ Obj1 Obj2]提供了“给予方”与“获取方”的程序性语义关系，而对具体参与者的择取，则需要百科知识的充实过程。由此可见，新奇构式中不兼容词项准入时所受到的构式压制，实质上是一种为达成最佳关联而发生语用推理的充实机制。

本文探讨的 VRO 构式同样体现了迂回致使的不兼容问题。接下来，本文将从组构性、能产性、图式性三个层面分析研究对象的构式特征。在此基础上，第四部分将为该构式的能产与创新提供认知语用理据。

三　迂回致使动结式的构式特征

3.1　组构性

首先是 V、O 非常规搭配之间的组构性问题。及物动结式中，不符合动词本身逻辑语义要求的名词，可被构式中的宾语槽位容纳，从而表达一定的特殊语用意义(Iwata 2020)。这通常呈现为不及物动词用作及物(如例 8)，或及物动词带上非受事性宾语(如例 9)的非组构性现象，譬如：

(8) The audience *laughed the actors out/off the stage*. (Rivière 1982:686)

(9) He *drank himself into the grave*. (Simpson 1983:145)

(10) Dan *talked himself blue* in the face. (Goldberg 1995:224)

汉语亦然，动词与宾语的搭配是否合乎常规，直接影响动结式整体的组构性强弱，如以下例句所示：

(11) a. 又饿又想吐，不知不觉就吃空了一袋沙琪玛，还是徐福记好吃。

b. 几天我就吃空了那只小皮箱，像一只耗子。父亲返回新疆时没有带走那只空空荡荡的小皮箱，他说，明年我还回呢。(《人子课程》肖克凡)

c. 每次可以吃馆子，代表父亲又有一本稿子被录取了，是全家必须庆祝的大事——即使吃上一顿大餐便代表着吃空了父亲刚领到手的稿费。(《爱你的十个理由》席绢)

例 11(a—c)均使用了同一 VR 组合式“吃空”，但不同 V、O 组合形成的复合表达式，其产出和理解所需要的语用推理程度不一。具体而言，例(11a)的“吃”与“一袋沙琪玛”之间存在明显的施受关系，即“沙琪玛”是动词“吃”的直接作用对象。相比之下，例(11b)则略有不同，“小皮箱”并非“吃”的直接作用对象，而是食物存在的容器场所。例(11c)中，“吃”与“稿费”之间只具有间接的因果关系，后者既不是前者的直接作用对象，也不是其所表征事件的核心旁格成分，二者间的语义关联有赖读者的世界知识方能建立，即“使用稿费下馆子吃大餐”。

V、R 间的组构是否具备语用规约性，是考察 VRO 构式组构性的另一重要因素。现实世界中反复出现的规约化情景(conventionalized scenarios)可被打包成独立的经验事件，其在语言层面的表征即是构式(Goldberg, 1995:195)。施密德(Schmid, 2020)认为，“规约化事件”是真实世界中频繁出现，已经固化(entrenched)为有效认知资源的熟悉情景。及物动结式中，VR 表征的事件是否为规约化事件，对其致使关系的编码与解码过程至关重要。对一些高度依赖语境的 VR 组构的解读，语境往往起着至关重要的作用，如下两例所示：

(12) 翌日，杨家豪吻醒了韩雨。(《暗恋》凯琍)

(13) 迪丽热巴吻瘫热搜：亲得昏天暗地，不结婚怎么收场！(ZAKER 资讯 2021-8-10)

从动词的论元实现角度来看，例(12)中，宾语“韩雨”是“吻”的对象，而(13)中的“热搜”显然不是。不同的论元实现模式与场景的规约化程度有关，动作的直接作用对象更容易发生状态改变，因此规约化程度可能更高。譬如，例(12)的“吻醒”的使用频率较高，“吻”与“醒”之间具有十分明晰的因果关系，无须过多的语用推理。这是因为读者对“吻醒”表征的因果关系较为熟悉，例如人类婴幼儿时期在熟睡的过程中被母亲以亲吻的方式唤醒等。与之对比，例(13)中“吻”与“瘫”的致使事件，没有经历长期固化的过程而形成规约化事件，其解读高度依赖非语言知识，即“微博热搜”的相关背景信息。以“吻醒”为关键词在 BCC 语料库中检索，可初步得到 127 条用例。以“吻瘫”为关键词则检索不到相关用例。由此可见，V、R是否为规约化组合对VRO构式的组构性同样产生一定的影响。

3.2 能产性

如第二节所言，能产性是指一个构式允准不同词汇作为其空槽填充项的能力。通过对真实语例的观察，我们发现能够填入V、R、O空槽的词汇类型十分多样。作为一个空槽完全开放的图式性构式，V、R、O三者在形式与意义上的多元化组合是其具备高能产性的主要原因。综合V、R是否为规约性组配，V、O是否为常规动宾关系，V、R、O三者的完型性组合可实现为下表中的6种类型。

表1 宏观VRO的子图式

	规约性VR组构	非规约性VR组构
常规V、O关系	A式 Vt+R+O 摔碎了玻璃杯	D式 Vt + Non-conventional R + O 戴火了高光发夹(百度新闻2020-07-15)
非常规V、O关系	B式 Vt+R+Non-canonical O 吓抖了手	E式 Vt+Non-conventional R + Non-canonical O 吃鼓了腰包
	C式 Vi+R+Non-canonical O 站麻了腿	F式 Vi + Non-conventional R + Non-canonical O 睡大了肚子

如表1所示，从V、R、O三者的搭配情况来看，只有A式的组构性相对较强，动词V直接作用于宾语O，且V、R间存在直接的因果关联，V表示的动作显然导致了O出现R所表示的状态。A式可被视为及物动结式的原型(prototype)，其余B、C、D、E、F式均在一定程度上与之偏离，呈现出不同程度的非组构性特征。但总体看来，就V、O关系而言，V、R是否为规约化组合，对构式整体的组构性影响更大。具体而言，在脱离语境的情况下，D、E、F三式中的V、R组配均无法依照字面意义解码其致使关系。即是说，D、E、F三式的形义匹配度相对较低，交际双方需要更多的认知努力与语用推理才能完成信息的有效传达。我们将在第4节就D、E、F三式中的迂回致使问题做进一步详细说明。

3.3 图式性

图式性是构式网络观中的典型属性，其具体是指一个构式节点所在图式层级的抽象程度(Traugott & Trousdale, 2013;Sommerer & Smirnova, 2020)。从底层的微观构例到上层的宏观图式，构式所在层级的图式性逐步提升。根据上一小节总结的VRO构式分类情况，其分布如下图所示：

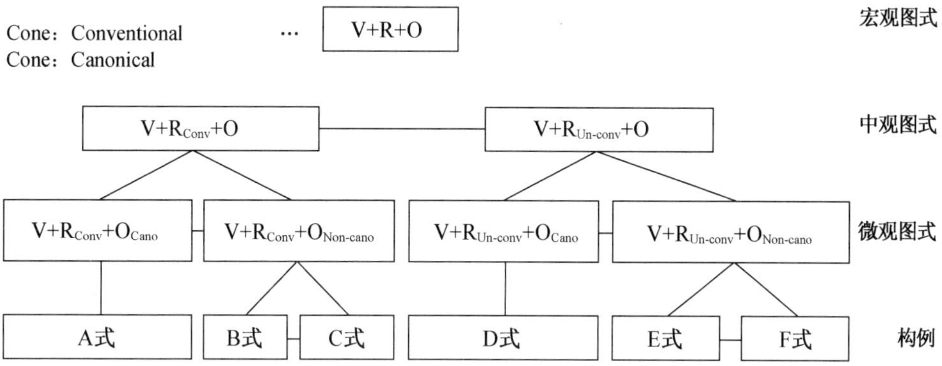

图1 VRO构式网络分布图

如上图，规约与非规约性及物动结式共同承继于宏观VRO图式下，二者共享宏观VRO图式的部分结构、语义和语用特征。迂回致使VRO构式，可允准两个微观子图式以及D、E、F三个构例，体现了其高图式性特征。

综上，迂回致使VRO以一个构式分支储存在宏观VRO构式网络中，且具有弱组构性、高能产性、高图式性的特点。对于V和R在迂回致使的前提下为何得以组合，组合后断裂的致使关系如何基于语境取得桥接效果(bridging effect)，也是我们需要进一步说明的问题。下文将从压制和语用推理的融合视角，分析迂回致使VRO构式的认知语用动因。

四　迂回致使动结式的认知语用动因

4.1　原型VRO构式的识解过程

对原型VRO构式而言，其程序性意义体现在V、R所表征事件的因果关系上。詹卫东(2013:124)提出，及物动结式VRO表述的是一个复合事件，V表征的是使因事件、R表示的是结果事件。由此，V、R构件组合具有逻辑上"先因后果"的程序性意义，如下例所示：

(14) 秦王政往前一步，拔出宝剑，砍断了荆轲的左腿。

例(14)中，"砍"对应使因事件"秦王政砍荆轲的左腿"，"断"对应结果事件"荆轲的左腿断了"，动作"砍"是结果"断"出现的原因。动作"砍"的受事与结果"断"的承载对象同指(co-reference)，动作V与结果R之间的因果关联因此建立。为方便后文论述，本文将其程序意义所涉及的三个部分依次标注为 E1：使因事件（V－O）；E2：结果事件（O－R）；Σ：双事件间的因果关联。VRO 构式程序义的细化，有助于我们厘清压制与语用充实的具体作用点，从而对非组构性 VRO 构式的产出和理解机制作出系统的分析，如下图所示：

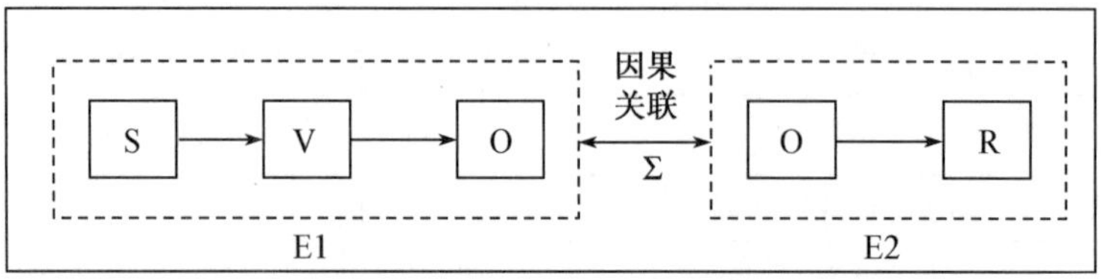

图 2　原型及物动结式 VR 因果关联的实现路径

如图 2 所示，原型 VRO 构式中，V、R 关联的建立不存在逻辑因果关系上的断裂现象。比较而言，本文所探讨的迂回致使 VRO 构式，其关联实现路径则相对复杂，下文将就其认知语用动因逐一展开讨论。

4.2　压制与语用推理

原型与迂回致使 VRO 作为具有横向联接关系的两个构式节点，共同承继上层 VRO 图式的构式特征。即是说，VRO 图式的程序性意义，即[X CAUSE [Y BECOME THE STATE OF Z]]可作为一种"构式语境"（王初明，2015；张克定，2018；潘艳艳，2021），为 V、R 的非规约性复合编码提供参照性的抽象语义框架。构式语境是构式所体现的抽象构式义，其对构式的合成与使用具有约束力（参见王初明，2015：360）。由此，VRO 图式本身所具有的致使语义框架可为 V、R 组构的产出提供参照性前提。

结合第 3 节的讨论，迂回致使 VRO 构式存在 D、E、F 三式。D 型 VRO 构式中，V、O 搭配满足常规动宾关系，但 V、R 组构为非规约性组合，例如：

(15) 腾格尔老师又唱活了一首歌《花心》，太佩服他的唱法。（优酷视频，2020－04－24）

(16) 何穗穿火了"西服套装"，卡其色套装干练利落，御姐范都出来了。（百度新闻，2021－04－16）

以上两例中，动作事件 E1 中不存在语义断层现象，听话人对于此环节的语义理解无需过多的认知努力，即"腾格尔唱一首歌""何穗穿西服套装"满足常规动宾关系，无须进行过多的语用推理。

从双事件致使关系 Σ 来看，例(16)中说话人将"何穗穿西服套装"与"西服套装火了”复合编码，首先需要宏观 VRO 图式为其提供参照。但“何穗穿西服套装”与“西服套装火了”之间因果关联的建立，还需要交际双方共享“何穗是国际超模”这一背景信息。在言者不具备“何穗”身份背景信息的情况下，可能难以将其作为致使个体 X。即是说，除动词本身的句法语义限制外，社会语用因素对构件的择取也具有限制性作用，构件“何穗”准入该构式依赖相关社会背景信息。

以例(15)为例，“歌曲”作为非生命实体，不可能发生从[－ANIMACY]到[＋ANIMACY]的语义属性转换。由此，非规约性 R 构件“活”在准入构式时受到压制。具体而言，说话人在使用“活”来描述“一首歌”的状态变化结果时，并非想要传达“活”的字面意义，而是希望读者基于该隐喻性表达进行语用推理，从而理解其明示意义(explicature)。冉永平(2008)认为，词汇在具体语境的充实过程存在“语用收缩(narrowing)”与“语用扩展(broadening)”两种方式。为了达成“活”与“一首歌”之间的最大关联，听话人在解码“活”的实际语义时，需要借助自身储备的世界知识，建立“一首歌活了”和“一个人(或动物)活了”之间的相似性。这其实是“活”的字面意义发生了语用扩展的结果。

E 型 VRO 构式中，V 是及物动词，但 V、O 之间并非常规动宾关系，且 V、R 为非规约性组合，例如：

(17) 炒花炒茶炒狗，炒肥了庄家，炒穷了散户。(广州日报，2007－12－25)

(18) 有的四五个人的办公室，一年欠饭钱两万多元，镇上硬是被吃垮了 6 个饭馆。(人民日报，1994)

E 式的构式宾语 O 并非 V 构件的直接作用对象，其 V、R 因果关联路径中，既有隐性动词宾语 O_1，又有显性构式宾语 O_2。二者不存在同指关系，因此无法借助“受事”与“役事”的事件角色共享达成自然的因果关联。词语在实际语言使用中具有“松散性”，交际双方需要借助语用充实对其松散信息进行语境选择或推导，从而达成语用关联(Wilson & Sperber，2012)。例(17)中，动词“炒”本身是一个多义词，其在构式中并非表达其原型意义“把食物放在锅里加热”，而是表达一种“炒作”[③]义。与之类似，例(18)中的“吃”不仅表达其原型意义，即“把食物放到嘴里咀嚼并吞咽下去”，同时又表达“借助打欠条的方式吃喝”的语境义。

与 D 型构式一样，E 型构式作为宏观 VRO 图式的子图式，其 V、R 的非规约性组合由宏观 VRO 图式提供致使语义框架。读者在对其进行语义解码时，同样需要相关背景信息的支撑。例(18)是 1994 年《人民日报》点评当地镇上某办公室长期打欠条吃喝，导致小饭馆倒闭的新闻。“吃”和“垮”的致使关系并没有在词汇层面得到显化，需有赖于读者的世界知识才能完成语用充实。

F 型 VRO 中，构件 V 是不及物动词，V R 非规约性组合后带上了宾语，构式整体表现为及物性。

(19) 金大班得知她一手提拔的舞女朱凤，和一个香港侨生睡大了肚子。(白先勇《台北人》)

根据句法语义限制，F 式与 D、E 二式的区别性特征在于，其所包含的不及物动词本身就可以表达一个动作事件，并不需要受事 O_1 这一参与者角色。例(19)中，新奇构式“睡大了肚子”的有效解读，离不开动词“睡”基于语境的语用延展。具体而言，不及物动词“睡”在压制后带上了“隐性宾语”，这不仅是语义层面的兼容适配过程，同时也是听话人受语法构式程序性意义的指导，自发进行语用推理的结果。

总体而言，迂回致使 VRO 构式的产出与理解，其具体作用机制可由下图例示：

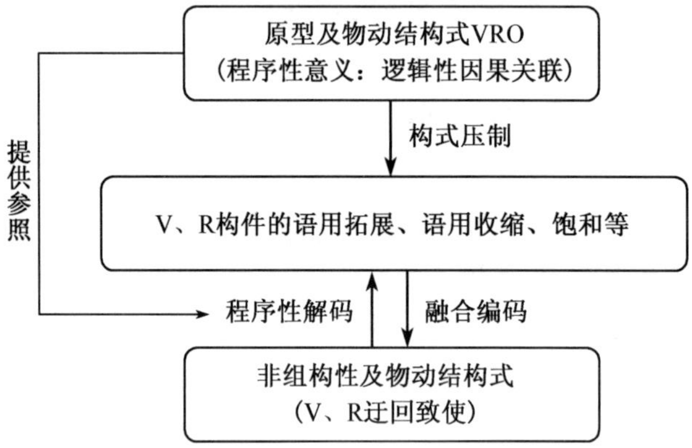

图 3　迂回致使 VRO 产出与推理过程

上图中，自上而下是迂回致使 VRO 构式的编码过程，自下而上则是具有语用充实性质的解码过程。三类非组构性 VRO 构式中，原型 VRO 的程序义为其 V、R 非规约性组合提供参照性前提，语用充实则在编码与解码过程的中间阶段，发挥关键性的支撑与补齐作用。只有在二者融合作用下，交际双方才能借助迂回致使 VRO 构式表达其复杂的语用意图，并且实现最佳语用关联。

五　结语

动结式作为一种语法结构虽然形式简约(morphosyntactically parsimonious)，却具有十分强大的表达力。本文基于结构、语义及语用的互动视角，对非组构性及物动结式进行了详细考察。构式特征方面，VRO 构式具备高图式性、高能产性及非组构性三项特征；语用动因方面，该新奇构式之所以能在迂回致使的前提下具备较高的能产性，主要是构式对内部构件产生压制的结果。其次，听者基于其百科知识对迂回动结式的解码，是一个寻求最佳关联的语用充实过程。即是说，交际双方之所以能够以简洁的语言形式表达有些"烧脑"的迂回致使关系，离不开构式的程序性意义为其语用推理过程提供的引导作用。

注释

① 除特别标注外，文中语例均摘自 CCL 或 BCC 语料库。

② 值得注意的是，结果补语 R 语义指向主语 S(如"吃饱了饭""喝醉了酒")和动词 V(如"抓紧扶手")也可能存在迂回致使的现象，针对此类"偏指"或"逆指"问题，学界已有不少讨论，如上文所提到的偏离类动结式。限于文章篇幅，同时为排除 R 的语义指向对主要研究问题的干扰，本文重点探讨结果补语 R 指向宾语 O 的及物动结式。此处，"及物"是指 VR 组构后带宾语，而非动词 V 本身为及物动词。

③ 该多义词释义来自《现代汉语词典(第 7 版)》。

参考文献

[1] Audring, J. & G. Booij. 2016. Cooperation and coercion. *Linguistics* 54: 17 - 37.

[2] Blakemore D. 1992. *Understanding utterances: An introduction to pragmatics*. Oxford: Blackwell.

[3] Carston, R. 1999. The semantics/pragmatics distinction: A view from Relevance Theory. In K. Turner (Ed.), *The semantics/pragmatics interface from difference point of view*, 85 - 125. Oxford: Elsevier.

[4] Carston, R. 2002. *Thoughts and utterances: The pragmatics of explicit communication*. Oxford: Blackwell.

[5] Carston, R. 2015. Contextual adjustment of meaning. In N. Riemer (Ed.), *The Routledge handbook of semantics*. London, New York: Routledge.

[6] Carston, R. 2016. The heterogeneity of procedural meaning. *Lingua* 175:154 - 66.

[7] Detges, U. 2018. Resultatives between coercion, relevance and reanalysis. *Open Linguistics* 4: 260 - 279.

[8] Escandell-vidal, V. & M. Leonetti. 2011. The rigidity of procedural meaning. In V. Escandell-Vidal, M. Leonetti and A. Ahern (Eds.), *Procedural Meaning: Problems and Perspectives*, 81 - 102. Bingley: Emerald Group Publishing.

[9] Frege, G. 1879. Concept Script, a formal language of pure thought modelled upon that of

arithmetic, S. Bauer-Mengelberg. In J. van Heijenoort (Ed.), *From Frege to Gödel: A Source Book in Mathematical Logic, 1879—1931*, Cambridge, MA: Harvard University Press, 1967.

[10] Goldberg, A. E. 1995. *Construction: A Construction Grammar Approach to Argument Structure*. Chicago: The University of Chicago Press.

[11] Goldberg, A. E. 2006. *Constructions at Work: The Nature of Generalization in Language*. Oxford: Oxford University Press.

[12] Goldberg, A. E. 2019. *Explain Me This: Creativity, Competition and the Partial Productivity of Constructions*. Princeton: Princeton University Press.

[13] Iwata S. 2020. *English Resultatives: A force-recipient account*. Amsterdam: John Benjamins.

[14] Lauwers, P. & D. Willems. 2011. Coercion: Definition and challenges, current approaches, and new trends. *Linguistics* 49: 1219 - 1235.

[15] Leclercq B. 2019a. *On the semantics-pragmatics interface: a theoretical bridge between construction grammar and relevance theory*. Lille: Université de Lille.

[16] Leclercq B. 2019b. Coercion: A case of saturation. *Constructions and Frames* 11: 270 - 289.

[17] Levin, B. and Hovav, M. R. 1995. *Unaccusativity: At the Syntax-Lexical Semantics Interface*. Cambridge: MIT Press.

[18] Michaelis, L. 2004. Type shift in construction grammar: An integrated approach to aspectualcoercion. *Cognitive Linguistics* 15: 1 - 61.

[19] Perek. F. 2020. Productivity and schematicity in constructional change. In Lotte Sommerer & Elena Smirnova (Eds.), *Nodes and networks in Diachronic Construction Grammar*. Amsterdam: John Benjamins.

[20] Recanati, F. 2004. *Literal Meaning*. Cambridge: Cambridge University Press.

[21] Recanati, F. 2010. *Truth-conditional Pragmatics*. Oxford: Oxford University Press.

[22] Rivière, C. 1982. Objectionable objects. *Linguistic Inquiry* 13: 685 - 689.

[23] Schmid, H. J. 2020. *The Dynamics of the Linguistic System: Usage, Conventionalization and Entrenchment*. Oxford: Oxford University Press.

[24] Simpson, J. 1983. Resultatives. In M. Rappaport, A. Zaenen, & L. Levin (Eds.), *Papers in Lexical-Functional Grammar*. Bloomington: Indiana University Linguistics Club.

[25] Sommerer L. & Smirnova E. 2020. *Nodes and networks in Diachronic Construction Grammar*. Amsterdam: John Benjamins.

[26] Sun, X. & Y. Wu. 2022. (Non-) compositionality and complexity: A crosslinguistic investigation. *Lingua* 275(8): 1 - 23.

[27] Suttle, L. & A. E. Goldberg. 2011. The partial productivity of constructions as induction. *Linguistics*49: 1237 - 69.

[28] Traugott, E. C. & Trousdale, G. 2013. *Constructionalization and Constructional Changes*. Oxford: Oxford University Press.

[29] Wilson, D. & Carston, R. 2019. Pragmatics and the challenge of 'non-propositional' effects.

Journal of Pragmatics 145: 31 - 8.
[30] Wilson, D. & Sperber, D. 2012. *Meaning and Relevance*. Cambridge: Cambridge University.
[31] 崔婷. 2020. 偏离类动结式受事前置的产生及其理据. 汉语学习(05):60 - 66.
[32] 侯国金. 2015. 词汇学和构式语法的语用性及其三个学科过渡. 外语研究(05):17 - 21.
[33] 李小荣. 1994. 对述结式带宾语功能的考察. 汉语学习(05):32 - 38.
[34] 刘芬,白解红. 2019. 英语“情感强化副词＋形容词”构式的语义压制. 外语教学与研究,2(05):665 - 676＋799.
[35] 陆俭明. 1990. “VA 了”述补结构语义分析. 汉语学习(01):1 - 6.
[36] 潘艳艳. 2021. 构式创新和能产的语境制约因素研究. 解放军外国语学院学报(05):60 - 67.
[37] 彭芳,秦洪武. 2017. 倒置动结式的事件语义分析. 外语学刊(04):51 - 56.
[38] 冉永平. 2008. 词汇语用信息的临时性及语境构建. 外语教学(06):1 - 6.
[39] 沈梅英. 2017 错位致使动结式语义、句法及其语用动因研究. 现代外语(04):463 - 472.
[40] 沈梅英. 2022. 汉语“间接施主”致使句句法语义不对称多重动因研究. 当代语言学 (02):252 - 263.
[41] 施春宏. 2007. 动结式致事的类型、语义性质及其句法表现. 世界汉语教学(02):21 - 39.
[42] 宋文辉. 2004. 补语的语义指向为动词的动结式的配价. 河北师范大学学报(哲学社会科学版),(03):94 - 99.
[43] 王初明. 2015. 构式和构式语境与第二语言学习. 现代外语(03):357 - 365.
[44] 王红旗. 1993. 谓词充当结果补语的语义限制. 汉语学习(04):17 - 21.
[45] 王寅. 2013. 构式压制和词汇压制的互动及其转喻机制:以英语语法体和动词体为例的分析. 外语教学与研究(05):657 - 668.
[46] 文旭. 2017. 从构式语法到构式语用学. 外国语文(05):51 - 55.
[47] 熊学亮,魏微. 2014. 倒置动结式的致使性透视. 外语教学与研究(04):497 - 507
[48] 熊仲儒,刘丽萍. 2006. 动结式的论元实现. 现代外语(02):120 - 130.
[49] 薛兵,林璐. 2022. 语用学与认知语言学融合的新路径:推论-构式语用观. 外语与外语教学(02):12 - 20.
[50] 杨大然,周长银. 2013. 基于轻动词理论的汉语动结式补语指向研究. 山东外语教学(05):46 - 51.
[51] 詹卫东. 2013. 复合事件的语义结构与现代汉语述结式的成立条件分析. 对外汉语研究(01):111 - 141.
[52] 张克定. 2018. 语法与语用的互动关系:以指令性 if 条件构式为例. 外语与外语教学(06):18 - 25.
[53] 张翼. 2013. 概念整合理论对于语法问题的解释力:以汉语动结式为例. 外语与外语教学(04):43 - 47.
[54] 张翼. 2014. 动结式复合动词组合机制研究. 外语教学(06):36 - 39.
[55] 周刚. 1998. 语义指向分析刍议. 语文研究,(03):27 - 34.

钱钟书“化境”论之“媒”字的当代训释
——兼论《林纾的翻译》有关的亮点和盲点

南京大学 李 寄*

摘 要:钱钟书的“化境”论体大虑深,“化”“媒”“诱”“讹”等关键字意蕴十分丰富,对它们分别进行深度诠释是深化“化境”论研究的可能路径之一。鉴于此,基于《林纾的翻译》的文本细读,本文对“媒”字进行了深度诠释。本文参照钱先生创辟的“一字数训”的文艺训诂法,建构了“一字训数词”的当代译学训释模态,对“媒”字“并行分训”:“做媒”“媒人”“文字媒介”“出版媒体”。“媒”的这些方面涉及翻译的诸多基本问题。同时以“歧出分训”论析翻译作用的“媒合”和“媒怨”、译者身份的“良媒”和“劣媒”。“并行分训”和“歧出分训”的共时运用可以对“媒”字圆观通览,洞幽烛微。我们希望本文能够为“化境”论研究的深化提供新的思路,并加深人们对当代中国特色译学建构的认识。本文兼论《林纾的翻译》与“媒”字有关内容的亮点和个别盲点。

关键词:钱钟书;“化境”论;“媒”;“一字训数词”

Title: A Modern Chinese-Oriented Interpretation of “Mei(媒)” of “the Theory of Translational Transmigration”: Also on the Highlights and Blind Spots of “On Lin Shu’s Translation”

Abstract: Qian Zhongshu’s “Theory of Translational Transmigration” is very broad and thoughtful. Its key words such as “Hua(化)”, “Mei(媒)”, “You(诱)” and “E(讹)” are very rich in meaning. Making a hermeneutic interpretation and

* **作者简介**:李寄,教授。研究方向:中国现代文学,翻译研究。联系方式:liji6855@163.com。

constructing a sub-level translation system of these key words from the perspective of Modern Chinese is one of the possible paths to deepen the research on the well-known theory. In view of this, based on a close reading of the text of "On Lin Shu's Translation", this paper makes such an attempt on "Mei(媒)". This paper takes the notion of "manifold meanings" of "Mei(媒)" as a theoretical framework, on which different sections of the paper are built. We hope that this paper can provide new insights into the study of "the Theory of Translational Transmigration" and deepen people's understanding of the construction of translation theory with Modern Chinese characteristics. This paper also discusses the highlights and blind spots of Qian Zhongshu's paper on Lin Shu's translations.

Key Words: Qian Zhongshu; "Theory of Translational Transmigration"; "Mei (媒)"; "manifold meanings"

1 引言

钱钟书的"化境"论自从问世以来受到了中国翻译学界的很大重视和高度评价。有人梳理出中国翻译理论"按本、求信、神似、化境"的发展线索(罗新璋,1984: 19)。事实上,将"化境"论视作中国翻译理论的顶峰。有人将"化境"论视作建构中国特色翻译学的重要理论资源(张柏然,2016: 48)。这些观点都值得高度重视。但是,以往的"化境"论研究有两个重要问题需要正视。一是既有研究主要针对"化"字和"化境",对"化境"论的其他关键字"媒""诱""讹"缺少深入的专题研究,使得"化境"论宏大严整的体系性无法得到有效的揭示。二有关研究大多依据《林纾的翻译》的绪论,而较少参考该文的正文,因此,"化境"论丰厚的意蕴没有得到充分阐释。

基于《林纾的翻译》全文的文本细读和必要的征引,本文着力于"化境"论中的"媒"字的深度诠释并建构"媒"字的次层级的翻译体系。同时兼论《林纾的翻译》与"媒"字有关内容的亮点和个别盲点。

钱钟书将训诂学方法运用于文艺批评,创见颇多。他将"一字多意","不同而亦不背"称为"并行分训"(钱钟书,1986: 2),将"古人所谓'反训',两义相违,而亦相仇"命名为"歧出分训"(钱钟书,1986: 2)。参照"一字数训"的训诂学方法,我们尝试建构和运用"一字训数词"的当代译学训释模态,即根据现代汉语词汇以多音词为主的特点,将文言的单字训释为现代汉语的同词族多音词。而"一字训数词"正是钱先生"化境"论总体建构和《林纾的翻译》写作隐形的话语策略。本文的“媒”字的基本意义为“居间联络”，分别训释为“做媒”“媒人”“文字媒介”“出版媒体”，此为“并行分训”。翻译作用的“媒合”和“媒怨”、译者身份的“良媒”和“劣媒”属于“歧出分训”。一字兼涵“并行分训”和“歧出分训”，使“不背者交协、相反者互成”（钱钟书，1986：2）。“化境”论的“媒”字恰好具有上述特点。从意义的呈现方式来看，“媒”字的“并行分训”是横向的意义扩展，而“媒”字的“歧出分训”属于意义的纵深拓展。二者的共时运用可以对“媒”字圆观通览，洞幽烛微。本文各节按“媒”字的“并行分训”分论，在论述中兼顾“歧出分训”。

2 “做媒”：“媒”字的训释和多方位申说

正如“译”“虚涵数意”（钱钟书，1994：79），“媒”字以及其词族意蕴丰富。“媒”字本节训释为“做媒”。“做媒”是“媒”字翻译体系的第一个项目。汉语文言单字不分词性。故“媒”字可兼作动词和名词。对应的“做媒”亦作如是观。本节对“做媒”的本质、作用、效应作多方位申说。

2.1 “做媒”的本质：翻译的“居间联络”与“传语”

钱钟书以其特有的睿智、幽默和俏皮将翻译比作“做媒”：“它（翻译）是个居间者或联络员，介绍大家去认识外国作品，引诱大家去爱好外国作品，仿佛做媒似的，使国与国之间缔结了‘文学因缘’，缔结了国与国之间唯一的较少反目、吵嘴、分手挥拳等危险的‘因缘’”（钱钟书，1994：81）。钱先生把翻译比作通俗的“做媒”，并拈出翻译的第一义——国与国之间“居间联络”，有扎实的小学依据，符合“媒”字本义。《说文解字》：“媒，谋也。谋和二姓，以成昏媾也”（许慎，1963：259）。《说文解字注》：“媒，谋也。以叠韵为训。谋和二姓者也。虑难曰谋。《周礼》媒字注曰：媒之言谋也。谋和异类使和成者。从女，某声”（段玉裁，2006：613）。“虑难曰谋”意为：谋划某事，左思右想，殚精竭虑，百般斟酌而后断。翻译的“居间联络”同样耗时费神，很不容易。钱先生借助与文学研究的比较，对翻译的“虑难曰谋”作了深入的揭示。文学研究可以“不求甚解”，“翻译可就不同，只仿佛教基本课老师的讲书，而不像大教授们的讲学。原作里没有一个字可以滑过溜过，没有一处困难可以支吾扯淡。一部作品读起来很顺利容易，译起来马上出现料想不到的疑难，而这种疑难并非翻翻字典、问问人就能解决”（钱钟书，1994：90）。钱先生对翻译之难和因难见巧，说得非常到位，可以视为对严复“一名之立，旬月踟蹰”（陈福康，2011：92）的更加全面的申说。而翻译之难和因难见巧也正凸显了翻译的价值。

关于“媒”与“译”的关联，钱钟书引用了南唐以来小学家的申说之后，用“鸟媒”传

"鸟语"作类比。"'译'就是'传四夷及鸟兽之语',好比'鸟媒'对'禽鸟'的引'诱'"(钱钟书,1994: 79)。在此,钱先生拈出了翻译的第二义—翻译在国与国之间"居间联络"采用"传语"的方式,如同"鸟媒"用动听的鸣叫(即"鸟语")去引诱"禽鸟"。翻译是"传语",并非新见。钱先生的创见在于他借"鸟媒"的类比强调所传之语必须有诱引读者的魅力,平淡无味的语言无法承担"传语"的任务。依据对"译"的系统训诂,阮诗芸指出"'译'与'绎'、'驿''峄'等同源,与'驿'通用,基本特征是'传''连续',本义是'传言'"(阮诗芸,2019)。她的"传言"说为钱先生翻译"传语"的论析添加了证据,虽然她本意是质疑钱先生的说法的。另外,她误读了钱先生对"诱"的解读。"钱钟书对'译'的训诂给学界造成了古人认为翻译本质是'诱骗'和'讹误'这一印象'"(阮诗芸,2019)。钱先生的"引诱"是中性词,不能等同于贬义的"诱骗"。

2.2 "做媒"的"歧出分训":翻译的"媒合""媒怨"

钱钟书把翻译的作用称为"媒"。"林纾的翻译所起'媒'的作用,已经是文学史公认的事实"(钱钟书,1994: 82)。他又把翻译的正负作用形容为"居间"和"离间"。基于钱先生的说法,我们将翻译"媒"的作用"歧出分训"为"媒合"和"媒怨"。"媒合"即"谋合,撮合"。"媒怨"即"挑拨是非,招致怨恨"。前者相当于"居间",后者相当于"离间"。

翻译在国与国之间既可以起"媒合",即居间联络的正面作用,也可以起"媒怨"的离间招怨的负面作用。"'媒'和'诱'当然说明了翻译在文化交流里所起的作用。它是居间者或联络员,介绍大家去认识外国作品,引诱大家去爱好外国作品,仿佛做媒似的,使国与国之间缔结了'文学因缘',缔结了国与国之间唯一的较少反目、吵嘴、分手挥拳等危险的'因缘'"(钱钟书,1994: 81)。这是说好的翻译正面的"媒合"作用。而"因缘"的说法形象地说明好的翻译不仅加强不同国度人民之间的相互了解和亲善,甚至有助于心灵的沟通。"做媒"的"居间"和"引诱"作用可以视作"谋和二姓"和"谋和异类使和成"的现代阐释。钱先生的论断正确、精彩、生动。此外,他以林译小说的巨大成功为翻译的"媒合"作用提供了有力的历史证据。

相比之下,不好的翻译却能起"媒怨"的离间作用。"拙劣晦涩的译文无形中替作者拒绝读者;他对译本看不下去,就连原作也不想看了。这类翻译不是居间,而是离间,摧毁了读者进一步和原作直接联系的可能性,扫尽读者的兴趣,同时也破坏原作的名誉"(钱钟书,1994: 82)。从作者、译者、读者翻译的三个主体意识甚至潜意识的负性互动角度,钱先生阐发不好的翻译的"媒怨"作用,角度新,发掘深。而他对"拙劣晦涩的译文"危害的阐发层层剥笋,言简意赅,诚为不刊之论。《集韵》释"媒":"媒音妹,媒媒,即昧昧也"。《庄子·知北游》:"媒媒晦晦,无心而不可与谋"。这两处的"媒"有遮蔽、排斥、晦涩、拙劣的意蕴。古人的训诂以及经典的名句和钱先生的隽语良言恰可以相互参看。而林纾后期翻译"译笔逐渐退步,色彩枯暗,劲头松懈,读来使人厌倦"(钱钟书,

1994：92)。这是翻译"媒怨"的典型例证。

翻译的居间联络作用是译界的公论，而钱先生抉发出翻译的"媒怨"作用，显示了他具有哲学家的精密头脑和辩证思维。

2.3 "做媒"效应的悖论和"做媒"的宿命——好译本"消灭自己"，坏翻译"消灭原作"

俗话说，媳妇娶进门，媒婆抛过墙。钱钟书似乎是沿着这一思路论析翻译的效应。他提出来一个石破天惊的观点：好译本"消灭自己"，坏翻译"消灭原作"。读了好译本，读者"就得设法去读原作。这样说来，好译本的作用是消灭自己；它把我们向原作过渡，而我们读到了原作，马上掷开了译本。自负好手的译者恰恰产生了失手自杀的译本，他满以为读了他的译本就无需去读原作，但是一般人能够欣赏货真价实的原作以后，常常薄情地抛弃了翻译家辛勤制作的代用品"(钱钟书，1994：81)。以翻译效应的视角，翻译及翻译家的光荣和悲哀共时呈现，成功和失败同时发生。这种相生相伴的翻译现象和奇迹，钱先生出人意料地揭示出来。林译小说的自杀效应已为中国新文学史所证实。新文化运动的领袖人物周氏兄弟、胡适、陈独秀等人年少时期，无一不耽读林译小说。林译小说成为他们进一步了解西洋文学的台阶。但他们成年之后，接触到西洋文学原作后又无不弃之如敝履。林译小说成为他们批评的靶子，成为建构新文学的垫脚石。钱先生又一次借助本人的阅读经历，说明了林译小说的自杀效应。读了哈葛德《三千年艳尸纪》鳄狮大战被诱惑得"心痒难搔，恨不得知道原文是否照样糊涂了事。我开始能读原文，总先找林纾译过的小说来读。我渐渐听到和看到学者名流对于林译的轻蔑和嗤笑，未免世态逐炎凉，就不再也不屑再去看它，毫无恋惜地过河拔桥了"(钱钟书，1994：83)。

而坏翻译则有"消灭原作"的效应。"倒是坏翻译会发生一种消灭原作的功效。拙劣晦涩的译文无形中替作者拒绝读者；他对译本看不下去，就连原作也不想看了。这类翻译不是居间，而是离间，摧毁了读者进一步和原作直接联系的可能性，扫尽了读者的兴趣。同时也破坏原作的名誉"(钱钟书，1994：82)。钱先生在正文(钱钟书，1994：82)和注释(钱钟书，1994：107)中引用了法国和英国译者拙劣译作"谋杀"原作的例子。他还提到读者的"亲身阅历里"类似的例子比比皆是。这样说来，好译本和坏译本都免不了谋杀或自杀的运命，或者这正是翻译和译者的宿命。译者成功了就是失败了，而他们失败了并不就是成功，更要遭遇读者和批评家的轻蔑和嗤笑。他们即使成功推出了完美的译本，却仍然可能被嘲笑是因为不善于创作，才去翻译。这种令人啼笑皆非的文学现象令人悲哀，更令人深思翻译和译者的价值。钱先生对翻译效应的精辟思辨显示了他在哲学上高妙的思辨和分析能力，翻译效应的悖论和翻译的宿命充满了辩证的智慧。

3　“媒人”——译者的身份和资质

“媒”字本节训释为“媒人”。“媒人”是“媒”字翻译体系的第二个项目。翻译既然是“做媒”，译者顺理成章就是“媒人”。“媒人”与“做媒”属于同训词的交协呼应。这里主要讨论译者作为“媒人”的身份和资质。译者居间于作者和读者之间，与翻译的另外两个主体联络交流。其作用和重要性不言而喻。其“媒合”“媒怨”的双重作用上文已述。本节从“媒人”的“歧出分训”——“良媒”和“劣媒”角度强化论证。

3.1　“媒人”——译者的身份

将译者比作“媒人”东西方不谋而合。“‘译’就是‘传四夷及鸟兽之语’，好比‘鸟媒’对‘禽鸟’的引‘诱’”(钱钟书，1994：79)。中国古人用“鸟媒”比喻译者。西方的歌德把译者比作“媒人”(钱钟书，1994：81)。现代中国的郭沫若也把翻译暨译者比作“媒婆”(陈福康，2011：217)。

3.2　“良媒”和“劣媒”与译者的资质——“知”“情”“意”“诚”

关于这一话题，钱钟书的创见在区分两种译者。我们将他们称为“良媒”和“劣媒”。“良媒”的说法古已有之。《诗・卫风・氓》：“匪我愆期，子无良媒”。《止欲赋》：“惟今日之何夕兮，我独无此良媒”。本文指合格和优秀的译者。“劣媒”一词为笔者自创，指不合格或拙劣的译者。古代有“媒孽”一词，喻指“恶意谋划，挑拨是非，陷人于罪”(《前汉书・司马迁传》：“媒孽其短”)。刻意误导，酿成祸患的“劣媒”似乎可用“媒孽”去形容。

如何区分“良媒”和“劣媒”呢？钱先生未作逻辑学范式进路的阐发，而是以现象学范式进路对林纾作为译者的表现作了充分而生动的呈现。我们从他的文学性呈现中提炼出译者的资质——“知”“情”“意”“诚”。全部或较多地具备四者的是良媒；反之，则是劣媒。

一个称职的文学译者需要对于源语和目的语有精深的掌握，还需要对两种文化有着湛深的理解同时还要有良好的文学修养。这三个方面可以归纳为“知”。以往研究者多从“知”来谈译者的素养和资质，这几乎已成定规。从这个角度看林纾，在好译者必备的“知”字上，他只在中文、中国文学和中国文化一面堪称好手。因为这个原因，他的外语能力的欠缺以及由此导致的错译常被大加挞伐。钱先生精通多种外语，对此当然心如明镜——林译“漏译误译触处皆是”(钱钟书，1994：83)。他结合林纾前后期的表现，暗示要做个“良媒”，光有“知”还不够。译者还需要认真负责的工作态度(“诚”)、坚定不拔的意志(“意”)、巨大的热忱和很深的感情(“情”)。而后三者与前者同样重要，如果不是更重要的话。四者兼备的译者才能起到很好的“居间”作用；反之，则会起到“离间”作用。

前期的林纾“情”“意”“诚”兼备，堪称“良媒”。“前期的翻译使我们想象出一个精神饱满而又集中的林纾，兴高采烈，随时随地准备表演一下他的写作技巧”（钱钟书，1994：92）。林译副文本的花样繁多也是“情”“意”“诚”的体现：“他前期的译本大多数有自序或他人序，有跋，有《小引》，有《达旨》，有《例言》，有《译余剩语》，有《短评数则》，有自己和别人所题的诗、词，还有时常附加在译文中的按语和评语。这种种都对原作的意义或艺术作了阐明或赞赏。尽管讲了一些迂腐和幼稚的话，流露的态度是庄严的、热烈的。他和他翻译的东西关系亲密，甚至感情冲动得暂停那支落纸如飞的笔，腾出工夫来擦眼泪”（钱钟书，1994：93）。总之，在前期，“林译十之七八都很醒目”（钱钟书，1994：92）。

而后期的林纾欠缺“情”“意”“诚”，他的翻译只能判定为“劣媒”的“次品”。“译笔逐渐退步，色彩枯暗，劲头松懈，读来使人厌倦。这并非因为后期林译里缺少出色的原作。塞万提斯的《魔侠传》和孟德斯鸠的《鱼燕抉微》就出于后期。经过林纾60岁后没精打采的翻译，它们竟像《鱼雁抉微》里嘲笑的神学著作，仿佛能和安眠药比赛功效。塞万提斯的生气勃勃、浩瀚流走的原文和林纾的死气沉沉、支离纠绕的译文，孟德斯鸠的‘神笔’和林纾的钝笔，成为残酷的对照。说也奇怪，同一个哈葛德的作品，后期所译《铁盒头颅》之类，也比前期所译他的任何一部书来得沉闷。袁枚论诗的‘老手颓唐’那四个字，完全可以移评后期林纾；一个老手或能手不肯或不复能费心卖力，只依仗积累的一点儿熟练来搪塞敷衍。……后期翻译所产生的印象是，一个困倦的老人机械地以疲乏的手指驱使着退了锋的秃笔，要达到‘一时千言’的指标。他对所译的作品不再欣赏，也不甚感觉兴趣，除非是博取稿费的兴趣。换句话说，这种翻译只是林纾的‘造币厂’承应的一项买卖”（钱钟书，1994：93）。这是说译者在文笔上的搪塞敷衍和牟利的企图。另外，副文本的短少也表现了译者的懈怠冷漠。“他不像以前那样亲热、隆重地对待他所译的作品；他整个态度显得随便，竟可以说是淡漠或冷淡。假如翻译工作是‘文学因缘’，那么林纾后期的翻译颇像他所译的书名‘冰雪因缘’了”（钱钟书，1994：93）。“冰雪因缘”不仅呼应了上文所述“媒”字的“金玉良缘”般的“因缘”说，而且因为借用了林译小说的书名，显得妙手天成。

从译者的态度、心理、情感和意志角度论析林纾的前后期的翻译，钱先生的论析睿智、深刻、别致、生动。中外卓有成就的翻译家都有类似的体会和表述。英国汉学家韦利强调发挥译者主体的“情”“知”“志”，去迎合作者的“情”“知”“志”，特别强调其中的“情”（张西平，2019：641）。傅雷对翻译家提出的要求是“像宗教家一般虔诚，像科学家一般精密，像革命志士一般刻苦顽强”（傅雷，1998：230）。傅雷讲的就是译者的“情”“意”“诚”“知”。韦利和傅雷的说法均可视作钱先生关于文学译者资质见解的佐证。

4 “文字媒介”:翻译语体与风格研究的亮点和盲点

“媒”字本节训释为“文字媒介”。这是“媒”字翻译体系的第三个项目。文字媒介是作者与译者、译者与读者双向交流和传播接受之间的最重要的“居间”物,而文学类译文的传播接受效果与译文文体(语体和风格)有很大关系。对于林纾的翻译来说尤其如此。当时的许多读者读林译小说主要是冲着林纾的古文去的。因此,选择合适的语体和风格能起到很好的“居间”引诱作用,反之则会起到不好的“离间”排斥作用。

翻译是文字的艺术,而文学翻译更重视文体的艺术性。钱钟书的文艺批评历来以形式主义批评为主。对于林译小说的研究,他必然会以文体为重要研究内容。从“林纾是‘古文家’(钱钟书,1994: 93)”到“那类老话重说一遍了(钱钟书,1994: 102)”,《林纾的翻译》花了四分之一的篇幅集中论析林纾的译文文体。然而,钱先生没有用“化境”论的四个关键字去统摄。初读起来,这一部分内容似乎游离于论文主题外。这似乎可以理解为《林纾的翻译》的“盲点”。仔细斟酌之后,我们将之归纳到化境论的“媒”字,概括为“文字媒介”,具体落实为文体。如此处理,可以将“盲点”点化为“亮点”。

4.1 “汉化”“欧化”语体之辨与林纾翻译语体的细致辨析

凭借杰出的多语能力和深厚的文学修养,钱钟书对林纾的语体的辨析细致入微,新见迭出。首先是关于林译语体的“汉化”“欧化”之辨。在《林纾的翻译》的绪论,钱钟书引用了希莱尔马诃区分的两种翻译法。“就文体或风格而论——一种尽量‘欧化’,尽可能让外国作家安居不动,而引导我国读者走向他们那里去,另一种尽量‘汉化’,尽可能让我国读者安居不动,而引导外国作家走向咱们这儿来”(钱钟书 1994: 80)。“欧化”和“汉化”相当于今天译界耳熟能详的“异化”和“归化”。林纾不懂外文,人们很自然地认为他完全采用“汉化”的翻译法。钱先生独具慧眼,拈出并详析了林译欧化的三种表现(钱钟书,1994: 96 - 97)。这说明翻译的“欧化”和“汉化”并非泾渭分明,只是以何为主体的问题。即使不通外文如林纾,只要从事翻译,语体含有异化因子必不可免。

其次是关于林译的“古文”问题。林纾是清末民初著名的古文家。他的朋友们以及后来的研究者众口一词,说他用古文来译外国小说。钱先生对这一“定论”提出了疑问。除了对“古文义法”作精彩的辨析外(钱钟书,1994: 94),他指出“林纾并没有用‘古文’译小说,而且也不可能用‘古文’译小说”(钱钟书,1994: 95)。“它虽然保留若干‘古文’成分,但比‘古文’自由得多;在词汇和句法上,规矩不严密,收容量很宽大”。钱先生指出林译有古文里绝不容许的文言“隽语”“佻巧语”、白话口语、流行的外来新名词、“小说语”、“轻儇语”。据此钱先生指出林纾的译文体是“他心目中认为较通俗、较随便、富于弹性的文言"(钱钟书,1994：96)。钱先生对中文正统和边缘文体无所不窥,对文言和白话无体不精。只有这样的通人才敢作这样斩钉截铁的论断,颠覆了百年来的定论。

4.2 林译风格辨析的亮点和盲点

风格的形成首要与语体的营构有关。由于"较通俗、较随便,富于弹性的文言"的使用,钱钟书指出林纾的翻译风格特征是"明爽轻快"(钱钟书,1994：101)或"晓畅明白"(钱钟书,1994：98),鲜明地区别于哈葛德原文的"滞重粗滥"。韦利在评论林纾翻译风格的时褒奖有加,指出他的风格"简洁、清晰而有力"。"是他那强有力和生动的风格,使他成为一名出类拔萃的译者"(张西平,2019：647)。毋庸置疑,林纾是有鲜明风格的翻译家。韦利与钱先生的翻译批评所见略同。这也可以视为钱氏风格辨析的亮点。

但是,林纾的风格不能仅以"明爽轻快"或"简洁、清晰而有力"来概括。由于他翻译了众多不同国度、不同流派、不同作者的译作,其译文风格呈现出多元的特征。林译小说中夸饰与凝练、油滑与阴冷、流利与钝涩、朴讷与雅训、激越与低抑、清新与烂熟等各类风格均有。有时不同风格甚至共存于同一部作品中。钱钟书以《滑稽外史》的两小节作为林纾翻译增补渲染的例证。"林纾往往捐助自己的'谐谑',为迭更司的幽默加油加酱"(钱钟书,1994:85)。又说:"林纾的改笔过火得仿佛插科打诨"(钱钟书,1994：86)。这里韦利用英伦的"幽默"(张西平,2019：647)或用中国本土的"谐谑"都不能恰如其分的形容。林纾这种"油脂性"很高的文字,最好用中国传统的"油滑"去形容。"'油滑'是一种中国特有的喜剧性风格,具有类似戏剧中丑角那样的插科打诨的性质",它的特征是"笑虐失度,夸饰失真",与西方式幽默的"笑而不虐,哀而不伤,很有节制感、分寸感"(李寄,2008：89),异趣殊途。

再举林译中中国特色显著的"阴冷"为例。"倘若油滑是一种浮在字表的、显见的'热'幽默,那么阴冷则是隐现于字里行间、由特定语境凸显出的'冷'幽默"(李寄,2008：89)。《贼史》第二章:"凡遇无名而死之儿,医生则曰'吾剖腹视之,其中殊无物'。史氏曰:'儿之死,正以腹中无物耳！有物焉能死？'"(钱钟书,1994:86)。林纾添加的"史氏曰"为医生的客观陈述增加了"阴冷"的氛围。其他如哈葛德探险小说的光怪陆离、司各特历史战争小说的昂扬激越、《黑奴吁天录》的晓畅明白、《巴黎茶花女遗事》的朴讷古色等等,不一而足。

钱钟书是中国现代文学史中不多的文体家之一。他对于古今中外作家的语体和风格高度敏感,精于辨析,可谓当世无双。他对于林译小说的"文字媒介"暨语体和风格的论析也不例外,亮点多多。智者千虑,必有一失。他对林译小说风格的辨析失之笼统。但是,他对译者"文字媒介"研究的重视和研究进路值得认真学习。

5 不可或缺的"媒":翻译出版媒体

以上几节论述了"媒"字的几个子项目:"做媒""媒人""文字媒介",初步建构了"媒"字的翻译体系。这个体系要完备,必须添加一个与翻译息息相关但常被忽视的"媒"——"出版媒体"。"媒"字本节训释为"出版媒体"。这是"媒"字翻译体系的第四个项目。遗憾的是,钱钟书对出版媒体虽然数度提及,但他未予系统阐发。我们认为本文的"媒"字研究基于钱先生的研究,但又不仅限于他的研究。对译学前贤的学习预设了对他们的超越。

出版媒体居间于译者与读者两方。一方面,出版媒体常常决定着是否出版某部作品,由谁翻译以及给与什么待遇,对译者和作品是否大力推介以及以何种方式推介,推介发行到哪个区域——国际、国内还是区域,作品如何装帧印刷以及版式如何设计,预期读者是谁以及如何满足他们的需求,等等。另一方面,读者往往选择有声望的出版媒体的作品并有相当的忠诚度。读者购买阅读的热情又往往决定了出版媒体是否继续出版某位译者的译作。因此,合适的出版媒体能起到很好的传播发行作用。反之,则起不到好的传播发行效果,甚至导致译作接受的失败。

林译小说在晚清民初近二十年领文坛风骚。它的巨大的成功和影响力,除了林纾本人的文学资质、声望和努力外,林译小说的主要出版媒体——商务印书馆功不可没。

林译小说流播久远与商务印书馆不遗余力的推介、对译者不惜血本的资助关系甚大。钱钟书在《林纾的翻译》几次直接间接提到了商务印书馆。"商务印书馆发行的那两小箱《林译小说丛书》是我十一二岁时的大发现,带领我进了一个新天地,一个在《水浒》《西游记》《聊斋志异》以外另辟的世界"(钱钟书,1994: 83)。这说明商务发行的林译小说无远弗届,卖到了"我故乡的那个县城里",受到懵懂少年的酷爱。在论文注 60,钱氏提到晚晴名士王闿运的议论:"'外国小说一箱看完,无所取处,尚不及黄淳耀看《残唐》也!'(《湘绮楼日记》民国三年七月二十四日)。这一'箱'很可能就是《林译小说》(钱钟书,1994: 115)。"而商务印书馆恰好出过两个《林译小说丛书》,都是用箱装的。可见,林译小说影响大到连保守派名士都不能忽略。事实上,林译小说甚至发行到海外,受到了留洋学生的追捧。"我们对于林译小说有那么的热心,只要他印出一部,来到东京,便一定跑到神田的中国书社去把他买来,看过之后鲁迅还拿到订书店去,改装硬纸板书面,背脊用的是青灰洋布"(薛绥之 & 张俊才,1982: 239)。

《林纾的翻译》还有一处间接提到了商务。"这种翻译只是林纾的'造币厂'承应的一项买卖"(钱钟书,1994: 93)。这里暗示商务给林纾提供了极为丰厚的译酬。以上种种说明虽然钱先生没有明确提到出版媒体在林译小说传播上起过的作用并作专题讨论，但出版媒体客观上起了不可或缺的重要作用。

商务印书馆是林纾最有力的出版媒体。从1902年与林纾建立稳定的合作关系后，商务不遗余力用各种方式对林译小说进行推介。查询林译小说目录，我们发现林译小说绝大多数由商务出版。商务推介林译小说的另一个方式是出版丛书，即上文提到的商务印书馆出过两个《林译小说丛书》，由箱装，便于读者购买、阅读和收藏。

商务不仅为林纾出版译作的单行本和丛书，而且在自己主办的文学刊物中连载林译小说。最突出的便是《小说月报》。《小说月报》在1910年由商务创刊，因经营得力，很快闻名全国。《小说月报》自创刊起到1921年刊载林译小说50余部。平均起来，几乎每期都有一篇，甚至同时有两篇。《小说月报》不仅大量刊载，还在醒目的位置为林译小说的单行本做广告。如第四卷第一期的目录后就是林琴南译言情小说《迦茵小传》《红礁画桨录》《洪罕女郎传》《玉雪留痕》的广告。第四卷第八期的广告仍为"林琴南先生最有趣味之小说"（成昭伟、刘杰辉，2009；贺海琴、贺爱军，2019）。

文学翻译研究中，出版媒体的作用已经受到了国际译学界的高度重视。在荷兰翻译理论家勒菲弗尔三要素翻译操纵理论中，赞助人因素是其中之一。该理论认为出版媒体是译者最重要的赞助人之一。洋为中用。西方的翻译"赞助人"理论可以为翻译"媒"字的理论建构提供有力的理论支持。

6 结语

本文参照钱钟书创辟的"一字数训"的文艺训诂法，建构了"一字训数词"的现代译学训释模态，并据此对"化境"论的"媒"字作了深度诠释，对"化境"论所属的"媒"字翻译体系作了梳理、补苴和完善。基于有关"化境"论体系性的一个理论预设："化境"论翻译体系涵盖了"化""媒""诱""讹"几个次层下位翻译体系。我们认为对这些关键字分别进行深度诠析并逐个建构次层级的翻译体系是深化"化境"论研究的可能路径之一。

在过去几十年，建构中国特色译学是翻译学界的不懈追求。钱先生从关键单字训诂作为翻译研究出发点，以"一字数训"建构翻译理论框架，很富于中国特色。我们对之进行了基于现代汉语的提升，提出了"一字训数词"的当代译学训释模态。这也是构建当代中国特色译学的可能路径之一。本文的译学探索得当与否，尚祈译界同仁批评指正。

参考文献

[1] 陈福康,2011. 中国译学史. 上海:上海外语教育出版社.
[2] 成昭伟,刘杰辉,2009. “赞助人”视角下“林译小说”研究——商务印书馆个案分析. 重庆大学学报,(5):148-152.
[3] 段玉裁,2006. 说文解字注. 杭州:浙江古籍出版社.
[4] 傅雷,1998. 傅雷文集·文学卷. 合肥:安徽文艺出版社.
[5] 贺海琴,贺爱军,2019. 翻译赞助人对译家林纾的影响. 北京第二外国语学院学报,(4):63-75.
[6] 李寄,2008. 鲁迅传统汉语翻译文体论. 上海:上海译文出版社.
[7] 罗新璋,1984. 翻译论集. 北京:商务印书馆.
[8] 钱钟书,1986. 管锥编. 北京:中华书局.
[9] 钱钟书,1994. 七缀集. 上海:上海古籍出版社.
[10] 阮诗芸,2019. 为翻译正名:从钱钟书训“译”说起. 中国翻译,(5):138-144.
[11] 许慎,1963. 说文解字. 北京:中华书局.
[12] 薛绥之,张俊才,1982. 林纾研究资料. 福州:福建人民出版社.
[13] 张柏然,2016. 译学研究叩问录. 南京:南京大学出版社.
[14] 张西平,2019.20世纪中国古代文化典籍在域外的传播与影响研究导论. 郑州:大象出版社.

日本“国风文化”时代惜秋文学中所见“逆国风化”现象探析

南京大学外国语学院　黄一丁*

摘　要:学界传统认为日本“国风文化”时代的文人摒弃了对中国文化的一味偏重,更注重日本本土文化。然而作者在“国风文化”时代的惜秋文学中发现,日本的惜秋风俗逐渐表现出明显的中国文化特征。“国风文化”时代的惜秋汉文学中,往往多见以曲解的中国典故来营造惜秋习俗来源于中国的假象;而假名文学中则常见以中国文学物候观来说明惜秋文学渊源的现象。作者尝试将日本文人把日本传统风俗附会到中国文化上的现象定义为“逆国风化”,而现有的“国风文化”论无法合理解释该时代文学中“逆国风化”产生的根本原因。本文认为“逆国风化”产生的根本原因在于“国风文化”时代的文人对中国文化的憧憬依旧没有减退。

关键词:惜秋文学;日本国风文化;逆国风化

Title: A study on Anti-nationalization of Japanese literature in the era of Kokuhū Culture

Abstract: It is a widely-shared belief among Japanese academia that the literati in the era of Kokuhū Culture in Japan abandoned their preference for Chinese culture and focused more on the local culture of Japan. However, this study discovers in the autumnal literature of the era of Kokufū Culture that Autumn Grief, which deemed as an inherent custom of Japan was in fact gradually tinted with obvious Chinese cultural characteristics. For example, a facade that the custom of Autumn Grief was originated in China was fabricated by misinterpreting Chinese allusions in Japanese

* **作者简介:**黄一丁,助理研究员,博士,研究方向为日本古典文学,电子邮箱:huangyiding@nju.edu.cn.

Sinitic Poetry; meanwhile in literature work written in Kana it is common to elucidate the origin of Autumn Grief with phenology of Chinese Literature. This study attempts to redefine the phenomenon that Japanese literati made a far-fetched combination of the inherent custom of Japan and Chinese culture as Anti-nationalization, however, the existing theory of Kokuhū Culture fails to clarify the essential cause of this phenomenon. This study analyzes the causes of Anti-nationalization and believes that the essential cause of Anti-nationalization could be construed as a result that the literati in the era of Kokuhū Culture still had an undiminished longing for Chinese culture.

Key Words: autumnal literature; Kokuhū Culture; Anti-nationalization

惜秋是日本的传统风俗，自《万叶集》时代以来就是日本文学的重要题材之一。然而作者在“国风文化”时代（公元10世纪初至12世纪末）的惜秋文学中发现，该时代的日本文人热衷将惜秋习俗附会到中国文学上，从而虚构惜秋文学与中国文化的渊源，这一现象与学界此前对“国风文化”时代排斥中国文化，弘扬日本本土文化的基本认知大相径庭。作者尝试将该现象定义为“逆国风化”，并以“国风文化”时代的惜秋文学为例，通过文本分析厘清“逆国风化”概念的内涵，并解释其产生的根本原因。

一　前人研究与“逆国风化”的关系

日本学界解释平安时代文学的基本理论是“唐风文化-国风文化”论。该论以战前极具日本民族主义色彩的“国风文化”论为基础①，结合战后小岛宪之（小島憲之，1968—2002）对“弘仁贞观”文化时代的文学作品的理论——“国风暗黑时代”学说②而形成。从此，平安时代文化史被“唐风文化-国风文化”论以公元9世纪末至10世纪初的数十年为分水岭划分为前后两个阶段，即被认为是崇尚中华文化的“唐风文化”时代与注重日本本土文化的“国风文化”时代。该论断的弊病在近年日本史以及美术史的研究中逐渐凸显出来③，在对其批判的研究中，最具代表性的当属榎本淳一的研究。他指出，“国风文化”时代在注重日本本土文化的同时，实际上并未抛弃对中华文化的青睐，

① 此处可参见木村光（1997），梁晓弈（2019）的研究。

② 此处可参见小岛宪之（1968—2002）的研究。

③ 此处可参见千野香织（1993），榎本淳一（2008）的研究。

而是将中华文化要素有机改造为更利于日本普通民众接受的样式，事实上促进了中华文化在日本的广泛传播，其日本风格的外表下依旧是中国文化的内核。以该研究为基础，日本文化史语境下的"新国风文化"论得以形成。

"新国风文化"论在日本文学研究中集中体现在中国文学影响的变异研究上。最早从理论层面上关注该现象的是大谷雅夫与三木雅博，大谷雅夫(2008:6－16)指出，在日本文学中，中国文学在被接受的过程中一定伴随着某种变异，而并非保持中国文学的原貌。三木雅博(1999:1－5)则强调需要用"动态的视角"来把握中国文学影响在日本文学中的变化规律，日本文学对中国古代文学的吸收历经了漫长的历史过程，早期进入日本文学的中国文学影响会产生流变，而后新的中国古代文学再次进入日本文学时又产生新的流变，这样的过程交替往复，最后形成了中国文学影响在日本文学中复杂的面貌。作者(黄一丁，2020)亦曾关注中国文学影响在和歌文学中的流变，将中国文学影响呈现出日本特色的现象归纳为"日本化"。然而，上述研究都依存于"唐风文化-国风文化"论的时代划分与理论框架下，仅是对现有体系的改良，虽在微观层面有所突破，但宏观上都以尊重"唐风文化-国风文化"的断代为先决条件，因此依然没有超越"唐风文化-国风文化"论的范畴。

本文聚焦"国风文化"时代文学作品对于惜秋习俗的展现，阐释该时代文学作品描写的惜秋习俗没有发生"国风化"而是反向发生"逆国风化"的现象，进而证明该时代的日本文人对于中国文化与日本文化的态度并未发生根本性的改变。

二　日本惜秋文学的源流与审美传统

日本古典文学中有农历九月末送秋惜秋的习俗。关于日本惜秋文学的起源，日本学者太田郁子(1981:25－49)与大谷雅夫(2017:375－412)都有过考证，认为日本惜秋文学是起源于日本本土的传统文学题材，而非源于中国文学影响。其原因有二：首先，日本惜秋文学起源的时代大致相当于中国的隋唐时期，而隋唐及以前的中国文学中秋季文学的主流是悲秋文学，而鲜有惜秋文学；其次，早期日本惜秋文学惯用的意象为日本本土固有自然事物，惜秋的情感本质是惋惜绚丽秋景，这是根植于大和民族自古以来对秋景的审美倾向上的。该观点基本为学界所认可，作者亦同意学界共识，不再赘述。

作者对日本惜秋文学的审美传统进行了梳理：日本惜秋文学最早见于《万叶集》。《万叶集》成书于奈良时代，主要收录了"唐风文化-国风文化"时代之前的和歌。此后的"唐风文化"时期，汉诗成为当时日本文学的主流，其中只见悲秋而鲜见惜秋，这也从侧面印证了惜秋文学并不是模仿中国文学的产物。其后，《古今集》及其前后的和歌文献中则出现了大量创作于"国风文化"时代前夕的惜秋和歌。从《万叶集》《古今集》及其前后的和歌文献中可知日本惜秋文学的审美传统：

めづらしききみがいへなるはなすすきほにいづるあきのすぐらくをしも
（《万叶集》卷八一六〇一）
（倾心君家宅，芒花出穗今已开，惜秋盛过衰。）

たつたがはあきはみづなくあせななむあかぬもみぢのながるればをし
（《是贞亲王家歌合》一三）
（秋水尽欲浅，红叶流川满龙田，惜哉赏不厌。）

ちらねどもかねてぞをしきもみぢばは今は限の色と見つれば
（《古今集》秋歌下 二六四）
（红叶虽未凋，先惜秋色欲尽了，堪赏只今朝。）

もみぢばは袖にこきいれてもていでなむ秋は限と見む人のため
（《古今集》秋歌下三〇九）
（红叶折入袖，有人思秋尽将休，持去为之留。）

寛平御時ふるきうたたてまつれとおほせられければ、たつた河もみぢばながるといふ歌をかきて、そのおなじ心をよめりける
み山よりおちくる水の色見てぞ秋は限と思ひしりぬる
（《古今集》秋歌下 三一〇）
（宽平御时敕令奉上古歌，故书“龙田川里流红叶”之歌，以古歌之意并咏此歌，深山落流湍，因见水色已为染，知秋将阑珊。）

《万叶集》1602 号歌是现存文献中最早的惜秋和歌。其中以秋天出穗的芒草作为惜秋意象，芒草“出穗(ほにいづ)”一词与秋意“渐显渐盛”同音，形成“挂词”(即双关语)的修辞手法。《是贞亲王家歌合》成书于《古今集》之前，其中的 13 号歌吟咏红叶胜地龙田川地区，借红叶铺满河道的绚丽景致抒发歌人惜秋之情；《古今集》264 与 309 号歌同样以秋天行将结束之际的红叶作为惜秋意象；而 310 号歌则是以落入河道的红叶来暗示秋末的到来。值得注意的是，“国风文化”时代初期及以前的惜秋文学中，歌人惜秋的感情是与秋季植物紧密联系在一起的。这样的审美情趣具体而直观，是日本惜秋文学的原始特征。前文中所引大谷雅夫论文指出，《古今集》和歌对于红叶的偏爱，继承了“唐风文化-国风文化”时代开始之前《万叶集》时代的审美。

综上所述，和歌等日本古典文学作品体现的惜秋之情，根植于日本民族对秋景，特别是对秋季植物的爱惜，这与中国古代一些文学作品呈现的悲秋特征形成鲜明对比。

三　惜秋文学的“逆国风化”与中国典故的运用

“国风文化”时代前夕是和歌文学复兴的时代，然而，此时汉文学势力依旧强大，这与当时宇多天皇对汉诗的青睐不无关系。其在世时经常举行诗宴，其中便有九月尽日的惜秋宴。宴上有群臣应制吟咏惜秋诗。宇多朝核心文臣菅原道真与纪长谷雄都留有大量惜秋诗。先举菅原道真诗作如下：

菊为花芳衰又爱，人因道贵去犹留。(《菅家文草》三三六《闰九月尽，灯下即事》)

惜秋秋不驻，思菊菊纔残，物与时相去，谁厌彻夜看。(同上 三八一《暮秋，赋秋尽玩菊》)

芦帘砌下水边栏，秋只一朝菊早寒。(同上 四六一《九月尽日，题残菊》)

九月尽，同诸弟子，白菊丛边命饮。(同上 五三六《九月尽白菊丛边命饮序》)

思量何事中庭立，黄菊残花白发头。(《菅家后集》三七《九月尽》)[①]

菅原道真是宇多天皇统治集团核心之一，也是日本平安时代最重要的诗人。既然隋唐及以前的中国文学中鲜见惜秋题材，宇多天皇令群臣吟咏惜秋诗也应非模仿中国文学之结果，而应是将日本惜秋传统融入外来文学体裁汉诗的产物。然而，如画线部分所示，菅原道真的惜秋诗吟咏菊花，并没有沿袭之前惜秋和歌中芒草与红叶等传统意象，这固然是因为惜秋宴上玩赏的植物是菊花而非红叶。日本的菊花原产自中国，甚至没有对应的和语训读[②]，对于平安贵族来说，菊花乃“唐味十足”的新潮事物无疑[③]。惜秋宴上以残菊替代红叶的直接原因固然是宇多天皇乃至整个统治阶层对中国文化的追捧，然而，菅原道真却仍在《暮秋》诗序中对以菊惜秋的缘由做了如下解释：

古七言诗曰，A 大底四时心惣苦，就中肠断是秋天。又曰，不是花中偏爱菊，此花开尽更无花。诗人之与，诚哉此言。B 夫秋者惨懔之时，寒来暑往。菊者芬芳

---

① 本文中的日本汉文学原文引用出自《群書類従》。

② 日语中汉字菊的读音「きく」为音读。

③ 参见黄一丁(2016)。

之草，花盛叶衰。C 于时九月廿七日，孰不谓之尽秋。孤丛两三茎，孰不谓之残菊。（《菅家文草》三八一《暮秋，赋秋尽玩菊序》）

ABC 三个部分的结构相同，皆是先言秋季，再言菊花，目的是阐述惜秋与赏菊之间的逻辑关系。然而，自 AB 到 C，菅原道真的叙述明显偷换了概念：A 部分先引白居易《暮立》诗中一句论悲秋之情，再引元稹《菊花》诗中一句谈惜菊之心；B 部分先言秋日阴寒悲凉，再言菊花茂盛芬芳；而 C 部分则是先言秋日将尽，再言菊花将残。由此可知，菅原道真将菊花与秋日相对，菊残则秋尽，进而将 AB 部分中中国文学的悲秋之情，转换为 C 中所见惜秋之情。此种写作手法，很明显是菅原道真无法从原本多为悲秋的中国文学中找到真正的惜秋依据时，无奈下的变通之举。这使得整篇诗序虽言日本惜秋风俗，却呈现出明显的中国文学色彩。同样的现象也存在于同为宇多朝文臣的纪长谷雄的诗序中：

D 秋之云暮，余辉易斜。菊之孤芳，残色可惜。嗟呼！E 潘郎寓直，虽缓愁恼之心。陶令闲居，难堪凋落之思。况复明王用心，自然合理。不出户而知一天下之思，不下席而明四海内之心。F 故人皆送秋，所以赐送秋之宴。人皆惜菊，所以降惜菊之恩。岂只天意乎，抑亦人望也。（《本朝文粹》卷一一《九月尽日，惜残菊，应制纪纳言》）

纪长谷雄的诗序中，DEF 三个部分结构与菅原道真诗序如出一辙，D 部分先言秋光已尽，再言残菊可惜；F 部分则先言惜秋之宴，再言赏菊之行，阐述二者关系，为宇多天皇惜秋宴的合理性与必要性做背书。而 E 部分则与菅原道真的诗序若合一契，存在明显的偷换概念迹象。“潘郎寓直”一句以潘岳《秋兴赋》为典。《秋兴赋》是中国文学悲秋题材的代表作，整部作品以叹老与悲秋为基调，即便如此，纪长谷雄却以“虽缓愁恼之心”一句将其解释为缓和愁恼之作，曲解了《秋兴赋》之本意。“陶令仙居”一句则以陶渊明为典，而与陶渊明爱菊相关的典故中，亦不存在惜秋之情。此诗序与菅原道真诗序一样，虽言日本惜秋习俗，却充满中国文学典故。纪长谷雄作为宇多朝御用文人，其诗序通篇充斥着对宇多天皇露骨的歌颂奉承，此番创作意图，无疑意在迎合宇多天皇个人对汉文学的爱好。

菅原道真与纪长谷雄笔下的惜秋，与《万叶集》以及《古今集》中记录的惜秋文学风格上大相径庭，在将源自中国的菊花——而不是本土既有的芒草与红叶——用作惜秋的意象的同时，亦把对秋季植物的朴素审美变为对中国文学典故的青睐和曲解，属于典型的“逆国风化”现象。而宇多天皇统治集团的文人使用中国文学典故的目的，正是为了弥合日本惜秋习俗与中国悲秋传统之间的矛盾而做出的尝试。中国古典文学中惜秋作品虽不常见，却不乏爱菊典故及悲秋传统。该时期的文人以菊花替代红叶，以悲秋佯装惜秋，从现象上来说，是积极利用中国文学要素来弥合中日文学传统差异；但从本质来说，则是试图从当时先进的中国文化中寻找日本惜秋风俗之依据，通过垄断对先进文化的解释权，来控制意识形态，进而起到笼络贵族阶层，巩固政治统治的根本目的。菅原道真与纪长谷雄以文学为手段为宇多天皇的惜秋宴的合理性与必要性做背书，是源于政治的需要，宇多朝惜秋文学的"逆国风化"与政治息息相关。

公元 897 年，宇多天皇退位，其子醍醐天皇即位。公元 901 年，醍醐天皇为排除父亲的政治势力，与重臣藤原时平合谋将父亲的宠臣菅原道真流放出京，之后又敕令编纂假名文学《古今集》。一连举动释放出重要的政治信号——醍醐天皇统治集团的文化政策将有别于前朝注重中国文化的倾向，而转为弘扬本土文化。然而，直到此后的 10 世纪中叶，惜秋文学中的"逆国风化"却并未停滞。该时期的惜秋文学中，依旧可见以中国典故为惜秋文学服务之例。其中，以源顺与高阶积善的两篇惜秋诗序最为典型。

> 主客纳言相谈曰："今日非九月尽乎？虽诚 A《玉烛宝典》《金谷园记》不载其文，不传其美。然犹清风朗月之兴，潘子宋生之词，尽于今宵矣。何不相惜哉。"武卫尚书两源相公，然诺其言，吟咏其意。即命满座献惜秋词。仆窃以："秋者天时也，惜者人事也。B 纵以殽函为固，难留萧瑟于云衢，纵令孟贲而追，何遮爽籁于风境。C 岂如惜半日之残晖，期千秋之后会。"云尔。(《本朝文粹》卷八《九月尽日于佛性院惜秋诗序》源顺)

源顺是当时颇有才学的文人，虽出身嵯峨源氏，但家门自父辈起不得朝廷重用，可谓一生不遇。上文是某年九月末，源顺于佛性院所作的一篇惜秋诗序，其创作时间虽已不可考，但大体应是 10 世纪中叶的作品。该诗序中 A 部分说明，当时的日本贵族已经意识到"九月尽"惜秋的风俗并不存于《玉烛宝典》与《金谷园记》等中国岁时文献中，故以潘岳的《秋兴赋》与宋玉的《九辨》这两部悲秋文学为典，强行解释中国悲秋传统与日本的惜秋习俗之间的龃龉。这与菅原道真与纪长谷雄当年的尝试如出一辙。而在 B 部分中，源顺描写对秋季逝去的无奈：纵有崤山与函谷那样的险关也无法挽留秋天逝去，即便以孟贲那样的猛士也无法将阻挡秋天离开。小野泰央(1996)曾指出，以有形具体事物来阻挡无形抽象事物的巧思，是大和民族文学自《万叶集》以来的传统。然而，源顺却在大和民族文学传统中融入了"崤函"与"孟贲"这样的中国元素，使得这段文字充满了中国风情。最后，C 部分则化用改写自白居易《三月晦日晚闻鸟声》中"一岁唯残半日春"一句。最后，关于诗序题目中"九月尽"一词，太田郁子(1981:25－49)认为，"九月尽"一词是日本文人模仿白居易常用的诗歌语言"三月尽"而成的日式汉语。然而，元稹诗中事实上存在诸如《赋得九月尽》这样的诗题。因此"九月尽"一词并非日式汉语。

霜降三旬后，蓂馀一叶秋。玄阴迎落日，凉魄尽残钩。

半夜灰移琯，明朝帝御裘。潘安过今夕，休咏赋中愁。(《元稹集》卷一四《赋得九月尽》)

必须注意的是，收录元稹诗作的《元氏长庆集》出现在《日本国见在书目录》中，因此元稹的该首诗作很可能通过《元氏长庆集》在“国风文化”时代之前就传入了日本。因此，日本文人使用的“九月尽”一词就来源于该诗的可能性很大。然而，不能否认的是，元稹所用的“九月尽”一词，其背后并不存在惜秋思想，只是客观描述了该诗吟咏九月末这样一个时间节点的事实。日本文人将日本文学中的惜秋习俗附会到“九月尽”这样一个汉语词汇上的现象，其背后蕴含着日本文人将惜秋文学构建为与中国惜春文学对等文学题材之意图，这样的行为正是惜秋文学“逆国风化”的表现。

稍晚的文人高阶积善所作惜秋诗序中也存在类似现象：

相公顾曰：“景物之盛穷于秋，古人以为一岁终，爱赏之思迫此日，风俗以名九月尽。前辈之深于诗者，触其万绪之时也。”(《本朝麗藻》卷下《九月尽日侍北野庙诗序》高阶积善)

高阶积善是生于10世纪后半叶的中层贵族文人，文中出现的“相公”则是菅原道真曾孙菅原辅正。画线部分是菅原辅正对“九月尽”惜秋习俗来源的解释。“景物之盛穷于秋”以及“爱赏之思迫此日”是基于对秋景的喜爱而产生的不舍之情，然而“古人以为一岁终”这样的表述，则与当时文人所掌握的汉学素养紧密相关。平安时代所行立法以农历一月为岁首，而此处描述古人以“九月尽”为“一岁终”，应是参考以十月为岁首的秦历。菅原辅正与高阶积善皆为纪传道出身，熟习中国正史，对秦历的了解很可能源于《史记》所录《秦楚之际月表》。日本文学中惜秋习俗固然不是秦朝历法对日本风俗产生的影响，即便如此，菅原辅正却强行借中国王朝的旧历法来解释惜秋习俗，试图从中国正史中寻找惜秋风俗的依据，这与菅原道真、纪长谷雄以及源顺的文学中所出现的现象同为一类，试图从中国文献中寻求日本惜秋风俗的根据，使得该段叙述呈现出明显的中国文化特征，属于典型的“逆国风化”现象。

源顺、高阶积善以及菅原辅正，按照“唐风文化-国风文化”的时代划分，属于典型的“国风文化”时代文人，然而，他们笔下的惜秋，却依然呈现出明显的“逆国风化”特征。事实上，醍醐天皇即位后，虽采取措施尝试改变自天平文化时代以来偏重中国文化的政策，然而诸多措施效果有限。此后，至少在10世纪的中上层贵族文人中，视中国文化为先进文化的习惯仍然根深蒂固。这直接导致当时的文人依旧致力于在惜秋文学中大量使用中国典故。这是“逆国风化”现象产生的原因。

四　惜秋文学的“逆国风化”与中国文学物候观

“逆国风化”现象不仅体现在文人对中国典故的使用上，也体现在对中国文学物候观的尊重上。这在宇多朝文人大江千里的《大江千里集》中体现得尤为突出。《句题和歌》以中国诗句为题，将诗句翻译改写为和歌，兼有汉文学与和歌文学的性质。大江千里是宇多朝的儒学者，生于日本汉学世家大江家，官位晋升却十分缓慢。《大江千里集》以向天皇献歌为名，实际则具有向上哭诉自身不遇，进而求官受爵的目的。该文献前半部以季节为纲，各收四季之歌，而其中秋部的末尾是一组吟咏秋尽时节的和歌。该组和歌以大雁为意象，与前文所示同时代《古今集》中所收惜秋和歌吟咏红叶的习惯大相径庭。

秋雁過尽無書至

秋の夜の雁はなきつつすぎゆけどまつことのははくるとしもなし（《大江千里集》秋 五二）

（秋夜鸣连绵，鸿雁过虽可传言，空待无来年）

寒鴻飛急覚秋深

ゆく雁のとぶことはやくみえしよりあきの限とおもひしりにき（同上 五三）

（一去是鸿雁，因见疾速将飞还，知秋之阑珊）

寒鳴声静客愁重

鳴くかりの声だに絶えてきこえねば旅なる人はおもひまさりぬ（同上 五四）

（鸿雁鸣嗢嗢，如今竟绝不闻声，旅人愁绪增）

此组和歌时间背景为暮秋时节，所选句题系吟咏“雁”的诗句。作者（黄一丁，2020）另有他文详细考证了此处选取咏雁诗句之意图与中国文学中物候观的关系，这里对论述过程不再赘述，只引述结论：大江千里此处设置一组暮秋和歌，是基于日本文学中的惜秋传统而为之，而之所以选取咏“雁”的诗句为题，则是因为受到了《礼记》与白居易诗等中国文献中“雁”的物候观之影响。然而，唐诗中描写红叶景致的暮秋诗句已为平安文人所熟知，例如，成书于10世纪中叶的唐诗秀句选集《千载佳句》暮秋部所收的唐诗中不乏吟咏红叶的诗句。大江千里却舍弃红叶等传统意象而以雁咏秋，将带有强烈中国物候色彩的雁运用于惜秋这一传统日本文学题材中，从而使惜秋文学具有了浓重的中国文学色彩。因此，大江千里的咏雁句题和歌中亦可见惜秋文学的"逆国风化"。而大江千里身为精通汉学的中层贵族，以中国诗句为题，积极吸收中国文学物候观的目的，无疑在于迎合宇多天皇统治集团对中国文化特别是白居易诗的喜爱。大江千里出身的大江家，与菅原家一道是当时主宰汉学教育中心（大学寮纪传道文章院）的门第，两家子弟的晋升往往也与汉学息息相关。故不难理解大江千里积极将中国文学元素融入日本惜秋文学的初衷，仍旧是出于晋升官位的政治目的。

大江千里生于"国风文化"时代前夕，卒于"国风文化"时代早期，其惜秋文学中所见中国文学物候观尚可解释为"前朝遗老"的旧俗。然而，在进入所谓"国风文化"时代之后，惜秋文学尊重中国文学物候观的现象却并未消失，反而出现在藤原公任以及大江匡衡等一条天皇时代中上层贵族文人的作品中。

藤原公任在编纂《和汉朗咏集》时，创造性地加入了"九月尽"部，搜集了当时平安贵族耳熟能详的日本汉诗文名句及和歌。在同时代的假名文学中，一些作者则往往将九月末称为"九月晦(ながづきのつごもり)"[①]。据作者调查，藤原公任之前的和歌文献中并不存在使用汉语词汇"九月尽"的先例。

> 九月尽
> （中略）
> やまさびしあきもすぎぬとつぐるかもまきのはごとにおけるあさじも
> 八束(《和汉朗咏集》九月尽二七七)
> （山寥徒寂寞，松叶处处朝霜落，报秋今已过）
>
> くれてゆくあきのかたみにおくものはわがもとゆひのしもにぞありける
> 兼盛(同上 九月尽二七八)
> （渐暮去将移，秋去何物更相遗，白霜落我髻）

由于《和汉朗咏集》对后世日本文学的巨大影响，其后的敕撰和歌集以之为范式，使用汉语"九月尽"而不是和语"ながづきのつごもり"(九月晦)来统括惜秋和歌，和歌文学将九月末称为"九月晦"的现象从 11 世纪初《和汉朗咏集》诞生后逐渐消失。因此，《和汉朗咏集》对后世和歌文学开始频繁使用汉语"九月尽"起了决定性影响。以汉语

① 晦(つごもり)一词虽用汉字"晦"表记，但其语源是由"月(つき)"与动词"隐藏(こもる)"的连体形名词化组合而成，是大和民族本民族语言词汇。

“九月尽”替代和语“ながづきのつごもり”(九月晦)这一现象本身就使得惜秋文学呈现出浓厚的中国文学色彩,属于典型的“逆国风化”现象。

自《古今集》开始,惜秋和歌的主流意象就是红叶,而编纂和歌选集时,人们亦往往以《古今集》为范式。例如,三木雅博(1992:24 - 34)曾指出《和汉朗咏集》结构上与《古今集》亦有千丝万缕的联系。类推之下,《和汉朗咏集》“九月尽”部理应模仿《古今集》,继承和歌传统收录吟咏红叶的和歌,而在暮秋收录咏霜和歌亦无先例,因此,“九月尽”部中收录两首咏霜歌的现象令人费解。八束歌主要以霜为惜秋的意象,描写霜落在松针上的景象。这与和歌中将霜与红叶结合吟咏的传统技法大相径庭。此前的和歌主要将霜理解为红叶变色的原因,往往将之与落叶树木进行组合吟咏。而此歌则是将霜与常绿的松树组合,一反和歌传统。霜与松的组合虽鲜见于惜秋和歌,却常见于中国文学。此处仅举见于《日本国见在书目录》,确凿无误为平安文人所知的文献:

天寒既至,霜雪既降,吾是以知松柏之茂也。(《庄子·让王》)

夫大寒至,霜雪降,然后知松柏之茂也。(《淮南子》卷二《俶真训》)

果欲结金兰,但看松柏林,经霜不堕地,岁寒无异心。(《玉台新咏》卷十《冬歌四首》)

在火辨玉性,经霜识松贞。(《白氏文集》卷二《和答诗十首·和〈思归乐〉》)

由此可见,八束歌与中国文学传统关联紧密。而藤原公任舍弃和歌传统,将带有如此显著中国文学特征的和歌选入“九月尽”部,其中显露出对中国文化的推崇不言而喻。第二首兼盛歌则以霜比喻白首,借九月尽抒发叹老之情。此歌之意亦不见于此前的惜秋和歌中,我们却在菅原道真或同时代大江匡衡的日本汉文学中得以寻见类似词句:

非啻惜花兼惜老,吞声莫道岁华阑。(《菅家文草》四六一《九月尽日,题残菊。应太上皇制。同敕》)

今日二年九月尽,此身五十八回秋,思量何事中庭立,黄菊残花白发头。(《菅家后集》五一二《九月尽》)

身老五花风月席,家経十叶帝王师,红颜如昨西颓早,白发为霜子达迟。(《江吏部集》九月尽 二二《九月尽日,惜秋言志》)

惜秋本自无容暇,不觉蹉跎两鬓斑。(同上,月 七《月露夜方长,以闲为韵》)

大江匡衡与菅原道真的惜秋诗中出现的叹老,受到了白居易惜春诗与岁末诗中叹老之情的影响。北山圆正(2002:1 - 14)对此问题有过翔实的论证。因此,兼盛所咏惜秋歌中的叹老之情,其本质依然是中国文学以及日本汉文学在和歌文学中的延伸扩展。

除以上列举的中国文学要素外，藤原公任在"九月尽"中收录霜歌的意识也与中国文学中霜的物候观吻合。中国古代对关于霜的物候观可从《礼记》与《淮南子》中窥见一斑，例如《淮南子·天文训》中有关秋季最后一个节气"霜降"的记载：

加十五日指戌则霜降，(中略)加十五日指蹄通之维则秋分尽，(后略)。(《淮南子》卷三《天文训》)

季秋之月，(中略)是月也，霜始降，则百工休。(《礼记·月令》)

《淮南子·天文训》与《礼记·月令》直接记载了季秋与霜降的关系，从以上材料可知，中国古代的物候观中，霜是季秋时节的物候。而这样的物候观，对平安时代包括藤原公任在内的贵族产生了影响①。这在菅原道真与大江匡衡的汉文学作品中也有着明确体现：

霜鞭近警衣寒冒，漏箭频飞老暗投。(《菅家文草》三三六《闰九月尽，灯下即事》)

烂柯不识残阳景，后叶空逢七帙霜。(《江吏部集》二三《九月尽日，于秘芸阁，同赋秋唯残一日诗一首》)

霜花饯席文章锦，风叶离歌朗咏音。(同上 二四《七言、九月尽日、同赋送秋笔砚中、应制一首》)

可见，日本的惜秋汉文学中率先吸收了中国文学中霜的物候观，而在藤原公任的时代，霜的物候观又进入了和歌文学。藤原公任摒弃惜秋和歌以红叶为意象的传统，以中国文学的物候观为基准，选取咏霜以及叹老的和歌作为"九月尽"的代表，使得该时代的惜秋和歌呈现出更强的中国风格，这一现象无疑是"逆国风化"的体现。

藤原公任出身摄关家小野宫流，从藤原公任一代开始，小野宫流在政治上被九条流彻底压制，从此与摄关之位无缘。大江匡衡虽为一条朝知名文人，一生却没有位列公卿，亦可谓不遇。他们笔下的惜秋文学虽然不似宇多朝文人般充满了政治目的，却最终直接对日本文学产生了灵魂式的影响，进而彻底改变了日本惜秋文学的面貌。以至于日本古典文学的代表作——《源氏物语》中，亦出现了如下描写：

---

① 《礼记》作为五经之一，是平安贵族出世必须学习的经典，而《淮南子》在日本平安时代的传播亦可从《秋萩帖》等现存文献中窥见一斑。

时值九月之杪，A红叶深浅交映，B冻霜的草丛一望无垠。①

紫式部在描写秋末景致时，于A部分描写了红叶，又于B部分描写了落霜之草。使用落霜之草描写秋末景致的技法，不见于《源氏物语》之前的叙事文学，很明显是受到了本章所述惜秋文学里中国文学物候观的影响所致。可见，一条天皇时代，日本文学中的惜秋已经与中国文学的影响浑然一体，呈现出非常明显的“逆国风化”特征。日本惜秋文学对中国文学物候观的吸收，不仅发生于“国风文化”时代前夕的宇多朝，在摄关文化黄金时期的一条朝依旧展现出强大的生命力。

事实上，日本贵族阶层对中国文化的青睐在“国风文化”并未发生根本性的衰退，统治阶层在掌握先进的中华文化的同时，致力于将本土文化包装为与中国文化同类同质的文化，这是贵族阶层掌握文化话语权的根本途径，也是自大和朝廷统一西日本以来，一直致力于构建“东夷小帝国”政治策略中不可或缺的一环。

结语　“唐风文化-国风文化”论于文学史上松动的墙角

至此，本文系统讨论了“国风文化”时代中的惜秋文学，从中发现了诸多中国文学特征。“国风文化”时代，惜秋文学仍呈现出强烈的中国文学色彩，这一现象反映了该时代的日本文人对中国文化的憧憬并未衰退，同时对其本土文化的弘扬也并未达到“国风文化”论所主张的高度。

自日本进入文明社会以来，日本的文化发展一直与中华文明密切相关。即便在“国风文化”时代，日本与中国五代十国时期十国之一的吴越国，以及此后与两宋之间的贸易往来依旧络绎不绝。发达的中日贸易带来了更多的中国物质文明与精神文明。近年的中日比较文学研究，特别是日本学界，抑或拘泥于源流学等过于微观的视角，强调平安文学对某部中国文献的接纳；抑或只顾分析中国文学在日本文学中的变异现象，而忽略了其变化的本质与原因。因此，在日本古典文学研究领域，“唐风文化-国风文化”论依旧占据着主流学说的地位，迟迟得不到系统的批判与扬弃。

本文分析了“国风文化”时代惜秋文学中的“逆国风化”现象，这一事实应可谓是“唐风文化—国风文化”论于文学史上松动的墙角，作者希望以此文为契机，能为今后超越“唐风文化—国风文化”论抛砖引玉。

---

① 《源氏物语》翻译引用自林文月译《源氏物语》。

参考文献

[1] 榎本淳一,2008. 唐王朝と古代日本. 東京:吉川弘文館.

[2] 太田郁子,1981.『和漢朗詠集』の「三月尽」・「九月尽」. 言語と文芸:(91),25-49.

[3] 大谷雅夫,2008. 歌と詩のあいだ　和漢比較文学論攷. 東京:岩波書店.

[4] 大谷雅夫,2017. 惜秋と悲秋一萬葉より古今へ一. 萬葉集研究:(37),375-412頁.

[5] 北山円正,2002. 菅原氏と年中行事. 神女大国文:(13),1-14.

[6] 木村光茂,1997. 国風文化の時代. 東京:青木書店.

[7] 小島憲之,1968—2002. 国風暗黒時代の文学(全10冊). 東京:塙書房.

[8] 千野香織,1993. 10—13世紀の美術: 王朝美の世界. 東京:岩波書店.

[9] 三木雅博,1999. 平安詩歌の展開と中国古代文学. 大阪:和泉書院.

[10] 三木雅博,1992.『和漢朗詠集』の部立の構成に関する考察 : 主として『古今集』の構造との関連において. 文学史研究:(33),24-34.

[11] 黄一丁,2020.『古今集』から『新古今集』の時代における和歌文学と中国文学要素の日本化. 京都:京都大学.

[12] 黄一丁,2016. 和歌中汉风意象的起源与变化:以“菊”的意象为中心. 日语学习与研究:(1),101-110.

[13] 黄一丁,2020.『千里集』に見られる中国文学的要素. 京都大学国文学論叢:(43),1-15.

[14] 梁晓弈,2019. 日本古代の自他認識:認識の実態と形成. 京都:京都大学.

[15] 紫式部,2011. 源氏物语. 林文月,译. 南京:译林出版社.

书评与资讯

《二语加工和习得中的预测》介评*

长安大学　杨雯琴　赵翊圆**

E. Kaan & T. Grüter (eds.). 2021. *Prediction in Second Language Processing and Learning*. Amsterdam: John Benjamins. xiii +234pp. ISBN: 9789027209702.

一　引言

人类智力活动的一个突出特征是能够对行为的后续过程做出预判，以达到更好适应环境、满足生存需求的目的。这一特征反映在语言使用当中就是预测，它是语言产出和理解之间的桥梁，是提升语言加工速率的关键因素(Pickering & Garrod,2013)。近年来，双语现象的日渐普及，让二语加工和习得愈发受到关注，相应地，原已深受一语加工领域重视的预测也在二语领域引发热烈讨论，相关研究井喷式涌现(Huettig *et al*., 2022)。在此背景下，作为约翰·本杰明(John Benjamins)出版公司"双语加工与习得"系列丛书之一，由佛罗里达大学伊蒂丝·卡安(Edith Kaan)教授和夏威夷大学泰勒斯·格鲁特(Theres Grüter)教授领衔、众多国际知名学者参与撰写的《二语加工和习得中的预测》一书应运而生。该书既对近期散见于重要期刊和会议的相关研究进行了

* 本文系教育部人文社科西部项目"中国英语学习者'不地道'言语产出的心理认知机制和克服路径研究"(18XJC740011)的阶段性成果。

** **作者简介**：杨雯琴，长安大学外国语学院副教授，研究方向：心理语言学、二语习得。联系方式：yang_wenqin@163. com。

阶段性的全景扫描，也为后续研究指明了方向。全书共 10 章：除第 1 章为引言和第 2 章为理论探讨外，其余章节都是二语加工与习得中具体预测研究话题的综述和实证研究。本文将概述各章主要内容，并就全书的特色和不足予以简评。

二　章节内容

第 1、2 章均为具有宏观性和全局视野的章节，为后面的其他章节进行了有效铺垫。

第 1 章　二语加工与习得中的预测：进展与方向。作为全书开篇之作，两位编著者在本章纵览了相关研究的概貌，通过回答预测及其功效分别是什么的问题、回顾语言加工中预测研究历程、梳理预测与习得的关系等，指出语言使用者何时、如何、为何进行预测以及预测与习得的关系，仍是需要关注的核心问题。通过着重分析 L1 与 L2 加工中预测线索的可靠性及效用，作者还指出，预测并不总是最有效的加工机制，对预测效用的关注是帮助我们理解现有研究矛盾结果的有效途径之一。预测研究的目标在于解释个体内、个体间乃至群体间的差异，弄清何种线索被用来做出何种具体预测以及何时预测才能取得最佳加工效率。

第 2 章　非母语理解中的预测与自动化。本章为二语预测研究提供了一个能够统领后续具体研究的总体理论框架。作者从以下理论假设的分析和检验入手：预测在很大程度上是非自动化的，因而在二语加工中的作用更有限。基于巴奇(Bargh, 1994)的观点，作者首先指出"自动化"并非二分概念，而是一个层级概念，包含意识(awareness)、意向(intentionality)、效率(efficiency)和可控度(controllability)四个维度；然后着重分析了 L1 和 L2 加工中预测的两大子过程——基于产出的预测(prediction by production)和基于联想的预测(prediction by association)——的自动化属性，认为预测需要消耗时间和认知资源，在效率和可控度方面很难实现自动化；较之 L1 者，L2 者由于在词汇理解等基本层面的加工效率本就不高，留给预测可用的相应资源就更加贫乏，故而其 L2 预测受限；现有证据也更支持以非自动化加工为特征的基于产出的预测模型(Pickering & Garrod, 2013)。

本书第 3—7 章是二语加工与预测方面的具体研究课题。

第 3 章　不同语言层面的二语预测能力。来自德语的证据预测研究的首要议题就是预测发生在哪个语言层面。鉴于部分二语加工理论认为二语者的句法形态加工更易出问题，本章作者汇报的实证研究探讨 L1 者和 L2 者在实时加工方面的差异是否局限于某一语言层面。该研究以俄国德语学习者为被试，以德语本族语者为参照，通过两个平行眼动实验，考察二语者在使用形态句法线索进行预测较之使用语义线索是否困难更大。结果表明，动词语义(生命性偏好)和(双宾结构论元顺序相关的)形态格标记线索在预测中均起作用，但 L1 者和 L2 者之间存在细微差别，L2 者的预测表现出更多的非确定性，易受竞争线索的影响，尤其是在延后的信息整合过程当中。

第 4 章 句法复杂度对二语预测的影响。在确认词汇语义和形态句法信息在二语预测中的作用后，本章作者汇报了一项有关句法复杂度影响的实证研究。句法复杂度是公认的影响二语理解的重要语言因素，但传统预测研究尚未将这一因素纳入考察。该研究在这方面做出尝试，将语义预测的探究拓展至包含关系从句附着歧义(ambiguity of relative clause attachment)的复杂句，通过视觉情景范式的眼动实验比较了中国英语学习者在简单句和复杂句中的预测加工。研究发现，预测在简单句和复杂句中均会发生，但由于复杂句本身加工的认知负荷大，L2 者复杂句加工中的预测效应出现得相对较晚。

第 5 章 二语中的语言预测：语言间的相似性重要吗？本章是一篇综述，聚焦语言相似性的影响。这一点不仅潜在贯穿于前面两章的两项实证研究，也是将单、双语者区别开来的一个重要指标，毕竟双语者无法避免单语者不会涉及的语际影响(cross-linguistic influence)的作用。该章节首先简要回顾了语言加工中的跨语言影响；然后区分跨语言特征和规则的不同是否影响 L2 预测、L1 中缺失的特征在 L2 预测中是否起作用、L2 预测中句子语境和语篇语境的使用分别如何受语际差异的影响等四个方面，回顾了语际影响对预测的作用；最后讨论了现有预测模型(如基于错误的隐性学习模型、基于产出的预测模型)应如何兼顾语际影响。作者指出，现有证据还十分有限，L1 者和 L2 者的预测机制在本质上并无二致，差异主要源于两种人群参与预测的程度不同。

第 6 章 双语儿童的预测：拼图缺失的一块。与上一章一脉相承，本章也探讨语际影响，但将重心放在了此前少有关注的双语儿童群体。与单语儿童相比，双语儿童在输入的质和量方面均存在较大差异；同时，相关研究表明，成人二语者的预测能力和他们的语言水平紧密相关。有鉴于此，本章系统对比了单语儿童、成年二语者和双语儿童的预测技能，指出双语儿童是探究语言水平、语言经验、认知能力、语际影响与预测之间复杂关系的极佳人群。系统考察双语儿童的个体和语言层面的预测能力，将为我们揭示预测研究中语际影响的本质。

第 7 章 语码切换：预测的加工负担还是宝贵资源？除了受到语际影响以外，二语者的语言使用还有一个典型特征：会经常出现语码切换。本章探讨了语码切换能否在双语加工中充当预测线索的问题。单语者会在理解过程中使用多种线索进行预测。双语者能够使用的资源则更多，语码切换便是其中之一。传统理解研究认为，语码切换存在因为整合代价(integration cost)而加大认知负荷的劣势。但本章则指出，语码切换也可能有其优势，如促进后续信息的加工。为检验该假设，作者详细汇报了以西班牙语-英语双语者为被试的两项眼动实验，探究 1)语码切换能否对即将出现的低预期性信息起提示作用;2)语码切换能否降低对即将出现的禁忌或负面信息的加工负荷。结果显示,有经验的语码切换者的确会把语码切换事件当作即将出现的低预期性和禁忌信息的信号。本章最后还讨论了哪些因素可能调节语码切换对预测的影响。该研究为我们认识语码切换提供了一个新视角:语码切换虽会增加整合加工成本,但更有加工收益,即预测加工。

本书最后三章则将讨论转向了预测与二语习得之间的关系。

第8章　二语句子加工中的预测和语法习得。句法习得是二语学习公认的重难点。本章首先探究预测与语法习得之间复杂的双向关系。作者认为,和二语语法发展紧密相关的预测具有双重属性:既是学习的内容(learning to predict),又是学习的机制(predicting to learn)。对于前者,尽管不是所有的预测都需要L2者去学习,但L2者利用语法信息进行预测有一定困难,会受到诸如相关词汇和句法信息的欠缺、浅加工(shallow processing)以及认知资源有限等多重因素的制约。我们的关注应从能否预测转到如何预测,通过大量输入和结构启动帮助L2者学会语法预测。对于后者,作者指出,要想从预测失误中有所习得,二语者必须能在预测错误出现后识别错误的根源进而调整句法分析。未来可多由历时研究切入,并关注不同任务的比较以及意识和显性记忆在预测中的作用。

第9章　预测在二语词汇习得中的作用。除句法外,二语习得中同样重要的还有词汇的习得。本章作者从预测与儿童的L1词汇发展、预测与成人的词汇学习、预测与二语词汇学习动机三个角度探究预测与词汇习得之间的关系。既有研究表明,猜测生词意义有助于在长时记忆中编码该词。这符合错误驱动的学习理论。但作者认为,预测错误在词汇习得中的作用有限,上述发现也与猜测触发了内在好奇心和由语言知识的潜在回报(potential reward of linguistic knowledge)这一外部诱因引发的动机有关。作者建议未来应更多地考量这些因素在更自然的L2词汇学习语境下的作用。

第10章　强制预测提升二语产出中的启动与适应。前面两章关注的是二语习得中的句法和词汇两个基本方面,本章则更宏观地从启动作为二语习得的一种机制入手,探讨预测在其中的作用。他们首先说明,虽然语言理解和产出的研究属于心理语言学范畴,语言习得和发展的研究属于应用语言学和发展心理学范畴,但近来认知科学的迅猛发展需要我们用统一的框架和机制去解释加工和习得问题。为检验"预测错误能够驱动学习"这一观点,本章主体部分汇报了一项以韩国英语学习者为被试的结构启动实验研究。该研究关注强迫L2学习者进行预测是否会增强其即时启动效应,增进其长期的学习适应效果。结果表明,被强迫预测其虚拟同伴的反应的被试,的确会比仅重复同伴反应的被试更多地使用目标结构,这一效应在中等水平学习者身上最为显著。这符合从基于错误学习视角对结构启动作出的解释,也呼应了上一章关于词汇习得中猜测收益的讨论结果。作者呼吁学界应针对注意、意识、动机等因素在预测中的作用展开进一步的研究。

三　简评

该书首次系统梳理了二语加工和习得中有关预测研究的理论框架、实证研究、影响因素以及预测与习得的关系等重大问题，阐释了二语预测的本质和作用，将有力推动二语预测研究的发展。该书具体特色如下：

第一，该书内容丰富，既有理论阐述，又有实证检验；既有对已有成果的系统梳理，也有对未来探索的展望和规划。就二语预测这一话题，该书既对比了本族语者和二语学习者，也对比了不同 L1 背景的二语学习者，还对比了成人与儿童，深入细致地揭示了预测在二语加工和习得中的运作和效果。

第二，该书不少章节视角新颖。譬如，学界一般认为语言理解是一种实时递增(incremental)的认知活动，需要不断整合多方面的信息，语码切换会增加这种语言加工的负担；而第七章则逆向切入，以令人信服的方式阐明并验证了语码切换所带来的认知优势。又如，第 4、9、10 章将理解研究中常见的句法复杂度、词汇习得中的猜测词义、结构启动等跟预测研究较好地结合起来，弥补了相关空白，开拓了新的研究领域，更新了学界的认识。

第三，本书不乏令人耳目一新的观点。例如，该书多处明确指出，预测是一种基于概率的自上而下主观能动性的体现，同时又随着自下而上信息的增多而不断更新；通过预测失误，语言学习者可以更好地进行假设检验，学习相关语言。但与此同时，预测并不总是最有效的加工机制，也并不是在所有情况下都发挥作用，其作用的发挥依赖于语言使用者的语言经验、任务的要求和目标、可资使用的资源等等。这些观点既充分肯定了预测在日常交际和语言学习中的重要作用，又明确了预测存在的局限，有助于我们准确地了解预测在相关认知活动中的角色和地位。

然而，部分由于二语加工和习得中的预测是一个开启不久又相对复杂的话题，该书也存在若干不足，有待后续研究的思考和改进。

第一，就覆盖面而言，该书虽已涉及多种不同的二语者群体，但对现实生活中双语现象的复杂性和多样性仍考虑不够。例如，比较特殊的双语人群(如自闭症、抑郁症、帕金森综合征、失语症患者以及中风患者等)和健康老年双语群体的预测活动就未被涵盖。这些人群数量并不算多，但同样是双语人群的重要组成部分。最新研究(如 Leon-Cabrera *et al.*, 2021；Cheimario *et al.*，2018)已初步表明，他们特殊的认知疾病或认知能力的自然下降与他们的预测能力有着复杂的互动关系。研究这些人群将深化我们对预测的认识，研究成果对临床实践和特殊人群以及老年人的护理工作将具有直接的指导作用。这里需要特别提及的是还有一种既有研究目前尚未涉及的双模态双语人群（bimodal bilinguals）也应引起我们的关注。他们的交流互动更加复杂更有特色。在这一独特情境下，预测会呈现何种面貌和特征，值得深入考察。此外，全书仅有第二章专门探讨理论话题，而且只是从心理学的关键概念“加工的自动化”这一个视角切入，如能引入更多的其他相关理论视角（如语言学视角 Huettig *et al.*, 2022），我们就能更好、更全面地认识二语预测。

第二，就研究方法而言，首先，该书汇集的实证研究主要为传统实验室行为研究的成果，对历时研究、计算机模拟、神经生理学等多元研究方法运用不够。近来，学界越来越强调数据间的三角互证（data triangulation），上述多元研究方法在这一方面具有独特优势，理应得到重视（事实上，最近一些研究已经开始综合运用上述研究方法，参见 Bovolenta & Marsden, 待刊），同时未来研究还应综合研判这些方法产生的汇流证据（converging evidence），并将研究拓展至更自然的对话和二语习得环境，提升研究的生态效度。其次，预测研究是一个对研究方法和技术有着较高要求的新生领域，该书内容更适合在预测研究方面已有一定积累的成熟型学者；其他感兴趣的学者或者入门级别的学习者则可能因为对相关操作并不熟悉，理解相关章节会有一定的难度。因此，编者应开辟专门的章节，系统介绍预测研究常用的研究方法和考量指标，这样才能更有效地促进和推广预测研究。

第三，就研究内容而言，正如该书封底所指出，二语预测研究的核心问题是：1）二语者何时、如何、为何进行预测；2）他们依赖何种线索（语义、语法、语篇等）对未出现信息的哪些方面（语音、词形、语义、语法等）作出预测。该书围绕这些核心问题展开了系统的探究。然而，首先，这些研究普遍对其他一些重要的线索重视不够；例如，对语音线索（包括韵律，如 Perdomo & Kaan, 2021）以及语篇、体裁线索（如 Kim & Grüter, 2021; Egetenmeyer, 2021）等的探讨仅在相关章节稍有提及但并未展开；同时，日常双语者交际的其他一些方面受到的关注明显不够，如视角（perspective）（如 Corps *et al.*, 2022）和对话者口音（accent）（如 Kertesz *et al.*, 2021），这些因素同样是日常交际预测所倚重的线索，是全面认识预测影响因素和作用不可或缺的组成部分。其次，这些研究也未能充分意识到预测加工中多元线索间整合（coalition）或叠加（additivity）的普遍性，尤其是当这些线索之间发生冲突或竞争的时候（如 Henry *et al.*, 2020）。通过实验和统计的方法将可能同时发挥作用的多元线索一并纳入考察，有助于我们更准确地了解预测的作用机制。

四　结语

二语加工与习得中的预测是一个有待深入推进的前沿课题，我们要充分认识其复杂性和在相关学科中的地位。《二语加工和习得中的预测》一书及时又较为准确地反映了该话题发展的现状，虽仍有一定不足，但我们不必求全责备。我们可以从反复研读该书入手，在把握当前基本研究态势的前提下，结合本文指出的若干新的话题增长点，在未来持续开展更有价值的相关研究。

参考文献

[1] Bovolenta, G. & Marsden, E. (In Press). Prediction and error-based learning in L2 processing and acquisition: a conceptual review. *Studies in Second Language Acquisition*.

[2] Cheimario U, S., Farmer, T. A. & Gordon, J. K. 2018. Lexical prediction in the aging brain: the effects of predictiveness and congruency on the N400 ERP component. *Aging Neuropsychology and Cognition*, 26: 1 - 26.

[3] Corps, R. E., Brooke, C. & Pickering, M. J. 2022. Prediction involves two stages: Evidence from visual-world eye-tracking. *Journal of Memory and Language*, 122, 104298.

[4] Egetenmeyer, J. 2021. Genre determining prediction: non-standard tam marking in football language. *Frontiers in Communication*, 181, 730914.

[5] Henry, N., Jackson, C. N. & Hopp, H. 2020. Cue coalitions and additivity in predictive processing: the interaction between case and prosody in L2 German. *Second Language Research*, 026765832096315.

[6] Huettig, et al., 2022. A parallel architecture perspective on pre-activation and prediction inlanguage processing. *Cognition*, 224, 105050.

[7] Kertesz, A. F., Alvarez, J., Afraymovich, M. & Sullivan, J. 2021. The role of accent and speaker certainty in children's selective trust. *Cognitive Development*, 60(5), 101114.

[8] Kim, H. & T. Grüter. 2021. Predictive processing of implicit causality in a second language: a visual-world eye-tracking study. *Studies in Second Language Acquisition*: 133 - 154.

[9] Leon-Cabrera, P. et al. 2021. Neural signatures of predictive language processing in Parkinson's disease with and without mild cognitive impairment. *Cortex*, 112 - 127.

[10] Perdomo, M. & Kaan, E. 2021. Integrating prosodic cues in second-language speech processing: a visual world eye-tracking study. *Second language Research*, 349 - 375.

[11] Pickering, M. J. & Garrod, S. 2013. An integrated theory of language production and comprehension. *Behavioral & Brain Sciences*, 36: 329 - 392.

新时代国别和区域人才培养体系建设*
——2022年新时代国别和区域外语人才培养高层论坛综述

张蔚磊　杨俊豪　徐硕**

1. 引言

2022年5月28日，“新时代国别和区域外语人才培养高层论坛”在线上召开。来自全国1 200多名的专家、学者、教师等参加了大会。大会主办方为上海市外文学会和上海对外经贸大学，承办方为上海对外经贸大学国际商务外语学院和上海对外经贸大学语言战略研究中心。大会共有12场主旨报告。本文对大会进行综述，凝练会议主要思想和学理，为新文科背景下的外语学科建设和人才培养提供新的指引和方向。

会议主题为“新时代国别和区域外语人才培养”。大会开幕式上，上海对外经贸大学于雪梅副校长指出，加强外国语言文学学科视域下国别和区域研究学科建设，扎实做好“外语＋国别和区域”人才培养工作，是推进我国参与全球治理、构建人类命运共同体的应有之义。罗林主任表示，全球一体化和区域合作的迅猛发展对国别和区域研究提出了跨学科、综合性、宽视野的学术要求，当前条块分割的学科建制现状，亟待进行富有创新性的突破和拓展。查明建副校长指出外语学科开展国别和区域研究，反映了外语

*　本研究系国家社科基金一般项目：国别与区域高端外语人才培养国际比较研究（22BYY088）的阶段性研究成果。

**　**作者简介**：张蔚磊，女，博士，上海对外经贸大学国际商务外语学院教授，西南财经大学孟加拉湾国家研究中心特聘研究员，国家语委科研基地“上海外国语大学中国外语战略研究中心”客座研究员。研究方向：外语教育政策理论与实践研究、语言政策与规划、外语教育、教师发展等。联系方式：leisabrina@126.com。杨俊豪、徐硕，男，硕士，上海对外经贸大学国际商务外语学院研究生。

学科应对外部挑战，主动对接国家需求与国家战略，锐意改革、积极谋变的新发展思路和理念。

2. 主旨发言概述

大会共有12场主旨报告，专家均为国内知名学者，主题范围涵盖国别和区域外语人才培养的重要意义、学科建设、发展路径、课程设置、政策规划和培养模式等不同维度，充分体现了前瞻性与引领性。

（1）**重要意义**。上海外国语大学查明建教授从外语学科国别和区域研究的意义、内涵、特色、人才培养模式、课程建设和教学方式等方面总体论述了该学科的重要性。他指出国别和区域研究作为外语学科五大研究领域之一，是外语学科新的学术增长点。不仅可以扩大外语学科的内涵，丰富其知识体系，同时可纠正外语专业教育中仅重视语言能力培养，而忽视对对象国国情等知识传授的偏颇。运用一手外语资料，基于语言和文学优势，开展对对象国的历史、文化、政治、民族等的研究，将会成为外语学科开展国别和区域研究的重要课题。国别和区域方向的教学重点不是常识性内容的介绍，而应是以问题为导向的研究性教学。国别和区域研究方向和外语学科其他研究方向可产生“同心圆效应”。国别和区域研究的开展，必将促进外语学科内涵式发展，促进区域通、国别通人才以及国际传播人才的培养。北京语言大学王立非教授指出国别与区域学科建设背景下，发展国别和区域语言服务的重大意义。他提出外语学科应以国别和区域学交叉学科设立为重要契机，围绕国家重大战略问题，全面释放外语学科的服务功能，更好地推动语言服务复合人才的培养。语言人才培养观念需要四个扩展：从培养“语言文学知识”扩展到“语言服务知识”；从培养“外语能力”扩展到“国际传播能力”；从培养“语言服务能力”扩展到“语言服务出口能力”；从培养“语言研究能力”扩展到“语言智库能力”。

（2）**学科建设**。上海交通大学彭青龙教授认为国别和区域研究具有跨学科性质和实践性，需要多学科交叉协作进行体系化研究。他认为应把国别和区域研究聚焦在战略指引、问题导向、提供基础信息与决策信息上。就研究范式而言，可按地理空间、综合专项等确立国别和区域的研究内容，比如缅甸研究、东南亚研究、非洲民族问题研究、大国政治研究、印泰战略研究、海洋战略和文化战略、科技人文交流等等。同时要明确国别和区域研究方向人才的核心素养。他认为政治素养是根本，格局素养是境界，学科素养是基础，跨学科素养是关键，信息素养是手段。北京大学宁琦教授提出了国别与区域研究学科的三个主要特征，即地域性、全面性、跨学科性或多学科性。她指出要以人才培养推动学科建设。人才培养可以借鉴其他国家的成熟做法，同时也要体现出中国立场和中国特色，增强学生对当代世界的认知，培养一批深入了解其他国家或区域的历史和现实的人才，为中国在相关领域的发展提供智库支持和人才支持。她提出应以人才培养为中心，以解决现实问题为导向，以语言为基础、多学科交叉融合为特色进行国别和区域学科体系的建设。

(3) **发展路径**。中国人民大学郭英剑教授指出国别与区域研究是我国外语学科所特有的内容。我国外语学科的国别与区域研究不能照搬国外 Area Studies 的模式，而是应该按照我国外语学科发展的脉络、特点、现实需求进行。他对该学科的发展路径提出三个建议：厘清学科方向，明确本学科与相近学科各自的特点，打破语言界限，融合多学科力量做出富有外语学科特色的国别和区域研究成果。上海对外经贸大学张蔚磊教授从国际组织、国家战略、高校发展三个维度论述了国别与区域研究的发展路径。她结合国内外 7 所高校案例提出了 3 种学科设置的发展模式：在一个或多个一级学科下设立交叉学科，在外国语言文学一级学科下增设名为“国别和区域”的二级学科，在一级学科基础上开设“国别和区域类”的二级学科。她指出我国目前基本上实现了国家和区域研究的全覆盖，数量上得到了保证，但是总体研究水平有待提高，在研究质量上还参差不齐(张蔚磊，2021)。她在比较研究英国、美国、俄罗斯等 6 个国家的国别和区域人才培养实践基础上，提出我国应从国家层面、地方层面和学校层面进行学科规划；打破现有学科壁垒，按照学科大类进行人才培养；在现有学科基础上进行交叉、融合、创新；构建跨学科课程体系；研制国别和区域外语人才能力指标体系；根据各高校特色设置国别和区域人才培养方案，她提出了国别区域人才培养的三个关键，即关键语言、关键国家和关键领域。

(4) **课程设置**。大连外国语大学常俊跃教授对比了国内外的国别和区域学人才培养及其课程设置，分析了我国现有英语专业课程设置中存在的问题：第一，语言技能课太多，压缩了内容型课程的空间；第二，过度关注发达国家，对其他中小国家重视程度偏低；第三，人为割裂语言与内容，课程理念有待更新。他倡议基于内容语言整合模型，设计国别和区域课程，拓展学生的知识，提高学生的多维能力。基于大连外国语大学的英语专业课程改革案例，他剖析了国别和区域课程体系对学生的国别和区域知识的学习、问题研究能力的提高、合作能力的发展、综合素质的提升等方面产生的影响，展示了课程改革探索的积极成效，同时也指出了存在的问题，为了更好地开展国别和区域学课程建设提出了建议。复旦大学郑咏滟教授认为在“一带一路”倡议背景下，我国对多语种“复语型”人才需求越来越高。“共商共建共享的全球治理观”和“构建人类命运共同体”等价值理念也在强烈呼吁具备多语能力和跨文化沟通能力的国别和区域人才。在我国高等教育中应该大力开展多语课程，在非外语类大学中也应该开设多语种课程，以培养学生的多语能力。她指出公共外语、专业外语课程与专业设置改革的必要性，通过复旦大学课程设置的实际案例分享了新文科背景下推进国别和区域多语人才培养的成功经验。

(5) **政策规划**。上海外国语大学陈坚林教授指出我国外语教育史上的几次历史性外语教育规划及其对应的时代背景，揭示了外语教育本身的培养目标是与时俱进、动态发展的。他分析了当前外语教育规划的主要缺失与弊端，如同质化培养、系统性不强、供需脱节、只看短期效应，缺乏长期目标等。他提出加强战略规划与合理布局；因地制宜、放权规划、形成系统；多层次衔接，利用数智赋能，大力培养国别和区域人才等。同济大学沈骑教授指出外语界需要用全新的眼光来审视国别和区域人才的外语规划这一新命题。他指出政策规划要加强问题意识、方法意识和数据意识，选择研究路径和理论范式，最终形成完整的理论体系。他提出要做好顶层设计，确立外语规划新机制；开展需求调查，建立人才质量新标准；推动教学改革，创新人才培养新模式；实施课程整合，促进学科交叉新范式。

（6）**培养模式**。上海对外经贸大学尚宇红教授以上海对外经贸大学在国别和区域研究中的特色为例，提出国别和区域人才培养应特色鲜明，聚焦具体国别，如斯洛文尼亚、克罗地亚和斯洛伐克等，以小语种为基础做长线研究。他指出可以培养基于小语种语言优势的国际商务人才，以合作项目为载体整合校内现有国别和区域研究师资队伍激励多视角开展国别和区域研究，充分开展教师和学生互换项目，开展目标国田野调查，了解目标对象国，并在此基础上聚集研究领域，逐步形成学校研究特色。苏州科技大学张生祥教授指出培养外语类国别和区域人才，一定要立足学科特色，积极对接社会需求，贡献中国智慧，立足高校自身优势，探索特色化和本土化的人才培养模式，为社会输送国际视野宽、家国情怀浓、专业素养高、实践能力强，兼具利他精神和服务意识的语言服务人才。

3. 未来展望

2022 年 5 月 27 日，中共中央宣传部、教育部联合印发的《面向 2035 高校哲学社会科学高质量发展行动计划》中指出，“加强和改进国别与区域研究，建强中国特色新型高校智库”。本次 5 月 28 日举办的会议正当其时。本次会议为各个高校在外国语言文学学科下建设国别和区域研究二级学科和人才培养提供了指引和方向，为各个高校落实落地新文科政策提供了新路径，这也将进一步丰富外语学科内涵，拓展外语学科边界，提升外语学科对接国家需求，服务国家战略的能力，更好地服务我国大国特色外交和国际传播新政策，践行全球治理理念。未来我们应大力开展交叉学科，积极鼓励学科内部的融合和不同学科领域的交叉，深入研究学科建设和人才培养，为国家培养“国别通”“领域通”“区域通”人才。

参考文献

张蔚磊. 新文科背景下国别和区域人才培养探析. 浙江外国语学院学报，2021(05)：72－76.

图书在版编目(CIP)数据

外国语文研究. 现实与再现 / 陈新仁主编. -- 南京：南京大学出版社，2022.12

ISBN 978-7-305-26347-7

Ⅰ. ①外… Ⅱ. ①陈… Ⅲ. ①外语教学一教学研究一文集 Ⅳ. ①H09-53

中国版本图书馆 CIP 数据核字(2022)第 227865 号

出版发行 南京大学出版社
社　　址 南京市汉口路 22 号　　邮　编 210093
出 版 人 金鑫荣

书　　名 外国语文研究——现实与再现
主　　编 陈新仁
责任编辑 董　颖　　编辑热线 025-83596997

照　　排 南京南琳图文制作有限公司
印　　刷 南京人文印务有限公司
开　　本 787×1092 1/16 印张 17 字数 340 千
版　　次 2022 年 12 月第 1 版 2022 年 12 月第 1 次印刷
ISBN 978-7-305-26347-7
定　　价 49.00 元

网址：http://www.njupco.com
官方微博：http://weibo.com/njupco
官方微信号：njupress
销售咨询热线：(025) 83594756

---

* 版权所有，侵权必究
* 凡购买南大版图书，如有印装质量问题，请与所购图书销售部门联系调换